VERLAG
FRITZ
MOLDEN

Leonard Bernstein

Musik – die offene Frage

Deutsche Übertragung: Peter Weiser

VERLAG FRITZ MOLDEN, WIEN–MÜNCHEN–ZÜRICH–INNSBRUCK

Von diesem Buch ist eine signierte und numerierte Vorzugsausgabe in einer Auflage von 500 Exemplaren erschienen.

Titel der amerikanischen Originalausgabe:
THE UNANSWERED QUESTION, Six Talks at Harvard
The Charles Eliot Norton Lectures, 1973
erschienen im Verlag Harvard University Press, Cambridge (Mass.) 1976

2. Auflage

Copyright © 1976 by Leonard Bernstein
Alle Rechte der deutschen Ausgabe 1979:
Verlag Fritz Molden, Wien – München – Zürich – Innsbruck
Verlegt im Verlag Fritz Molden München GmbH
Lektor: Franz Schrapfeneder, Wien
Gestaltung: Dieter Lidl, München
Satz und Druck: C.H.Beck'sche Buchdruckerei, Nördlingen
Bindearbeiten: Grimm & Bleicher, München

ISBN 3-217-00969-X

Inhalt

Vorwort des Autors

Das Folgende ist aufgeschrieben worden, damit man es anhört, und nicht, damit man es liest. Der Umstand, daß es nun doch gedruckt vorliegt, beweist mir die beinahe rührende Treue und das schöpferische Engagement meiner vielen Mitarbeiter.

Zehn lange Jahre liegen zwischen dem Tag, an dem ich meine ersten Notizen auf das Deckblatt von Chomskys Buch »Sprache und Verstand« gekritzelt habe, und dem Tag der Drucklegung in deutscher Sprache. Von Anfang an waren diese sechs Norton-Vorlesungen darauf angelegt, akustisch erfahren zu werden, begleitet von verschiedensten optischen Hilfsmitteln und ausführlichen Beispielen von Orchestermusik (auf Filmleinwand projiziert); dazu kam immer wieder die musikalische Illustration des Gesagten vom Klavier aus – und stets ohne Rücksicht darauf, wie sich all das eines Tages wohl gedruckt ausnehmen würde. Und ohne Rücksicht auf schriftstellerische Feinheiten, denn es mußte ja in der lockeren Atmosphäre des Harvardschen Square-Theaters vorgetragen werden, mit Neben- und Zwischenbemerkungen und vor einem derart zusammengewürfelten Publikum (Studenten, Leute ohne höhere Bildung, der Wachmann von nebenan, meine Mutter, Musikfachleute ohne Verständnis für Sprachwissenschaft, ihre Gegenstücke, Wissenschaftler ohne Interesse für Poesie, ihre Gegenstücke), daß jedwedes Festlegen auf ein bestimmtes sprachliches Niveau undenkbar war. Überdies hatte mir die interdisziplinäre Natur des Gegenstandes den Mut genommen, irgendeine stilistische Dichte des Sprechens zu versuchen. Alles in allem also: nicht gerade das Idealrezept für eine wissenschaftliche Publikation.

Dennoch ist all das jetzt da, dank der Beharrlichkeit, dank dem Einfallsreichtum des Redaktionsstabes der Harvard University Press; die Umformung hat stattgefunden – allerdings erst nach vorangegangenen Wandlungen der Form: nach jeder Vorlesung wurde eine leicht geänderte Version hievon anderntags in einem Fernsehstudio noch einmal gehalten und dort aufgezeichnet. Das Tonband dieser Fernsehaufzeichnung wurde dann (unter der hervorragenden Aufsicht meines Tonmeisters John McClure) auf eine Schallplatten-Matrize überspielt, und so existieren die Vorlesungen auch in Plattenform. All diese Wandlungen wären ohne die harte, hingebungsvolle Arbeit meiner vielen Mitarbeiter unmöglich gewesen. Ich möchte jetzt ein Loblied auf sie anstimmen, ihnen danken und ihnen dieses Buch widmen.

Im Anfang war Tom Cothran: sein musikalisches Einfühlungsvermögen und seine literarischen Einsichten haben meine eigenen Ideen befruchtet; zu ihm gesellte sich Mary Ahern, deren wunderbare Gabe für organisiertes Denken mir dabei behilflich war, in einen oft chaotischen Haufen interdisziplinärer Gedanken Ordnung zu bringen. (In beiden Fällen hat eine ordentliche Portion irischen Charmes die Unternehmung sehr gefördert.) In wissenschaftlicher Hinsicht habe ich zwei herrlichen Lehrern überschwenglich und liebevoll zu danken: dem Professor Irving Singer, der mich durch viel gefährliches Gelände auf dem Gebiet der Moralphilosophie sicher hindurchgeleitet hat (und mich sehr behutsam von einigen ungeheuren Irrtümern abhielt), und dem Professor Donald C. Freeman, dessen Beherrschung der Theorie der Sprachwissenschaft (und dessen Begeisterung für diesen Gegenstand) mir über mehr als eine Hürde geholfen haben. Aus der Unzahl anderer fruchtbarer Gespräche entsinne ich mich mit Dankbarkeit mancher, die ich mit Humphrey Burton und Elizabeth Finkler geführt habe.

Aber keiner der Obigen hätte die Durchführbarkeit des Ganzen gewährleisten können, wäre nicht die unermüdliche Grazyna Bergman gewesen, deren Kollationierung der Skripten (unzählige Entwürfe fürs Vortragspult, für das Klavier, für den Teleprompter, etc.) ein Wunderwerk war, das man gesehen haben muß. Und ich werde auch Paul de Hueck nie genug dafür danken können, wie er das Kollationierte seinerseits kollationiert und mit welcher Sorgfalt er die Korrekturen gelesen hat, und dasselbe gilt für Gregory Martindale, vor allem für sein ausführliches Korrekturlesen der vielen Notenbeispiele. Und ich segne die beiden eifrigen, hübschen, heiteren und geduldigen Mädchen an den Schreibmaschinen, Sue Knussen und Sally Jackson, die außerdem den

Kaffee und die gute Stimmung in Fluß hielten. Und dann Tony Clark. Und Tom McDonald. Und ... die Liste ist lang: es sieht fast danach aus, als wäre ein riesiges Aufgebot vonnöten gewesen, um sechs kurze Vorträge zustande zu bringen. Eigentlich waren es aber sechs sehr lange Vorträge, auch technisch komplizierter Art, die noch dazu aufgezeichnet und aufgenommen worden sind. Und jetzt gedruckt werden. Ohne auch nur einen meiner Helfer hätte ich dies nicht bewerkstelligen können. Und über ihnen allen saß, als still präsidierender Produzent, mein Freund und Ratgeber Harry Kraut, dem es irgendwie gelang, uns unseren jeweiligen Verstand nicht verlieren zu lassen.

Und schließlich gilt mein inniger Dank meiner Frau und meinen Kindern, für das fröhliche Martyrium, mit dem sie meine Dauereuphorie auf meiner einjährigen Entdeckungsreise ertragen haben – meiner Reise ins Chomsky-Land.

1. Musikalische Lautlehre

Ich bin froh, wieder daheim in Harvard zu sein. Ich bin aber auch ein wenig gebannt von der Würde des Lehrstuhls für Poetik, den ich jetzt innehabe – gebannt, denn dieser Lehrstuhl ist durch die lange Reihe herausragender Persönlichkeiten, die ihn vordem innehatten, über die Jahre beinahe zum Thron geworden. Allerdings: das Gefühl, daheim zu sein, hilft mir dabei, und ich bin glücklich, daß ich meinen alten Studententraum verwirklichen kann, zu erleben, wie man sich *hinter* dem Vortragspult fühlt. Nun, da ich dahinter stehe, kann ich an nichts anderes als daran denken, wie man sich *davor* gefühlt hat. Wenn Sie es wissen wollen: es war schön, damals, vor mehr als fünfunddreißig Jahren, hauptsächlich weil ich Glück mit meinen Lehrern hatte: Piston und Merritt lehrten Musik, Kittredge und Spencer Literatur, Demos und Hocking Philosophie. Aber einen Lehrer gab es, der hat für mich über all das eine Brücke geschlagen, durch ihn haben Schönheitsbegriff, analytische Ordnung und historische Perspektive in einer lichtvollen Offenbarung zueinander gefunden: es war Professor David Prall von der philosophischen Fakultät, ein brillanter Gelehrter und ein überaus feinfühliger Ästhet. Auf diesem jetzt geringgeschätzten und eher aus der Mode gekommenen Gebiet der Ästhetik habe ich durch ihn nicht nur eine Menge über die Philosophie des Schönen begriffen, sondern auch, daß er, David Prall, durch Geist und Gemüt selbst ein Beispiel des Schönen war, das er so sehr liebte. In unseren Tagen verhaltensforscherischer Heimsuchung sind das schrecklich altmodische Worte, aber ich hoffe, daß Sie mir den Gebrauch so ehrwürdiger Ausdrücke wie »Geist« und »Gemüt« um so eher verzeihen werden, als ich heute ebenso fest an sie glaube wie damals.

Das Wichtigste, das ich von Professor Prall – und überhaupt von Harvard – mitgenommen habe, war vielleicht das Verständnis für interdisziplinäre Gültigkeiten: daß der beste Weg, ein Problem zu

[1] Theme
     Grave (♩ = 48)

f non legato, deliberamente

sff

*) ◊ = stumm niederdrücken

12

erkennen, in seinen Zusammenhängen mit einem anderen Wissensgebiet liegt. Ich halte demnach meine Vorlesungen in diesem Verständnis sich kreuzender Wissensgebiete; ich werde, wenn ich über Musik spreche, dabei Streifzüge scheinbar unnützer Art auf die Gebiete der Dichtkunst, der Sprachwissenschaft, der Ästhetik und – der Himmel steh mir bei – auch der Elementarphysik unternehmen.

Den Titel dieser Vorlesungsreihe habe ich von Charles Ives geborgt, der schon 1908 sein kurzes, aber außerordentliches Stück »Die offene Frage«* komponierte. Ives schwebte eine höchst metaphysische Frage vor; aber ich habe immer das Gefühl gehabt, daß er zugleich auch eine andere Frage stellte, eine rein musikalische: »Musik – wohin?«, da beim Anbruch unseres Jahrhunderts die Komponisten sich diese Frage einfach stellen mußten. Heute, da unser Jahrhundert um mehr als siebzig Jahre älter geworden ist, stellen wir diese Frage noch immer, nur ist sie nicht mehr dieselbe wie damals.

Es ist auch weniger die Absicht meiner sechs Vorlesungen, diese Frage zu beantworten, als sie besser verstehen zu lernen, sie neu zu definieren. Ehe wir überhaupt an der Antwort auf die Frage »Musik – wohin?« herumrätseln können, müssen wir zunächst die Fragen stellen: Musik – woher? Welche Musik? Wessen Musik? Es wäre anmaßend, wenn wir voraussetzten, daß wir am Ende dieser Vorlesungsreihe alle Fragen beantworten können werden. Aber wir werden vielleicht einige plausible Vermutungen äußern können.

Ich möchte mit einer mir besonders teuren, besonders lebhaft im Gedächtnis gebliebenen Erinnerung an meine Tage mit Professor Prall beginnen, aus der Zeit – es war 1937 –, als ich zum ersten Mal Aaron Coplands Klaviervariationen auf einer Grammophonplatte hörte. Im Nu hatte ich mich in diese Musik verliebt: sie war ungestüm und prophetisch, und so völlig neu [1].

Diese Musik hat mir Welten neuer musikalischer Möglichkeiten erschlossen. Ich schrieb über dieses Werk ein begeistertes Referat für mein Ästhetik-Seminar, und Professor Prall wurde derart neugierig, daß er es näher kennenlernen wollte. Was für ein Mann! Er kaufte mir sogar

---

* »The unanswered question«

[2]

[3]

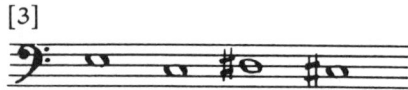

[4]

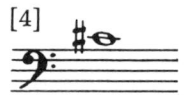

[5]

[6]

[7]

[8]

14

das Notenmaterial. Ich studierte es und brachte es ihm bei; dann brachte er es mir bei, und wir analysierten es gemeinsam. Es wurde »unser« Lied.

Als wir beide Coplands Klaviervariationen analysierten – und deshalb ist diese Geschichte mehr als eine rührende Anekdote –, machte ich eine verblüffende Entdeckung: Die ersten vier Noten des Stückes [2], die den Keim der ganzen Komposition in sich tragen, sind eigentlich diese vier Noten [3], nur steht die vierte Note eine Oktave höher [4]. Und plötzlich wurde mir bewußt, daß die gleichen vier Noten, in anderer Reihenfolge, das Thema der Fuge in cis-moll aus dem ersten Band von Bachs »Wohltemperiertem Klavier« darstellen [5]. Fast gleichzeitig entdeckte ich die gleichen vier Noten, transponiert und unter Wiederholung der ersten Note, als Keimzelle der Variationen in Strawinskys Oktett [6]. Und die gleichen vier Noten – wenn auch in anderer Tonart und anderer Reihenfolge – kamen mir mit einem Male als Anfangsthema von Ravels Spanischer Rhapsodie in den Sinn [7]. Und als ob das nicht genug wäre, fiel mir plötzlich eine Hindu-Musik ein, die ich gehört hatte (ich war damals in orientalische Musik vernarrt) –, und da waren die gleichen vier Noten wieder [8]. In diesem Augenblick setzte sich in meinem Kopf eine Vorstellung fest: Es muß einen tiefen, uralten Grund dafür geben, daß diese voneinander unabhängigen Strukturen der gleichen vier Noten den Kern so ungleichartiger Kompositionen wie jener von Bach, Copland, Strawinsky, Ravel und des Uday Shan-kar Tanz-Ensembles bilden können. Mit alldem – und mit noch viel mehr – überschüttete ich David Prall. Und das war meine erste Norton-Vorlesung. Für ein Ein-Mann-Publikum.

Seither hat mich die Vorstellung einer weltweiten, der Welt angeborenen musikalischen Grammatik nicht losgelassen; aber ich hätte nie davon geträumt, eine so mangelhaft durchdachte und anscheinend unbeweisbare Vorstellung zur Grundlage einer Vorlesungsreihe zu machen, wären nicht in den letzten Jahren außergewöhnliche Erkenntnisse über die sehr ähnliche Vorstellung einer universellen Grammatik als Grundlage der menschlichen Sprache aufgetaucht. Der Gedankenreichtum auf diesem verhältnismäßig neuen Gebiet der Sprachwissenschaft hat mich zutiefst beeindruckt und ermutigt: ich möchte dieses Gebiet das Chomsky-Land nennen. Diese Benennung soll nicht bedeuten, daß ich meine Beobachtungen und Bemerkungen auf die Erkenntnisse Noam Chomskys beschränke; es ist eher eine Namensgebung aus Schicklichkeit, denn Chomsky ist der bestbekannte, revolutionärste, meistpublizierte Name auf diesem Gebiet. Zusammen mit seinen Mitarbeitern und Schülern (viele von ihnen stehen jetzt in äußerstem Gegensatz zu ihm) hat er ein System entwickelt, das der Sprachwissenschaft außerordentliche Impulse gab; nun scheint neues Licht auf die Beschaffenheit und die organisatorische Aufgabe jenes unfaßbaren Etwas zu fallen, das wir den Verstand nennen. Mit anderen Worten: Wenn wir nachforschen, warum wir so sprechen, wie wir sprechen, indem wir die logischen Grundregeln der Sprache ausloten, könnten wir erkennen, wie wir uns überhaupt im weitesten Sinn mitteilen: durch die Musik, durch die Künste im allgemeinen und schließlich durch unser gesamtgesellschaftliches Verhalten. Wir könnten dabei sogar entdecken, wie es um unseren geistigen Zuschnitt bestellt ist, denn alle Sprache ist art-spezifisch, das heißt, sie ist uns allen, die wir zur menschlichen Art gehören, eigen – aber eben nur uns. Natürlich: schon morgen früh kann uns die Frohbotschaft von neuen Erkenntnissen über einen Delphin oder über eine Schimpansin namens Sarah einen Strich durch die Rechnung machen; aber vorläufig scheint jene philosophische Wissenschaft, die sich Sprachlehre nennt, den neuesten Schlüssel zur Selbstentdeckung des Menschen in Händen zu halten. Jahr für Jahr erhärtet sich in zunehmendem Maße die Hypothese der Sprachwissenschaftler, wonach es eine angeborene grammatische Befähigung gibt (wie Chomsky das nennt), ein genetisch gesteuertes Sprachvermögen, das universell ist. Es ist dies eine Befähigung, die nur dem Menschen eigen ist; sie kündet von der einzigartigen Macht menschlichen Geistes.

Nun, die Musik tut nichts anderes.

Aber wie ergründen wir musikalische Universalität mit einem so wissenschaftlichen Werkzeug wie dem der sprachlichen Analogie? Musik, sagt man, ist ein Umschreibungsvorgang, eine Art geheimnisvoller Versinnlichung unseres zuinnerst empfindenden Seins. Musik läßt sich leichter in schillernder Prosa darstellen als in Form von Gleichungen. Selbst ein so bedeutender Wissenschaftler wie Einstein

sagte: »Das schönste, das wir erleben können, ist das Geheimnisvolle.«
Warum versuchen dann so viele von uns unaufhörlich, die Schönheiten
der Musik zu erklären, und berauben sie dabei scheinbar ihrer
Geheimnisse? In Wirklichkeit ist die Musik nicht nur eine
geheimnisvolle und umschreibende Kunst, sie ist auch ein Kind der
Naturwissenschaft. Sie besteht aus mathematisch meßbaren
Bestandteilen: Schwingungszahlen und Dauern, Dämpfungseinheiten
und Intervallen. Deshalb muß jeder Versuch, Musik zu erklären, aus
einer Verbindung von Mathematik und Ästhetik bestehen, so wie die
Sprachlehre Mathematik mit Philosophie, mit Soziologie oder mit was
sonst immer verbindet. Gerade aus diesem interdisziplinären Grund bin
ich von der neuen Sprachlehre so gefesselt: sie verschafft einen neuen
Zutritt zur Musik. Warum also nicht ein Forschen in
sprachmusikalischer Richtung, so wie es ja bereits sprachpsychologische
und sprachsoziologische Forschungsrichtungen gibt?

Zu unserem Glück besteht die Sprachwissenschaft aus drei Fächern,
die uns bei der Einteilung dieser Vorlesungsreihe sehr gelegen kommen:
aus Lautlehre (Phonologie), Satzlehre (Syntax) und Bedeutungslehre
(Semantik). Diese drei sprachwissenschaftlichen Fächer weisen uns den
Weg zu unseren musikalischen Nachforschungen. In dieser ersten
Vorlesung werden wir uns an die Lautlehre halten und sowohl Sprache
wie Musik vom wesentlichen Gesichtspunkt aus betrachten: von dem
des Lautes, also vom Material her, aus dem die verbalen und die
musikalischen Äußerungen bestehen. Das wird uns eine solide
Grundlage geben, so daß wir uns in unserer nächsten Vorlesung auf die
Satzlehre stürzen können, also auf das tatsächliche Gefüge, das sich aus
dem Lautmaterial bildet. Ab da werden die vier weiteren Vorlesungen
die Herausforderungen der Bedeutungslehre anzunehmen haben, sich
also mit dem Sinn an sich – in musikalsicher wie in außermusikalischer
Hinsicht – befassen müssen. Die Bedeutungslehre kann als das logische
Ergebnis des Aufstockens von Laut- und Satzlehre angesehen werden,
demnach als das Resultat von Laut plus Gefüge; die weiteren
Nachforschungen über Bedeutung, über Sinn werden uns zweifellos zu
Charles Ives' offener Frage bringen: Musik – wohin, in unserer Zeit?

Vielleicht können Sie jetzt verstehen, warum ich so aufgeregt war, als mir die neue Sprachlehre mit ihrer Voraussetzung einer angeborenen grammatischen Befähigung des Menschen in die Hände fiel. Plötzlich erwachte meine alte studentische Vorstellung von einer universellen musikalischen Grammatik zu neuem Leben. Jahrelang war sie in Schlaf versetzt gewesen, vermutlich gelähmt von der schrecklichen Klischeevorstellung, daß die Universalsprache der Menschheit die Musik sei. Wenn man diesen Satz tausendmal gehört hat, zumeist mit dem Nachsatz: »Treten Sie daher dem Verein der Opernfreunde bei«, erstarrt sie nicht bloß zum Klischee, sondern wird zur Irreführung. Wie viele von Ihnen können hinduistischer Raga-Musik vierzig Minuten lang mit wachem Verstand zuhören – oder dabei überhaupt wach bleiben? Und wie steht es mit den verschiedenen Arten und Abarten avantgardistischer Musik? Nicht so besonders universell, oder?

Nun, dachte ich seinerzeit, vergessen wir das mit der Universalsprache der Menschheit. Aber als ich mich dann in die neue Sprachlehre vertiefte, schoß es mir durch den Kopf, daß hier ein neuer Weg sein könnte, auf dem sich meine ursprüngliche Idee verfolgen ließe – eine Idee, die inzwischen abgestanden und zum Allgemeinplatz geworden war. Anders gesagt: Könnte, durch das Bilden von Analogien zwischen musikalischen und sprachlichen Vorgängen, die erwähnte Klischeevorstellung weggewischt oder bewiesen oder zumindest geklärt werden?

Nun, klären wir. »Universalität« ist ein anspruchsvolles, aber gefährliches Wort. Es beinhaltet den Begriff der Gleichheit ebenso wie den Begriff der Verschiedenheit. Denken wir nur an Montaignes Feststellung, daß jene Eigenschaft, die allen Menschen gemeinsam ist, ihre Verschiedenheit sei. Dieser scheinbare Widersinn bildet die Triebfeder aller sprachwissenschaftlichen Forschung; wenn nämlich ein Sprachwissenschaftler irgendeine Sprache – oder Sprachfamilie – in der Absicht untersucht, eine beschreibende Grammatik abzufassen, sucht er gleichzeitig nach zugrundeliegenden Ähnlichkeiten mit anderen Sprachen – oder Sprachfamilien. Zumindest tun dies die Wissenschaftler, die der neuen Sprachlehre anhängen. Sie setzen die beschreibenden Grammatiken zusammen, indem sie die verstandesmäßigen Vorgänge analysieren, die beim menschlichen Sprechen stattfinden, und leiten daraus Gesetzmäßigkeiten ab, die, wie sie hoffen, auf alle Sprachen der Erde anwendbar sind – ja, sogar auf jede *mögliche* menschliche Sprache, sei sie bekannt oder unbekannt. Ein anspruchsvolles Unterfangen, gewiß aber auch ein großartiges Ziel: es erfordert Eingebungen und gewaltige wissenschaftliche Gedankensprünge. Wenn dieses Ziel erreicht und das Universalitätsprinzip bewiesen werden kann, könnte sich dies als zeitgerechte und willkommene Bestätigung allmenschlicher Verwandtschaft herausstellen.

Aber auf welche Art und Weise gehen die Sprachwissenschaftler an eine derartige Aufgabe heran? Nun, zum Beispiel, indem sie aufspüren, was sie »Allgemeingültigkeit« nennen. Auf dem Gebiet der Lautlehre etwa, das uns in dieser Vorlesung vor allem beschäftigt, stellen die Sprachwissenschaftler eine Allgemeingültigkeit heraus, die folgendes besagt: Allen Sprachen sind gewisse *Phoneme* gemeinsam, winzige Spracheinheiten, die sich aus der physiologischen Beschaffenheit unserer Münder, Kehlen und Nasen naturgemäß ergeben. Wir alle verfügen über diese Merkmale des Körpers, also verfügen wir alle auch über die Fähigkeit, diese Phoneme hervorzubringen. AH, zum Beispiel. Ein Laut, der entsteht, wenn man den Mund öffnet und einen Ton ausstößt. AH. Jeder normale Mensch kann das in jeder Sprache; hier gibt es einfach keine Ausnahme, obwohl der Selbstlaut je nach Beschaffenheit der Mundhöhle oder nach der jeweiligen sozialen Herkunft Abweichungen bedingen kann, wie Grâs oder Grăs oder Grās. Aber das sind nur »Lesarten« ein und desselben Phonemes AH, sie müssen daher als allgemein angesehen werden. Hier, bitte, haben Sie Ihre erste Allgemeingültigkeit.

Natürlich übergehe ich eine Unzahl anderer wesentlicher Allgemeingültigkeiten, wie etwa die »besonderen Merkmale«. Ich will Sie damit nicht belasten. Ich möchte nur feststellen, daß die verschiedenen Sprachwissenschaftler diesen Allgemeingültigkeiten auf verschiedenen Wegen nachspüren. Die Etymologen, die sich vor allem mit den Veränderungen der Lautgestalt im Zuge der sprachgeschichtlichen Entwicklung befassen, weisen zum Beispiel darauf hin, daß das Interessante am spanischen Wort *hablar* (sprechen) und seiner portugiesischen Entsprechung *falar* der Umstand ist, daß es sich hier keineswegs um zwei verschiedene Worte, sondern vielmehr um das gleiche Wort handelt, das sich aus ein und derselben lateinischen Wurzel *fabulare* ableitet – bloß mit phonetischen Abweichungen. Wir wollen diese Ableitungen jetzt nicht untersuchen – obwohl sie faszinierend sind –, es genügt, daß wir den gemeinsamen Ursprung begreifen.

Und hier, im gemeinsamen Ursprung, liegt der Schlüssel. Wenn man nämlich diesen Weg weiterverfolgt, wenn man sich bei der Suche nach immer früheren gemeinsamen Ursprüngen durch die Geschichte hindurcharbeitet, entdeckt man die überraschenden Universalitäts-Merkmale. Nur muß eine derartige Nachforschung dort haltmachen, wo sich die geschriebene Sprache verliert. Selbstverständlich müßte der endgültige Beweis von der Universalität der menschlichen Sprache in den ältesten vorgeschichtlichen Sprachen der Menschheit gesucht werden, die gewissermaßen dem Turmbau-zu-Babel-Zeitpunkt der menschlichen Entwicklung vorangingen. Aber so alte Sprachen sind einfach nicht mehr vorhanden, sie wurden vor Jahrmillionen gesprochen, lange vor den Schriftsprachen, deren Entstehung erst einige tausend Jahre zurückliegt. Das Fehlen jeglicher schriftlicher Zeugnisse zwingt die Sprachwissenschaftler zur Spekulation. Die Idealvorstellung, der sie nachspüren, ist eine Vorvätersprache, eine allgemeine Ur-Zunge, die allen Frühmenschen gemeinsam gewesen sein mochte. Und das ist das Anspruchsvollste an ihrem Unterfangen: es bedeutet, sich durch die Nebel der Vorgeschichte zu tasten. Ein erster, greifbarer Erfolg ist immerhin erzielt worden: man hat diesem neuen Feld der Forschung einen Namen geben können, und zwar den Namen »Monogenese« – als Bezeichnung für die Theorie, daß alle Sprachen einer einzigen Quelle entspringen. Ein treffliches Wort, Monogenese, und eine aufregende Theorie. Sie hat mich immerhin derart aufgeregt, daß ich eine Nacht lang wach lag und meine eigenen monogenetischen Spekulationen anstellen mußte. Ich versuchte mir vorzustellen, ich sei so ein menschenähnliches Ur-Wesen, versuchte nachzuempfinden, was einer dieser frühesten Ahnen empfunden und verbal ausgedrückt haben mochte. Ich kritzelte Seite um Seite voll einsilbiger Urwörter, die mir irgendwie zu stimmen und irgendwie zusammenzugehören schienen und mich in ihrer seltsamen Logik beglückten.

Ich stellte mir vor, ich wäre ein menschenähnliches Kindwesen, das gerade dalag und befriedigt seine soeben entdeckte Stimme ausprobierte. Mmmm ... MMM! MMM! Ich wollte die Aufmerksamkeit meiner Mutter auf mich lenken. Und als ich meinen Mund öffnete, um ihre Brust aufzunehmen – MMM-AAA! sieh da, ich hatte ein Urwort erfunden: MA, Mutter. MA muß eines der ersten Urworte gewesen sein, die je ein Mensch ausgestoßen hat; bis auf den heutigen Tag findet sich in den meisten Sprachen ein Wort für Mutter, das aus dieser – *Morphem* genannten – Wurzel MA oder einer ihrer Lautvarianten hervorgeht. In den romanischen Sprachen: mater, madre, mère, und so fort; in den germanischen: Mutter, mother, moder; in den slawischen: mat, matka; hebräisch: Ima; indianisch: shi-ma; und sagar die Suaheli, die Chinesen und die Japaner nennen sie *Mama*.

Also, das war ein kleiner Triumph. Und von da an begann ich, diese Idee fortzuspinnen. Wie war's mit MA plus L? MAL? Eine typische Ursilbe. Mein erster Gedankensprung war natürlich zu all den bekannten Wörtern, die etwas Schlechtes bedeuten: malo, mal, male, mauvais, alles Worte, die der lateinischen Sprachfamilie entstammen. Mir fiel aber auch ein, daß in der slawischen Sprachenfamilie die gleiche Silbe MAL etwas Kleines bedeutet: maly, málenki, etc. Sofortige Hypothese: Es dürfte irgendwann einmal einen monogenetischen Zusammenhang gegeben haben, der eine Verbindung zwischen dem Begriff des Schlechten und dem Begriff des Kleinen hergestellt hat. Warum nicht? Bedenken Sie, wir sind Frühmenschen; es ist durchaus vorstellbar, daß wir alles, was klein ist, automatisch für schlecht halten. Klein zu sein bedeutet schwach zu sein, bedeutet nur Mensch zu sein, im Gegensatz zu den mächtigen Göttern, zu einer riesenhaften Erde, zu einem rätselhaften Himmel: also ist Schwäche etwas, das man nicht will, ergo ist sie etwas Schlechtes. Es ist schlecht, wenn die Ernte klein ist, es ist schlecht, wenn die Kraft klein ist, es ist schlecht, wenn die Mahlzeit klein ist, es ist schlecht, wenn man selbst klein ist. *Malo!*

Aber, dachte ich, wenn das stimmt, dann muß groß einmal gleichbedeutend mit gut gewesen sein; es muß also eine entsprechende Verwandtschaft zwischen Groß-Sein und Gut-Sein gegeben haben. Ich fuhr fort, in allen Wörterbüchern, die ich finden konnte, nachzuschlagen, und – es ist kaum zu glauben – ich hab's gefunden! Geben Sie acht: Die gebräuchlichste Wurzel der Bezeichnungen für Groß-Sein ist GR; grrr, das Grollen des großen Tigers, das alle diese »großen« Worte hervorbringt: GRande, GRandir, GRoß, GReat, GRow, und so fort, einschließlich des holländischen GRoot, in welchem das G zu einem CH aufgeweicht wird. Nun sind alle diese Worte lateinischen oder germanischen Ursprungs, aber wenn wir uns wieder dem Slawischen zuwenden, welches ebenfalls das G in ein kehliges H verwandelt und das Wort HoRoshii betrachten – es bedeutet, unausweichlich und herrlich hilfreich: GUT! Und HRabrii bedeutet tapfer, und irgendwie stimmte alles zusammen – groß, tapfer, gut (und GOTT). Irgendwo jenseits und außerhalb dieser verhältnismäßig neuen Sprachen muß, so hoffte ich wie ein Liebender, eine allgemeine Ur-Zunge verborgen sein, die in ihrem Schoß die großen Simultangleichung birgt:

$$Groß = Gut$$
$$und$$
$$Klein = Schlecht$$

Triumph! Aber warum soll ich Sie mit meinem privaten Rätselraten, mit meinen doch nicht ganz wissenschaftlichen Spekulationen belästigen? Sie sind nämlich schwerlich das, was Sprachwissenschaftler als zuverlässig bezeichnen würden. Aber sie fesseln mich (und hoffentlich auch Sie) durch das, worin sie verwandtschaftlich auf die Musik hinweisen – auf die Ursprünge der Musik, auf die Beschaffenheit der musikalischen Grundbestandteile, auf die Noten selbst.

Suchen wir diese Verwandtschaft auf, indem wir ein letztes Mal zu jenem menschenähnlichen Kindwesen zurückkehren, das soeben das Urwort MA erfunden hat. Es hat schnell gelernt, dieses Morphem mit jenem Wesen zu verbinden, das es stillt, und ruft es so, wenn es seinen Hunger gestillt haben will. MA! Nun: wenn wir uns lediglich mit den Aspekten der Lautlehre befassen, stellen wir fest, daß dieser Laut mit Betonung beginnt, Maa ... und in einem absteigenden Gleiten

A

a

a

a [9]

endigt. So sprechen wir nämlich: mit Betonung plus Gleiten. (Natürlich gibt es auch ein aufsteigendes Gleiten, wenn der Sprechabsicht eine Frage zugrundeliegt:

a

a

a

M [10]

Maa . . . . . .

Maa . . . .

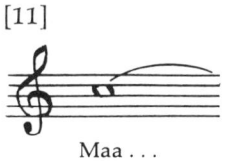

Maa . . .

Wenn sich aber – wir sind noch immer das Kindwesen – unser Bedürfnis, unser Hunger und unsere Ungeduld ungeheuer verstärken, verstärken wir die Betonung zu Beginn, indem wir sie verlängern: MAAA – und siehe da, wir singen. Musik ist da. Die Silbe ist durch den bloßen Wegfall des Gleitens zur Note geworden. MAAA [11]. Die heutige Fachsprache sagt zu diesem Vorgang: das Morphem wird zum Tonhöhen-Erlebnis umgeschrieben. Und was für ein Erlebnis muß das gewesen sein, damals, in der grauen Vorzeit.

All das scheint dahin zu führen, wo wir zu einer Annahme verleitet werden, die eine andere berühmte Klischeevorstellung bestätigen würde: daß Musik überhöhte Sprache ist. Denn was verursacht eine solche Überhöhung? Verstärkte Empfindung. Hunger. Ungeduld. Die innersten Allgemeingültigkeiten, die wir teilen, sind die Empfindungen, die Affekte; wir alle besitzen die gleiche Befähigung zum Verlangen, zur Furcht, zum Erstaunen, zur Aggression. Bei allen von uns finden diese Affekte in gleicher Weise ihren körperlichen Ausdruck: unsere Augenbrauen heben sich vor Erstaunen; unsere Herzen klopfen vor Verlangen; Furcht jagt uns Gänsehaut ein. Und in dem Sinne, in dem die Musik in der Lage wäre, auch solche Empfindungsvorgänge auszudrücken – in dem Sinne wäre sie sicherlich eine Universalsprache.

Vielleicht sogar göttlichen Ursprungs, um ein weiteres Klischee zu verwenden. Ich habe mir immer gedacht, wäre die alttestamentarische Behauptung »Im Anfang war das Wort« buchstäblich wahr, dann müßte dieses Wort ein gesungenes Wort gewesen sein. Die Bibel berichtet uns die gesamte Schöpfungsgeschichte nicht nur verbal, sondern auch als einen verbalen Schöpfungsakt. Gott *sprach*: Es werde Licht. Gott *sprach*: Es werde eine Feste zwischen den Wassern und *nannte* die Feste Himmel. Er hat durch das Wort erschaffen. Können Sie sich vorstellen, daß Gott »Es werde Licht« so ganz einfach vor sich hingesagt hat, so wie man Kaffee bestellt? Selbst in der Originalsprache: Y'hi Or? Ich hatte stets die Phantasievorstellung, daß Gott die beiden flammenden Worte Y'HI – O-O-OR! *gesungen* haben muß. Das mag der tatsächliche Schöpfungsakt gewesen sein: Musik mochte Licht hervorgebracht haben. Und was habe ich gerade getan? Ich habe lediglich die Betonung verlängert und die Sprache überhöht und damit eine weitere Klischeevorstellung bestätigt, nämlich die, daß Musik dort beginnt, wo Sprache endet. In anderen Worten: Wenn die Theorie der Monogenese stimmt, wonach alles menschliche Sprechen einen gemeinsamen Ursprung hat, und wenn das Überhöhen dieses Sprechens Musik hervorbringt, dann läßt sich auch von jeglicher Musik sagen, daß sie einen gemeinsamen Ursprung haben muß, also etwas Allgemeingültiges ist – ganz gleich, ob die ersten Noten dem Mund Gottes oder dem Mund eines hungrigen Säuglings entsprungen sind.

Aber woher kommen diese Noten? Warum nimmt unser Ohr manche Noten bewußt wahr und andere wieder nicht?

Warum, zum Beispiel, hänseln die Kinder einander in einem ganz bestimmten Singsang [12]? Das sind zwei ganz bestimmte Noten, die Kinder auch dann anwenden, wenn sie einander rufen [13] und wenn sie ihre Kehrreime singen [14]. Hier sind die beiden gleichen Noten wieder, nur jetzt um eine dritte Note vermehrt [15]. Vielleicht haben Sie als Kinder einmal »Ringelringelreiha« [16] gesungen. Kommen Ihnen diese Noten bekannt vor? Nun bitte: Warum haben Sie gerade diese Noten gesungen und warum diese Noten gerade in dieser bestimmten Reihenfolge [17]?

Untersuchungen haben ergeben, daß diese ganz bestimmte

Nya nya Nya nya

Han - si! Do - ris!

Bak - ke bak - ke Ku - chen

Rin - gel rin - gel rei - ha!

Konstellation der beiden Noten (wie auch der Drei-Noten-Variante) auf der ganzen Welt dieselbe ist, wenn Kinder einander hänseln, auf jedem Erdteil, in jedem Kulturkreis. Kurz, wir haben hier den klaren Fall einer musiksprachlichen Allgemeingültigkeit vor uns, welche bestimmt (und begreifbar erklärt) werden kann. Ich will mir die Zeit nehmen, dies sehr ausführlich zu tun, denn in dieser Erklärung liegt der Schlüssel zur musikalischen Universalität insgesamt, liegt die Antwort auf die Frage »Warum gerade diese Noten?« und schließlich auch die Antwort auf »Warum diese Noten bei Mozart und jene bei Copland, oder Schönberg, oder Ives?« Wenn wir eine solche Antwort haben, besitzen wir einen riesigen Vorsprung vor den Sprachwissenschaftlern. Sie müssen sich stets fragen: »Warum gerade diese Sprachlaute des Menschen?«, und die Antwort darauf in der Aufstellung einer sehr verwickelten Hypothese suchen. An dieser Hypothese wird immer noch gearbeitet, sie wird dauernd bewiesen und widerlegt, bestätigt und belächelt. Wir Musiker haben da mehr Glück: wir besitzen eine quasi »eingebaute«, vorausbestimmte Allgemeingültigkeit, bekannt als die *Obertonreihe*.

Diejenigen unter ihnen, die über die Obertonreihe Bescheid wissen, bitte ich jetzt um ein wenig Geduld, damit ich dieses Phänomen jenen, die nicht Bescheid wissen, erklären kann.

Das akustische Phänomen, das wir die Obertonreihe nennen, ist nicht schwer zu verstehen. Wir haben schon in der Schule gelernt, daß alle Klänge von Körpern her stammen, die in Schwingung versetzt werden und Schallwellen aussenden. Wenn so ein Körper unregelmäßig beschaffen ist, wie dieser Fußboden oder dieses Pult, wird er, sobald man ihn in Schwingungen versetzt, unregelmäßige Schallwellen aussenden, und unser Ohr wird sie als Geräusch empfinden. Ist aber der in Schwingung versetzte Körper regelmäßig beschaffen, wie etwa eine Klaviersaite, wird er regelmäßige Schallwellen aussenden, und wir empfinden sie als musikalischen Ton. Die Schwingungsquelle braucht aber keineswegs eine Saite zu sein: es kann sich, wie bei der Klarinette, um eine Luftsäule handeln, oder um eine Stahlsäule, wie beim Glockenspiel, oder um eine gespannte Tierhaut, wie bei der Kesselpauke. Was immer es ist, es produziert »Energie in schwingender Bewegung« – so lautet die offizielle Sprachregelung –, wenn es

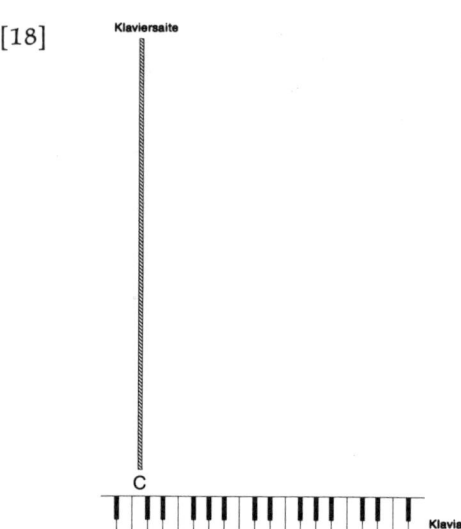

[18]

Klaviersaite

C

Klaviatur

etc. C etc.

eingestrichenes C

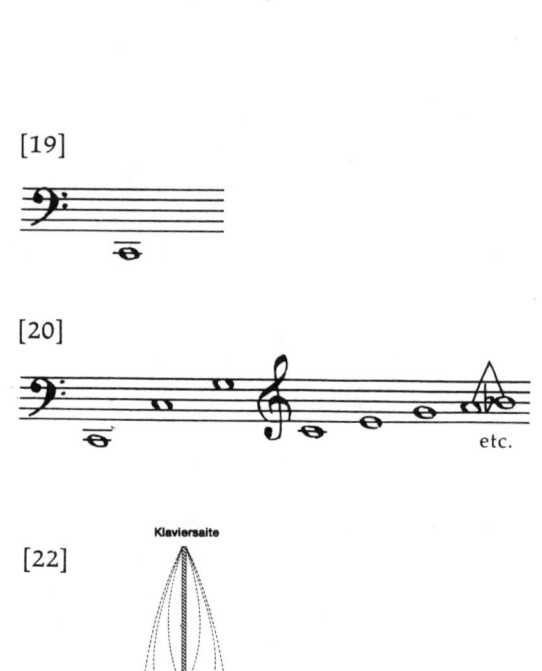

[19]

[20]

etc.

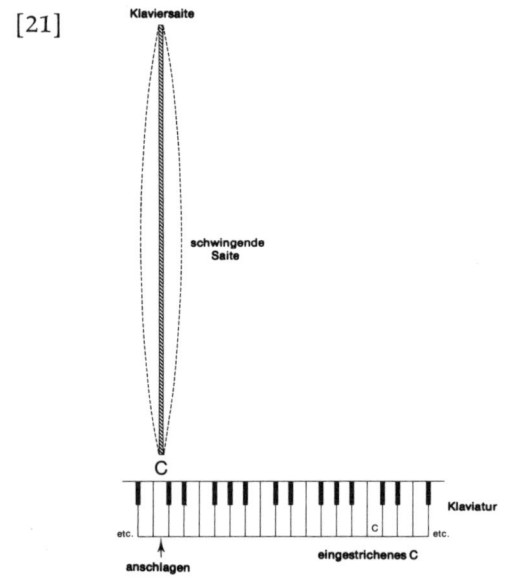

[21]

Klaviersaite

schwingende
Saite

C

Klaviatur

etc. C etc.

anschlagen

eingestrichenes C

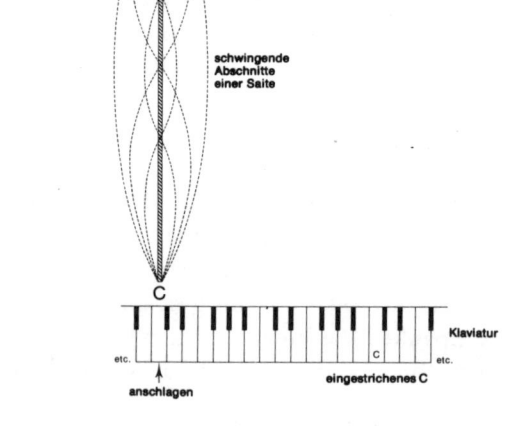

[22]

Klaviersaite

schwingende
Abschnitte
einer Saite

C

Klaviatur

etc. C etc.

anschlagen

eingestrichenes C

geschlagen, angeschlagen, gezupft, geblasen oder mit einem Bogen gestrichen wird. Nehmen wir eine Klaviersaite, zum Beispiel diese [18]; sie besitzt eine bestimmte Länge, eine bestimmte Spannung, einen bestimmten Umfang und eine bestimmte Dichte, und wenn sie von ihrem Hammer angeschlagen wird, sendet sie Schallwellen mit einer Häufigkeit von 64 Schwingungen pro Sekunde aus und ist in aller Welt als die Note C bekannt [19].

Jetzt wird es spannend. Wenn ich am Klavier sitze und dieses tiefe C anschlage, vermeinen Sie, nur diesen Ton zu hören – eine dunkle, volle Baßnote –, aber Sie irren: zur selben Zeit hören Sie eine ganze Reihe höherliegender Töne, die gleichzeitig erklingen [20]. Sie sind in einer von der Natur vorausbestimmten Reihenfolge angeordnet und unterliegen einer allgemeinen physikalischen Gesetzmäßigkeit. (Wenn das für Sie eine Neuigkeit ist, ist es hoffentlich eine angenehme.)

Diese höherliegenden Töne, deren Sie sich vielleicht gar nicht bewußt sind, entspringen der Naturerscheinung, daß jede Klangquelle, oder besser: Tonhöhenquelle, wie zum Beispiel diese Klaviersaite, nicht bloß in ihrer Gesamtheit schwingt und dabei das tiefe C [21] produziert, sondern auch in ihren einzelnen Abschnitten [22]; und zwar schwingt jeder Abschnitt für sich. Es ist, als ob diese Saite unendlich oft teilbar wäre, in zwei Hälften, drei Drittel, vier Viertel und so fort. Je kleiner diese Abschnitte sind, um so rascher schwingen sie, und je höher ihre Schwingungshäufigkeit ist, um so höher sind die Töne, die sie hervorbringen – die Obertöne. Und diese Obertöne – sie werden auch Partialtöne genannt – erklingen gleichzeitig mit dem Grundton, den die gesamte Saite produziert. Das ist das Prinzip, nach welchem, ausgehend von jedem Grundton, eine Obertonreihe entsteht.

Falls Sie das alles noch von der Schule her gewußt haben, wissen Sie vielleicht auch noch, daß diese Obertöne vom Ohr natürlich viel weniger deutlich wahrgenommen werden als der Grundton – in diesem Fall das tiefe C [23] – und daß sie um so schwächer klingen, je höher sie liegen. Jede Note, die ich anschlage [24], hat ihre eigene Obertonreihe, aber je tiefer die Note ist, die ich anschlage, desto umfänglicher wird ihre Obertonreihe hörbar; auf diesen Umstand ist der vergleichsweise volle Klang des tiefen C zurückzuführen. Und nun erinnern Sie sich bitte: Ich

[23]

[24]

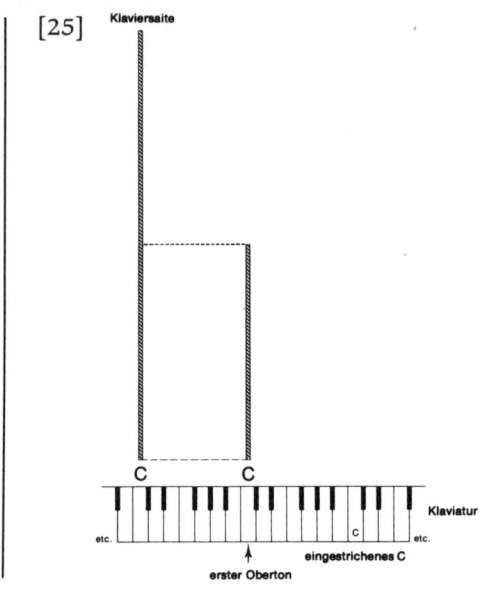

[25]

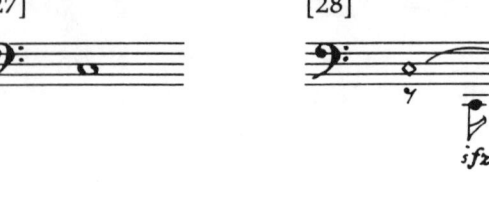

[26] [27] [28]

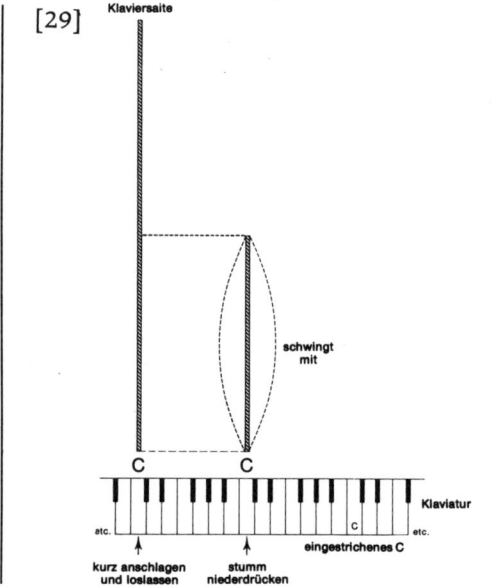

[29]

[30]

[31]

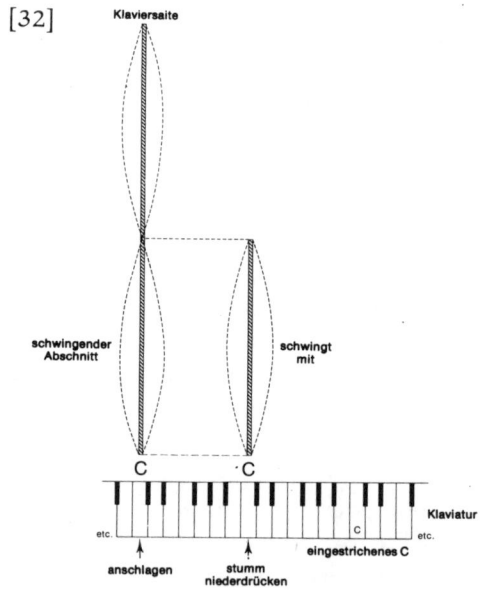

[32]

28

habe von einer bestimmten Reihenfolge gesprochen, in der diese Obertöne auftreten. Ich werde jetzt versuchen, einige dieser Obertöne in dieser Reihenfolge für Sie hörbar zu machen.

Platte
Seite 1
Spur 1

Der erste Oberton dieser Reihe [25] ist nach den Gesetzen der Physik genau um eine Oktav höher als der Grundton C, den wir gehört haben [26]. Es ist also dieses C [27]. Wenn ich nun die Taste dieses höheren C niederdrücke und den Finger drauf halte, damit die Saite ungehindert schwingen kann, und dann den Grundton C, eine Oktave tiefer [28], kurz anschlage – was hören Sie? Sie hören ganz deutlich, wie der erste Oberton, eine Oktav über seinem Grundton [29] harmonisierend mitschwingt. Dieses höher liegende C [30] ist unverkennbar ein fixer Bestandteil des C der tieferen Oktav [31]. Es ist ein »eingebauter« Partialton, den die beiden unabhängig schwingenden Saitenhälften der tieferen C-Saite erzeugen [32].

Der zweite Oberton in dieser von der Natur vorausbestimmten Reihenfolge entsteht dadurch, daß die Grundsaite C nicht nur zur Gänze und nicht nur in ihren beiden Hälften schwingt, sondern auch in ihren drei Dritteln; und diese unabhängig schwingenden Saitendrittel erzeugen den ersten Ton, der ein neuer Ton, also kein C ist. Er ist ein G [33]. Ich will jetzt die Probe von vorhin wiederholen: ich drücke die G-Taste stumm nieder, schlage kurz den Grundton C an [34] – und was hören wir? Das G, einen ganz neuen, glockenreinen Ton. Damit sind wir an einem sehr wichtigen Punkt angelangt. Der Grundton [35] und sein erster Oberton [36] sind, wie schon gesagt, eigentlich die gleiche Note, ein C, nur eine Oktav auseinander [37]. Aber dieser zweite Oberton, das G [38], ist nur eine Quint vom C entfernt [39]. Wir haben also jetzt zwei verschiedene Töne, und von dem Augenblick an, da sie in unser Ohr Eingang gefunden haben [40], haben wir auch den Schlüssel zum gesamten tonalen System gefunden – einem System, das auf der Vorstellung von Tonika und Dominante beruht [41]. Der Grundton C stellt hier die Tonika dar; die Aufgabe der Tonika ist es, die Grundlage jeder beliebigen Tonart zu bilden [42]. Die Aufgabe der Dominante (hier das G) ist es, die Tonika bei der Bildung dieser tonalen Grundlage zu unterstützen – sie kann das, weil sie zur Tonika in einer besonderen

29

[43]

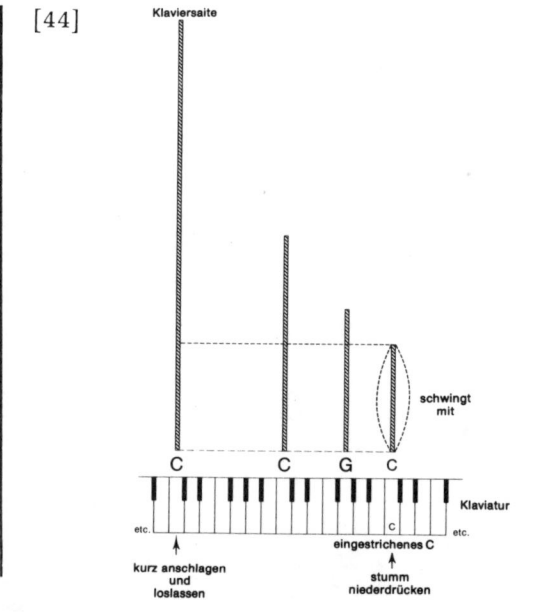

[44]

Klaviersaite

schwingt
mit

C   C   G   C

Klaviatur

etc.   C   etc.

eingestrichenes C

kurz anschlagen
und
loslassen

stumm
niederdrücken

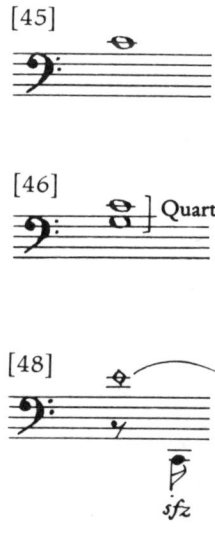

[45]

[46] Quart

[48]

sfz

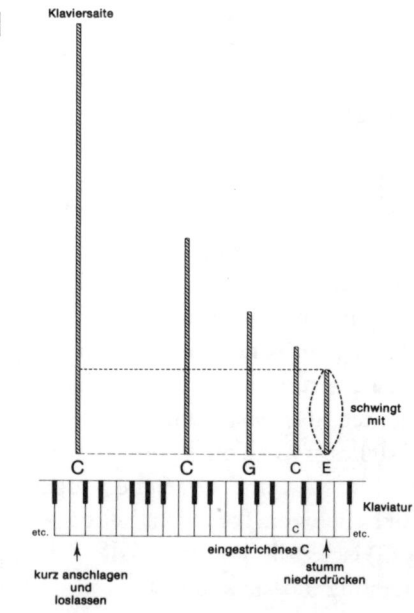

[47]

Klaviersaite

schwingt
mit

C   C   G   C E

Klaviatur

etc.   C   etc.

eingestrichenes C

kurz anschlagen
und
loslassen

stumm
niederdrücken

Beziehung steht, die aus ihrer unmittelbarer Nachbarschaft in der Obertonreihe resultiert [43].

Aber darüber reden wir später. Gehen wir jetzt zum nächsten Oberton [44], er ist wieder ein C [45] und liegt nur eine Quart über dem G, das wir gerade gehört haben [46]. Und jetzt kommt ein Oberton, der wieder auf einer neuen Tonhöhe liegt, diesmal eine Terz höher als sein Vorgänger C [47] – (ich hoffe, es ist Ihnen aufgefallen, daß die Intervalle um so kleiner werden, je höher wir in der Obertonreihe aufsteigen: zuerst war es eine Oktav, dann eine Quint, dann eine Quart, und jetzt ist es eine Terz) – und dieser neue Oberton ist dieses E [48]. Hören Sie zu. Es klingt zwar schon etwas schwächer, aber es ist immer noch deutlich vernehmbar.

Hiemit hätten wir die ersten vier Obertöne unserer Reihe: den Grundton und eins, zwei, drei, vier Obertöne [49 und 50]. Fünf Töne und drei verschiedene Noten – C, G und E [51]. Einige von Ihnen werden es bereits wissen: diese Noten, in aufsteigender Ordnung umgruppiert – C-E-G – [52], bilden den sogenannten Dur-Dreiklang [53], den Zellkern, den Grundpfeiler fast der gesamten Musik, die wir tagein, tagaus hören, sei es eine Symphonie, ein geistliches Lied oder ein Blues. Dieser Dreiklang mit seinem Tonika-Dominante-Verhältnis [54] und dem dritten, eingeschobenen, Ton [55], bildet die Grundlage der tonalen Musik der westlichen Welt, wie sie sich während der letzten – etwa – drei Jahrhunderte im Einklang mit der gesamten westlichen Kultur entwickelt hat.

Wir dürfen nun nicht in den Fehler verfallen, den so viele Leute machen, wenn sie diesen Dreiklang für die Grundlage aller Musik halten; diesem viel zu weit verbreiteten Irrtum mangelt einfach die Erkenntnis, daß unsere abendländische Kultur nur eine von vielen Kulturen dieser Welt ist, trotz ihrer momentanen Vorherrschaft, trotz ihres weltweiten Einflusses. Ein fabelhaftes Beispiel für diesen Irrtum ergibt bereits der nächste Oberton dieser Reihe, ein Fremdling in der Tonwelt des Westens. Diesen Oberton gibt es nämlich gar nicht auf dem Klavier, so daß ich ihn für Sie auch nicht spielen kann, wie ich das mit den anderen Tönen getan habe. Beziehungsweise: diesen Ton gibt es auf dem Klavier

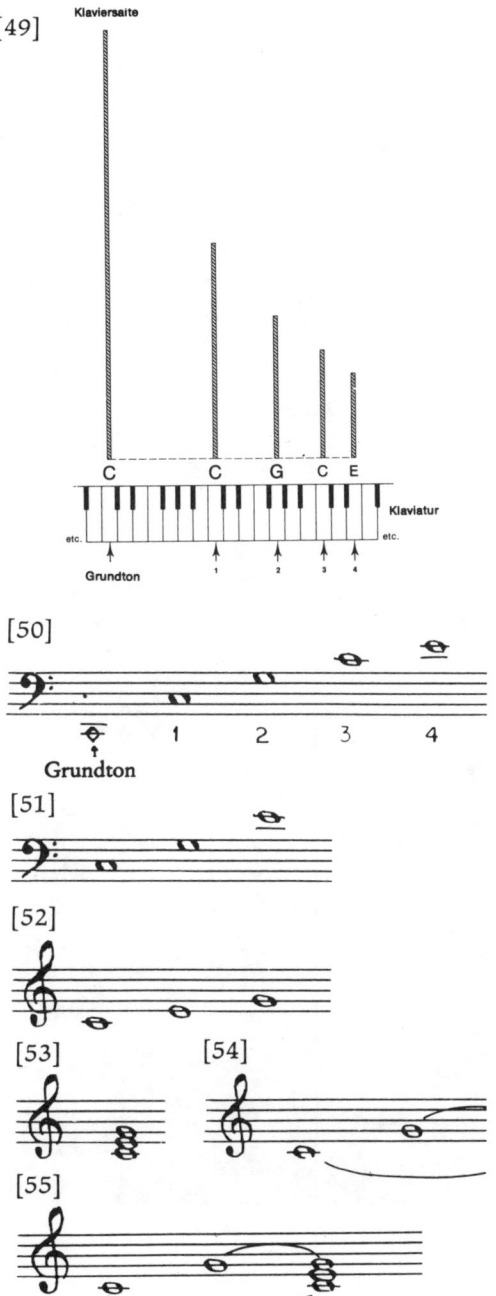

nicht in seiner naturgegebenen, reinen Tonhöhe, wie sie sich aus der gegebenen physikalischen Gesetzmäßigkeit von der Grundsaite C her ableiten läßt.

Ich muß jetzt weit ausholen, um das zu erklären. Das Klavier, das Sie hier sehen, ist, wie alle Tasteninstrumente, ein *temperiertes* Instument; das heißt, daß seine Töne temperiert, also künstlich auf jenes Maß gebracht worden sind, daß jeder von ihnen in jeder der zwölf Tonarten jede Aufgabe erfüllen kann. Dieses Ins-richtige-Verhältnis-Bringen der Stimmung wurde notwendig, als um das Jahr 1700 die Musik ihre volle tonale Reife erlangte; damals erkannte man, daß ein Musikstück keineswegs vom Anfang bis zum Ende dieselbe Tonart beibehalten müsse und man ohne weiteres mittendrin von einer Tonart in eine andere wechseln könne. Die Töne, die sich auf Grund der Naturgesetze aus der Obertonreihe ergeben, gelten aber nur für jeweils eine Tonart; was also in einer Tonart richtig klingt, klingt in einer anderen höchstwahrscheinlich falsch. Wenn etwa dieses Klavier nur untemperierte Naturtöne enthielte, brauchte man allein für eine Oktav [56] siebenundsiebzig verschiedene Tasten. Sie werden verstehen, daß man da irgendwann einmal einen Kompromiß schließen mußte, und dieses Irgendwann war der Zeitpunkt, da die rasche Entwicklung der Tasteninstrumente mit ihren fixierten, unveränderbaren Tönen aufeinander trafen.

So entstand das wohltemperierte Clavichord, um von diesem Konzertflügel erst gar nicht zu reden. Und deshalb kann ich Ihnen den nächsten Oberton nicht vorspielen.

Platte
Seite 1
Spur 2

Wenn wir ihm aber im Zuge unseres weiteren Aufstiegs in der Obertonreihe pianistisch in die Nähe kommen wollen,
finden wir ihn irgendwo hier [57], im Spalt zwischen diesem B und dem A. Es ist eine dieser *ungefähren* Noten [58]. Und diese ungefähre Note kann das menschliche Ohr entweder in einer höheren Fassung festlegen, diesem B [59], oder in einer tieferen, dem A [60]. Jedenfalls ist ein geringes Zurechtrücken nach oben oder nach unten vonnöten, wenn wir den Gegebenheiten der Klaviatur Rechnung tragen wollen.

Aber wie immer wir diese Note auch festlegen mögen – sie ist unser

[61]

[62]

[63]

Bak – ke bak – ke bak – ke bak – ke Ku – chen!

[64]

C   E   G   A+

[65]

[66]

[67]

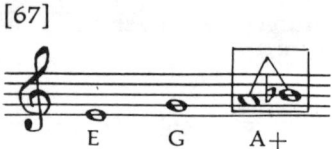

E   G   A+

[68]

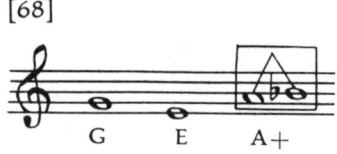

G   E   A+

[69]

neuester Oberton. Also haben wir bereits vier verschiedene Obertöne [61]: das C *plus* dem G plus dem E plus dieser ungefähren Note, dem zweifelhaften A. Oder, in aufsteigender Reihenfolge [62]: C, E, G und das zweifelhafte A. Und hier stoßen wir auf eine echte musiksprachliche Allgemeingültigkeit, denn jetzt können wir den weltweit verbreiteten Hänsel-Singsang [63] begreifen und erklären. Es handelt sich nur um das Zusammentreffen der ersten vier verschiedenen Obertöne [64], wobei die Tonika ausgelassen, oder, besser, vorausgesetzt wird. Diese Tonika C [65] – die gleiche Note wie der Grundton C [66] – wird mit dem geistigen Ohr gehört, und nur die drei *neuen* Obertöne werden gesungen [67]. Diese drei allgemein gültigen Noten präsentiert uns die Natur wie auf einer Silberschüssel [68]. Aber warum
in dieser anderen Reihenfolge: G-E- und das
zweifelhafte A? Weil dies genau die Reihenfolge ist, in der sie in der Obertonreihe aufscheinen: G, E und das zweifelhafte A [69]. Was zu beweisen war.

Das ist zweifellos eine Allgemeingültigkeit von der Sorte, der die Sprachwissenschaftler nachjagen, ohne sie je in ihre Reichweite zu bekommen. Und je höher wir in unserer Obertonreihe aufsteigen, um so faszinierender und unwiderlegbarer werden die Allgemeingültigkeiten, denen wir begegnen. Der nächste Oberton zum Beispiel ist ein D [70]. Wir haben jetzt also fünf verschiedene Töne, mit denen wir spielen können [71], und wenn wir sie in aufsteigender Reihenfolge ordnen [72], haben wir im Handumdrehen eine neue Allgemeingültigkeit: die Fünftonreihe, auch pentatonische Tonleiter genannt. Wegen der einen zweifelhaften, letzten Note [73] kann nun diese Tonleiter in zwei Erscheinungsformen auftreten: die eine gipfelt in B [74], die andere in A [75]. Nehmen wir die zweite, tiefer liegende und bei weitem häufigere [76]: sie ist in aller Welt auch die beliebtere und auf dem Klavier sehr leicht zu finden, man braucht bloß die schwarzen Tasten zu spielen [77]. Diese Tonleiter ist in solchem Maß verbreitet, daß Sie sicherlich in der Lage sind, *mir* Beispiele pentatonischer Musik aus allen Ecken und

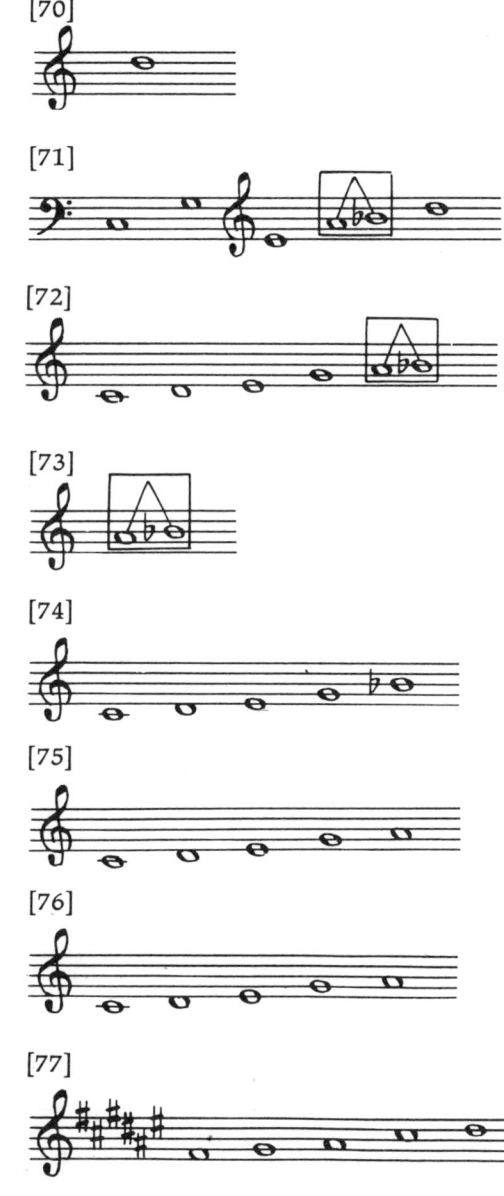

35

[78]

[79]

[80]

[81]

Enden der Erde zu geben, aus Schottland [78] oder aus China [79], aus Afrika [80] oder aus Australien, aus Mittel- oder aus Südamerika, aus dem indischen oder aus dem indianischen Kulturkreis, aus Finnland, aus Ungarn ... mit einem Wort: wahrhaftig eine musiksprachliche Allgemeingültigkeit.

Vorsicht mit Analogien zur Sprachforschung! Es wäre zwar denkbar, daß wir eine Gleichung aufstellen zwischen einem Grundton, wie diesem C [81] und dem Morphem MA, das wir vorhin entdeckt haben, und daß wir diese Gleichung erweitern, indem wir Parallelen legen zwischen den Obertönen des Grundtones C und jenen Wörtern, die der Ursilbe MA entstammen – könnte sein; vorläufig ist es jedenfalls nichts als Spekulation. Viel überzeugender scheint mir die Übereinstimmung zu sein, die zwischen Chomskys »angeborener grammatischen Befähigung« und jener musikgrammatischen Befähigung besteht, die vielleicht Allgemeingut der gesamten Menschheit ist. Diese Befähigung wäre dann die in uns eingebaute Fähigkeit, Obertonreihen aus uns selbst heraus zu bilden und verschieden weiterzuentwickeln –, so wie die verschiedenen Weltkulturen aus sich heraus monogenetische Grundbestandteile bildeten, die sie zu Tausenden von einzelnen Grammatiken und Sprachen weiterentwickelten, jede anders als die andere.

Die einzelnen menschlichen Kulturkreise entwickelten diese pentatonische Tonleiter auf verschiedene Arten, je nachdem, welche der fünf Noten als tonaler Mittelpunkt genommen wurde; zum Beispiel diese [82]. Das ist eine Möglichkeit. Oder diese [83], wenn wir den tonalen Schwerpunkt verlagern. Sie sehen, es entsteht eine ganz andere Fünftonreihe. Aber es sind die gleichen fünf Noten. Nur ist die Tonika eine andere.

Platte
Seite 2
Spur 1

Da ist eine weitere Möglichkeit [84]. Es gibt eindeutig fünf verschiedene Tonleitern, alles hängt nur von der Tonika ab. Und um die Vielfalt noch zu vergrößern, geistert ja unsere »ungefähre« Note herum [85]. Wenn das Ohr sie als B statt als A auffängt, haben wir eine völlig neue Fünftonleiter vor uns [86], der wir einige herrliche afrikanische Musiken verdanken. Es gibt sogar Verfahren, die noch verwickelter sind

und der höchst differenzierten japanischen Fünftonleiter [87] zugrunde liegen sowie der einzigartigen Pentatonik der Musik von Bali [88].

Aber genug der Pentatonik. Wir haben die Auswirkungen der Obertonreihen genügend lang beobachtet, um uns darüber klar zu sein, daß wir, je weiter wir diese Reihe hinauf verfolgen [89] und je mehr neuen Tönen für unsere Sammlung wir dabei begegnen, schließlich auf Sechs- und Siebentonleitern gefaßt sein müssen (einschließlich der griechischen und der Kirchen-Tonarten), auf die diatonische Ganztonleiter (sowohl in Dur als auch in Moll) und am Ende auch auf die aus zwölf Tönen bestehende Halbtonleiter, die sogenannte chromatische Skala [90].

Warum, werden Sie jetzt fragen, warum ausgerechnet zwölf Töne? Geduld. Sie werden es gleich herausfinden. Aber selbst diese zwölf Töne haben die Möglichkeiten der Obertonreihe noch nicht ausgeschöpft. Die oberen Bereiche der Reihe fahren fort, uns mit Intervallen zu versehen, die noch kleiner sind als die Halbtöne, aus denen die chromatische Skala besteht, mit Intervallen von Vierteltönen, ja: auch Drittel- und Fünfteltönen, die noch in experimentellen und elektronischen Forschungsbereichen ihr Wesen treiben; um von den Mikrotönen, diesem wesentlichen Bestandteil der fernöstlichen Musik, gar nicht erst zu reden.

Die umwerfende Tatsache, die sich aus alledem ergibt, ist wohl, daß die gesamte Musik – ob es sich nun um Volksmusik handelt oder um Popmusik, um symphonische oder um modale* Musik, um tonale oder atonale, polytonale oder mikrotonale, temperierte oder untemperierte, um Musik der Vorvergangenheit oder um solche der bevorstehenden Zukunft – daß die gesamte Musik einen gemeinsamen Ursprung in der allgemeinen Erscheinung der Obertonreihe hat. Das ist unser stärkster Beweis für die Monogenese der Musik, und erst recht für ihr Angeborensein.

---

* Notationsweise der Musik im XII. und XIII. Jahrhundert

Aber ist dies auch ein Beweis für ihre Allgemeingültigkeit? Denken Sie nach. Denken Sie an die hinduistische Raga-Musik, die so vielen Leuten unverständlich ist. Im Lichte unserer bisherigen sprachwissenschaftlichen Analogien schlage ich Ihnen eine ganz einfache Antwort vor. So wie die Grammatiken der menschlichen Sprachen (selbst der voneinander verschiedensten) den gleichen monogenetischen Quellen entsprungen sein mögen, so können wir von höchst verschiedenen musikalischen Zungen (die einander ebenfalls fremd sind) behaupten, daß sie sich von einem gemeinsamen Ursprung her entwickelt haben. Rein lautwissenschaftlich ausgedrückt: Es handelt sich bei diesen verschiedenen Zungen um Tonsprachen, die aus einer allgemeinen, von der Natur festgesetzten Anordnung der Töne entstanden sind.

Es ist Ihnen wohl klar, daß ich all das ungeheuer zusammengedrängt und überhaupt nicht mit musikgeschichtlichen Beispielen belegt habe. Ich würde eine ganze Nacht dazu brauchen. Aber dies ist weder ein sprachwissenschaftlicher noch ein musikgeschichtlicher Vortrag. Was ich hier angestrebt habe, war eine möglichst weitgespannte Übersicht über die Entwicklung der Musik im Hinblick auf einen Tonvorrat, der sich unaufhörlich um immer entferntere, stets anders gefärbte Obertöne vermehrt. So als ließe sich die gesamte Musikentwicklung von der Urzeit bis zur Gegenwart in zwei Minuten überschauen.

[91] Fair Har – vard thy sons to thy Ju – bi – lee throng

[92] And with bless – ings sur – ren – der thee o'er

[93] Oktave

[94] Oktave

[95] Quint

[96] By these fes – ti – val rites from the Age that is past

[97] Quart

[98]

[99]

[100]

[101] Maestoso

f

42

Nehmen wir doch noch einmal – ein allerletztes Mal – an, daß wir Frühmenschen wären und daß der Spitzenreiter in der Ur-Hitparade unsere Schulhymne »Fair Harvard« wäre. Da sitzen wir nun also in unseren vorzeitlichen Hütten uns singen vor uns hin [91]. Da kommen unsere Frauen und unsere Söhne – diejenigen, die noch nicht mutiert haben – hinzu, fallen ein, und unwillkürlich singen wir nicht länger unisono, sondern in Oktaven, da die Stimmen der Männer und die der Frauen und Kinder von Natur aus eine Oktav auseinander liegen [92]. Nun ist aber dieses Oktav-Intervall [93] das erste Intervall in der Obertonreihe [94], wenn Sie es noch wissen. Wissen Sie's noch?

Jahrhunderte, Jahrtausende vergehen, und es kann nicht ausbleiben, daß sich die Menschheit im Laufe dieser Zeit auch das *nächste* Intervall der Obertonreihe einverleibt, nämlich die Quint [95]. Jetzt können wir bereits »By these festival rites from the Age that is past . . .« singen [96]. Diese kleine Veränderung bringt uns natürlich Jahrmillionen vorwärts, bis ins X. Jahrhundert unserer Zeitrechnung und in eine bereits sehr raffinierte Musikkultur. Und jetzt lassen wir das nächste Intervall der Obertonreihe ein – die Quart [97] – so daß wir die Intervalle der Oktav, der Quint und der Quart miteinander *mischen* können [98]. Und hier beginnt es nach Polyphonie zu klingen: die Vielstimmigkeit hebt an.

Wieder kommt ein großer Sprung nach vorn, die Musik ergreift vom nächsten Oberton Besitz und ist also auch im Besitz der Terz. Hören Sie bloß den Unterschied [99]. Das ist eine ganz andere Musik. Sie ist voller, weicher und mit warmen Farben ausgestattet. (Ich gebe allerdings zu, daß mir der ältere Klang lieber ist.) Wie wir bereits wissen, hat dieses neue Intervall der Terz den Dreiklang in der Musik eingeführt [100], so daß »Fair Harvard« jetzt allmählich klingen kann wie sein viktorianisches Ebenbild [101]. So entstand, was wir heute die tonale Musik nennen, eine haltbare Tonsprache, die fest in den entscheidenden Noten der Obertonreihe wurzelt, im Grundton [102] und dessen erstem unterschiedlichen Oberton, der Quint [103] – von nun an und fürderhin bekannt als Tonika [104] und Dominante [105].

Und dieses Quinten-Intervall dominiert tatsächlich; als die Tonika-Dominante-Beziehung hergestellt war, brachen für die Komponisten die

[102]

[103]

[104]

[105]

[106]

[107]

[108]

[109]

[110] Andante amoroso

[111]

Tonika   Dominante   Subdominante   Supertonika   neue Dominante   neue Tonika

fetten Jahre an. Von nun an gab's Quinten von Quinten von Quinten, jede von ihnen eine neue Tonika, die eine neue Dominante zeugte – einen ganzen Kreis von Quinten, zwölf insgesamt, wobei sich die zwölfte Quinte stets in der ersten auflöst, gleichgültig, ob wir uns in aufsteigender Richtung bewegen, etwa von diesem tiefen C aus [106], oder ob wir zu diesem C hinabsteigen [107]. Dies ist der Quintenzirkel und zugleich auch die Antwort, die ich Ihnen vorhin in Aussicht gestellt habe: von *da her* leitet sich die Zahl der zwölf Töne in der chromatischen Tonleiter ab. Wenn wir die zwölf Töne des Quintenzirkels nehmen und in aufsteigender Folge aneinanderreihen, haben wir diese Skala [108]. Und diese zwölf Noten bringen einen geschlossenen Kreis von zwölf Tonarten hervor, mit deren Hilfe – und dank der Vervollkommnung des temperierten Systems – die Komponisten nun ungebremst ihren eigenen chromatischen Vergnügungen nachjagen konnten [109].

Platte
Seite 2
Spur 3

Jetzt endlich kann »Fair Harvard« so klingen [110]. Das ist chromatisches Grießkoch; und in unserem Jahrhundert wird noch Gulyas daraus werden. Wie stellt es die Musik an, diese lose, davonlaufende Chromatik in Schranken zu halten? Durch das Grundprinzip der Ganztonschritte, der Diatonik – dieser dauerhaften Beziehung von Tonika und Dominante, Subdominante und Supertonika, von neuer Dominante und neuer Tonika [111]. Wir können nun, frei und wie es uns beliebt, von einer Tonart in die andere gehen, und so chromatisch, wie wir wollen – und verlieren dabei doch nie die Kontrolle über die Tonalität.

Johann Sebastian Bach hat dieses großartige System der tonalen Kontrolle vervollkommnet und kodifiziert; seinem Genie ist es gelungen, die Wirkungskräfte der Chromatik und der Diatonik äußerst delikat und genau auszubalancieren, wiewohl es sich hier um sehr starke und (vermutlich von Natur aus) einander widerstrebende Kräfte handelt. Und dieser delikate Balancepunkt ist das ruhende Auge im Wirbelsturm der Musikgeschichte – er war von solcher Standfestigkeit, daß er ohne wesentliche Korrekturen fast ein Jahrhundert lang Bezugspunkt blieb, und dieses Jahrhundert wurde zum goldenen Zeitalter der Musik.

45

Das soll nicht besagen, daß es in diesen hundert Jahren nicht einschneidende Veränderungen des Stils und der Formen gegeben hätte. Immerhin erlebte dieses Jahrhundert das Auftauchen eines völlig neuen Rokoko-Stils – um von der ungeheuren Entwicklung der Sonatenform von Hand solcher Giganten wie Carl Philipp Emanuel Bach, Haydn, Mozart und Beethoven selbst gar nicht erst zu reden. Aber diese Veränderungen sind syntaktischer und semantischer Natur, und wir werden sie dementsprechend in den Vorlesungen über die Satzlehre und die Bedeutungslehre behandeln. Heute beschränken wir uns in unseren Untersuchungen auf die Lautlehre, und auf diesem Gebiet können wir sehen, wie sich der Gipfel, den Johann Sebastian Bach erklommen hat, als ein erhabenes Hochplateau bis zur Musik Beethovens hin erstreckt.

Ich möchte Sie jetzt einladen, gemeinsam mit mir eines der herrlichsten Beispiele für dieses goldene Zeitalter der Musik anzuhören, Mozarts Symphonie in g-moll. Es ist ein Werk von äußerster – aber äußerst gebändigter – Leidenschaft, ein Werk, dessen freizügige Chromatik mit größter Anmut in Schranken gehalten wird. Ich möchte Sie ein bißchen vorbereiten, indem ich Ihnen zunächst einige Beispiele für diese Bändigung, für dieses In-Schranken-Halten gebe; Sie werden diese Symphonie dann mit geschärften Ohren hören können, mit Ohren, die an der Lautlehre geschult worden sind. Denken Sie daran: wonach wir Ausschau halten, das sind die erstaunlich schöpferischen Mittel, mit denen die chromatische Beweglichkeit im Rahmen der Tonika-Dominante-Beziehungen regelrecht im Zaum gehalten werden kann.

Es ist kurios und entscheidend, daß aus dieser vollständigen Vereinigung zweier einander widerstrebender Kräfte, der Chromatik und der Diatonik, das Wesen, die Essenz der Zweideutigkeit gefiltert werden kann. Im Zusammenhang mit einem Komponisten des Goldenen Zeitalters wie Mozart, diesem Meister der Klarheit und der Genauigkeit, wird die Verwendung des Wortes zweideutig zumindest überraschend wirken. Aber das Mehrdeutige hat der Musik stets innegewohnt (wie übrigens allen Künsten), denn es ist eines der stärksten ästhetischen Ausdrucksmittel jeder Kunst. Je vieldeutiger, desto ausdrucksvoller – bis zu einem bestimmten Punkt. Denn es gibt natürlich eine Grenze – der wir im Verlaufe dieser Vorlesungen auch begegnen werden. Wir werden

47

zuletzt einen Zustand solcher Vieldeutigkeit antreffen, daß sich die Probleme der musikalischen Klarheit von selbst stellen werden. Das wird der Moment sein, in dem wir Aug' in Aug' Ives' offener Frage gegenüberstehen: »Musik – wohin?«

Aber vorläufig befinden wir uns noch im Goldenen Zeitalter, in dem das Zweideutige von den erhabenen Ausgewogenheiten und Ebenmäßigkeiten, die dieser Mozart-Symphonie eigen sind, in klassischer Weise kontrolliert wird. Werfen wir einen kurzen Blick auf dieses Werk.

Sie alle kennen den Beginn des ersten Satzes [112]. Dieser Teil bewegt sich mit größter Leichtigkeit diatonisch von seiner g-moll Tonika zur ersten Kadenz, die klarerweise auf der Dominante ist [113], und schlüpft mit ebensolcher Leichtigkeit wieder in die Tonika zurück [114]. (Sie wissen hoffentlich noch, daß diese Tonika-Dominante-Beziehung der Nachbarschaft des Grundtones, in diesem Fall des G [115], mit seinem ersten Oberton [116] entspringt, also dem entscheidenden Intervall der Quint.) Von diesem Punkt setzt sich die Musik in absteigender Richtung im Quintenzirkel fort [117], bis sie bei ihrer Entsprechung in Dur anlangt (die Paralleltonart ist hier B-Dur), und genau dort hat sie nach den Regeln der Sonatenform auch zu sein, um den zweiten Teil mit dem Seitenthema anheben zu lassen [118]. Beachten Sie aber, daß Mozarts neues Thema bereits chromatisch gebildet ist [119] und immer chromatischer wird, sowie es fortschreitet [120], und in noch verstärktem Maß, wenn es sich wiederholt [121]. Was ist das? As-Dur,

[119]

[120]

[121]

eine unvermittelt neue Tonart, ohne Beziehung zu B-Dur oder g-moll. Wie konnten wir hier landen? Dank dem berühmten Quintenzirkel [122]. Hören Sie diese beständigen, aufeinander folgenden Quinten, wie sie im Baß unerbittlich von Dominante zu Tonika ausschreiten [123]? Jede Dominante führt zu einer Tonika, welche sofort selbst zur Dominante wird und nun ihrerseits zu einer Tonika führt, während darüber die melodische Linie in chromatischen Halbtonschritten in die tiefsten Regionen des As-Dur hinabsteigt! Da ist die klassische Ausgewogenheit, von der wir eben gesprochen haben – chromatisches Umherstreifen oben [124], aber völlig abgesichert durch die in Umkehrung darunter liegende Struktur von Tonika und Dominante [125].

Begreifen Sie jetzt, wie ich das mit der Schönheit des Zweideutigen meine? Es ist die Vereinigung der beiden widersprüchlichen Kräfte, der Chromatik und der Diatonik, die hier gleichzeitig ineinanderwirken und dieser Stelle so viel Ausdruck verleihen.

Wir sind also mitten in einem chromatischen Abenteuer. Wie verlassen wir diesen merkwürdigen As-Dur-Bereich [126]? Durch eine einfache chromatische Veränderung, die dem seitlichen Abgleiten auf Skiern ähnelt [127] – und schon sind wir wieder in Sicherheit in B-Dur, wo wir hingehören.

Nun, wenn Sie mir hier folgen konnten, können Sie eine Unzahl ähnlicher Abenteuer verfolgen – zum Beispiel, wie Mozart den Durchführungsteil beginnt. Er hat uns also sicher in B-Dur untergebracht [128]; aber nein [129], er stürzt sich schon wieder in ein chromatisches Abenteuer [130], welches uns in die unmögliche Tonart fis-moll entführt! Das ist reiner Übermut, eine Art chromatischer Seiltanz, wenn Sie wollen, mit dem er uns zu Beginn des Durchführungsteiles überrascht – im Grunde richtigerweise, denn dieser Teil soll uns ja überraschende neue Ausblicke auf ein bereits bekanntes Thema gewähren; aber zum Schluß muß er uns doch zur Rekapitulation nach g-moll zurückführen, wo wir ursprünglich zu Hause waren. Er hat freie Bahn, diese Wanderung so chromatisch, wie er es für gut befindet, zu unternehmen, seiner Phantasie sind keine Zügel angelegt. Immerhin handelt es sich hier um den Durchführungsteil, da kann jeder tun und lassen, was er will. Aber auch hier wirken die diatonischen Grundgesetze

pedalisierte Dominante

g-moll

52

als Schranken und Kontrollen der Freizügigkeit, der Leidenschaft, der Phantasie. Und all das durch diese Quinten-Schritte – die Dominante sucht ihre Tonika, und jede Tonika wird zur Dominante, die ihrerseits die Tonika sucht – immer wieder und wieder und wieder. Wir waren in fis-moll, nicht wahr? [131] Nun, durch eine Folge solcher Quinten-Schritte verwandelt Mozart die Tonika-Rolle dieses fis-moll in eine Dominanten-Rolle [132], welche nach einer Tonika verlangt, dem H – und hier sind wir schon! [133]. Aber jetzt wird das H zur Dominante und sucht seine Tonika, das E – und hier sind wir auch beim E [134], und im selben Quinten-Zirkel sucht das E das A [135], das A das D [136] und so weiter, und so weiter, bis wir endlich nach Hause gefunden haben – nach g-moll. Und auch dieses Zurückführen in die Grundtonart war ein höchst chromatisches Abenteuer, das nur dank der Bremskraft der Dominante so sicher bestanden werden konnte. (Hören Sie nur diese kriechenden, schleichenden Chromatismen . . .) [137] Immerhin sind wir zur so wohltuenden und willkommenen Rekapitulation in g-moll zurechtgekommen . . .

Ich muß Ihnen allerdings gestehen, daß diese Abenteuer viel komplizierter und viel subtiler sind, als ich sie hier erscheinen ließ. Das Verfahren beruht nicht immer nur auf Quinten-Schritten; da gibt es Verflechtungen und Kehrtwendungen, die man stundenlang beschreiben müßte, wollte man genau sein – auch vor einem musikwissenschaftlich vorgebildeten Publikum. Ich kann Sie hier bloß einige Blicke in die Wunderwelt der Zweideutigkeit und auf die Wunder der diatonischen Bändigung der Chromatik tun lassen. Wenn Sie dann, wie zum Beispiel hier im zweiten Satz, diese außergewöhnliche chromatische Stelle hören [138], werden Sie auch die starke diatonische Untermauerung

[138] Andante

53

wahrnehmen können, diese Quinten im Baß, die auch hier unerbittlich von Tonika zu Dominante fortschreiten [139]. Sogar im dritten Satz, dem Menuett (das äußerst diatonisch und kaum irgendwo chromatisch ist [140]), kann Mozart, knapp vor Schluß, einer seiner geliebten chromatischen Lustfahrten einfach nicht widerstehen [141]. Aber sogleich rückt alles wieder ins Lot zu einer klassischen Dominante-Tonika Schluß-Kadenz [142].

Die atemberaubendste aller chromatischen Reisen findet im letzten Satz statt, der zwar ganz unschuldig beginnt und während der ganzen Exposition in tonaler Hinsicht eher ereignislos ist [143]. Aber dann kommt wieder der Durchführungsteil, und jetzt bricht die Hölle los [144]. Können Sie erfassen, daß diese wilde, atonal klingende Stelle alle zwölf chromatischen Töne mit Ausnahme der Tonika G enthält? Was für ein Einfall – alle Töne außer der Tonika! Wir könnten diese Stelle ohne weiteres für Musik des zwanzigsten Jahrhunderts halten, wüßten wir nicht, daß sie von Mozart ist. Aber sogar diese chromatische Explosion kann aus dem Quinten-Zirkel heraus erklärt werden – nur will ich Sie nicht damit belasten. Sie können mir aber glauben, daß dieser Ausbruch chromatischer Wut mustergültig in Schranken gehalten ist, auch der Höhepunkt dieses Teiles, der in der unwahrscheinlichen Tonart

[144]

[145]

cis-moll steht [145], also in der weitestmöglichen Entfernung von der Grundtonart g-moll. Und wieder müssen Sie mir glauben: alle diese klanglichen Ankünfte und Abfahrten von und nach den entferntest verwandten Gebieten gehen glatt vonstatten, unter perfekter diatonischer Kontrolle.

Und wohin führt das alles? Versuchen wir, es herauszufinden, und hören wir uns einmal das ganze Werk an. Ich hoffe, Sie hören es mit geschärften Ohren.

(An dieser Stelle folgt eine Aufführung der Symphonie Nr. 40 in g-moll, KV 550 von Wolfgang Amadeus Mozart.)

Welch ein Stück! Keine Analyse und keine Erklärung kann einen auf die überwältigende Überraschung seines bloßen Da-Seins vorbereiten, die man jedes Mal empfindet, wenn man es hört. Es fällt einem kaum ein anderes Werk ein, das so vollendet Form und Leidenschaft vermählt.

Zum Schluß ein paar Worte über unser nächstes Thema, die Satzlehre – Sie erinnern sich: es ist der zweite der drei sprachwissenschaftlichen Zweige –, die musikalische und sprachliche Satzlehre. Wir werden einige Bauformen untersuchen, die aus den lautlichen Grundbestandteilen, die wir heute erörtert haben, gebildet werden können. Dann werden wir die Bedeutungsprobleme der Musik von Mozart bis zur Gegenwart verstehen können, und damit nähern wir uns auch dem Begreifen von Ives' offener Frage. Vielleicht sogar einer Antwort.

2. Musikalische Satzlehre

I

Während der Vorarbeiten zu dieser Vorlesungsreihe habe ich mir immer wieder die Frage gestellt – und andere haben sie mir auch gestellt –, ob alle diese sprachmusikalischen Untersuchungen wirklich von Belang sind. Können sie uns einer Antwort auf Charles Ives' offene Frage: »Musik – wohin?« näherbringen, und wenn sie es können – ist es von Bedeutung? Die Welt wackelt, Regierungen stürzen, und wir brüten über den Problemen der musikalischen Lautlehre, jetzt auch der Satzlehre. Ist das nicht typisch elitäres Verhalten?

Irgendwie schon; wenn auch nicht elitäres Klassenverhalten wirtschaftlicher, sozialer oder ethnischer Art; aber doch elitäres Verhalten aus Wissensdurst, dieser seltsamen bohrenden Eigenschaft des Verstandes. Das war schon immer so. Nur: heutzutage wird die Suche nach Schönheit durch Sinnfälligkeit – und umgekehrt – immer wichtiger, da das Mittelmaß und der Kunstverschleiß unser Leben täglich mehr und mehr verunstalten. Wenn einmal das Suchen nach John Keats' Wahrheit-Schönheits-Ideal nicht mehr von Belang sein sollte, können wir zusperren und in unsere Steinzeit-Höhlen zurückkehren. Bis dahin aber ist es – ich muß das vermaledeite Wort nochmals gebrauchen – wirklich von Belang. Als Musiker spüre ich, daß es eine Möglichkeit geben muß, mit gescheiten, aber berufsfremden Musikliebhabern – die zum Beispiel nicht wissen, was der Unterschied zwischen einer Engführung und einer verminderten Quint ist – über Musik zu reden, und die beste Möglichkeit, das zu tun, besteht in anwendbaren Vergleichen mit der menschlichen Sprache, die etwas ist, das wir alle besitzen, verwenden und kennen.

Vorige Woche haben wir uns sehr ausführlich mit jenen Aspekten von Sprache und Musik befaßt, die zur Lautlehre gehören; wir haben nach

Verwandtschaften zwischen sprachlichen Allgemeingültigkeiten und jenen natürlichen musikalischen Allgemeingültigkeiten geforscht, die sich aus der Obertonreihe ergeben. Es ist höchste Zeit, von einem neuen Gesichtspunkt aus Verwandtschaften aufzuspüren: vom Gesichtspunkt der Satzlehre. Die Satzlehre, oder Syntax, ist die Lehre von der Erforschung der baulichen Grundlagen, auf denen Laute, also sprachliche Allgemeingültigkeiten, sich zu Worten und Worte sich zu Sätzen fügen. Und hier kommt dem Namen Chomsky entscheidende Bedeutung zu. Chomsky ist, wie die meisten Sprachwissenschaftler, weniger an historischen Untersuchungen interessiert, die etwa die Monogenese oder die Theorien über den Ursprung der Sprachen betreffen, als an analytischen Untersuchungen; er forscht nach allgemeingültigen Regeln der Laut- und Satzlehre, die auf die zirka viertausend heute vorkommenden Sprachen insgesamt angewandt werden könnten.

Ich kann Ihnen natürlich keine kritische Analyse der Arbeiten Chomskys vorlegen, und wir hätten auch gar nicht die Zeit dazu, falls ich es könnte. Für uns ist auch hier die rationalistische Philosophie von Descartes, zu der Chomsky zurückgekehrt ist und in der er wurzelt, nicht von Bedeutung. Hingegen ist es für uns von großer Bedeutung, warum er in dieser Philosophie Wurzeln geschlagen hat, denn diesen Wurzeln entspringen seine Vorstellungen von einer »allgemeingültigen Grammatik«. Er glaubt, wie Descartes, daß es menschliche Vorgänge gibt, die durch eine Theorie, die ausschließlich von der Leiblichkeit des Menschen ausgeht, nicht erklärt werden können; er glaubt, daß diese körperbezogenen Theorien einer Ergänzung bedürfen, und zwar durch das Voraussetzen einer weiteren Substanz: des Verstandes. Natürlich befindet sich diese philosophische Annahme in fortwährendem Widerspruch zum empirischen Denken, wie es etwa durch Locke oder Berkeley belegt wird, und in jüngster Zeit auch durch die Verhaltensforscher, die für alles und jedes wahrnehmbare Beweise verlangen. Aber die Cartesianer beharren auf ihrer Ansicht und fügen hinzu, daß die Theorie der ausschließlichen Leiblichkeit des Menschen die beiden augenfälligsten Wirklichkeiten menschlichen Tuns nicht erklären kann: die grundlegende Eigenschaft des Denkens, und, im besonderen, den normalen Gebrauch der menschlichen Sprache.

Amen, sagt Noam Chomsky zu alledem: es muß in uns allen eine angeborene Sprachbegabung oder, wie er es nennt, sprachliche Befähigung geben. Er beginnt seine Argumentation mit einer einfachen, aber beinharten Frage: Wie anders, fragt er, können wir die nagelneuen Äußerungen zweieinhalbjähriger Kinder erklären – grammatische Sätze, die sie hervorbringen können, ohne sie je zuvor gehört zu haben? Welche Regeln ermöglichen ihnen den verblüffenden schöpferischen Akt, zum Beispiel »Ich hab' grüne Nudeln gern«, in jeder Sprache, in Zulu, auf französisch, in Eskimo zu sagen? Dieser Satz wurde sie weder gelehrt, noch ist er die Nachahmung eines Satzes, den sie von jemand anderem gehört haben; es ist ein neuerfundener Satz, erfunden auf der Grundlage der sehr dürftigen grammatischen Daten, die das Kind in seiner unmittelbaren Umgebung aufgelesen hat. Verblüffend, nicht wahr? Denken Sie eine Sekunde lang darüber nach.

Chomsky hat sich zum Begriff einer allgemeingültigen Grammatik durchgerungen, indem er Schritt für Schritt eine Theorie verfeinerte, in welcher er eine »herkömmliche Allgemeingültigkeit« als selbstverständlich voraussetzt: genetisch ererbte Regelformen, die in allen Sprachen auf deren unterster Ebene Geltung haben. Ich finde, daß jemand, der auszieht, solche Regeln zu suchen, vom brennenden Wunsch erfüllt sein muß, die Welt als Einheit anzusehen, also den menschlichen Verstand an sich begreifen zu wollen und nicht den Verstand des Amerikaners, des Zulu, des Franzosen oder des Eskimos. Chomsky hat auch stets die Bedeutung der verborgenen Ähnlichkeiten von Sprachen über jene der erkennbaren Unterschiede gestellt; die Unterschiede fallen sicher stärker ins Auge, aber sie sind oberflächlicher, während die Ähnlichkeiten profunder sind und zumindest ebenso erstaunlich wie die Unterschiede. Nimmt man sich aber Zeit, werden die Ähnlichkeiten allmählich viel augenfälliger und vor allem viel aufregender, denn sie bestätigen unsere Ahnungen von einem einzigen, vereinigten Menschengeschlecht. Und ich glaube, daß dieser beinahe beethovensche Impuls Noam Chomsky durch seine eigenen Theorien hindurch und über sie hinaus getrieben hat.

Ich vermute, daß Chomsky eigentlich nach einem System sucht, das die Mirakel darstellen kann, die es uns ermöglichen, durch verständliche

Worte unser Grundbedürfnis zu befriedigen: das, was wir wissen, und das, was wir fühlen, anderen mitzuteilen. Und wirklich versetzt uns dieses System in die Lage, die wundersame Vorgangsweise zu beobachten, in der wir selbst die einfachsten Sätze zusammenfügen; und die Untersuchung dieses Vorgangs des Zusammenfügens nennen wir nun die Satzlehre, oder Syntax.

Aber was haben syntaktische Untersuchungen mit Musik zu tun? Alle Musikgelehrten sind sich darin einig, daß es so etwas wie eine musikalische Satzlehre gibt, etwa der darstellenden Grammatik der Sprache vergleichbar. Und mit den Begriffen dieser Satzlehre können sie so oder so die meisten musikalischen Erscheinungen analysieren und erläutern – bis auf die wichtigste: das Talent. (Das kann keiner.) Aber wie ist das mit Ihnen, den ungeschulten, berufsfremden Musikliebhabern? Wie kann ich Ihnen syntaktische musikalische Analysen verständlich machen? Ich könnte es durch eine musikalische Entsprechung der grammatischen Darstellung versuchen; aber Sie ahnen nicht, wie ermüdend das wäre. Zum Beispiel könnte ich den Anfang von Mozarts g-moll-Symphonie hernehmen, die wir vorige Woche gehört haben, und ihn so zergliedern, wie man uns in der Schule gelehrt hat, Sätze oder Satzteile zu zergliedern [1]. Ich könnte also sagen, daß dieser Beginn in g-moll steht und im Viervierteltakt; daß das melodische Material mit einem Auftakt beginnt [2], der aus zwei Achtel-Noten besteht, wobei es sich um die sechste bzw. fünfte Note der g-moll-Tonleiter handelt und die zweite Achtel-Note unmittelbar anschließend als Viertel-Note wiederholt wird, und so weiter, und so weiter – nichts als unerträgliche und im Grunde wertlose Mitteilungen. Es wäre eine nicht endenwollende Darstellung, aus der Sie nur geringfügig mehr über die Musik erführen, als wenn Sie sie anhörten. Aber, werden Sie sagen, das hier war nur eine Darstellung und keine grammatische Erklärung – denn ich habe nichts über die Aufgaben und Wechselbeziehungen dieser Achtel- und Viertel-Noten und Auftakte gesagt. Gewiß, aber ein

Eingehen auf diese Probleme würde uns wieder zur musikalischen Satzlehre zurückführen, und Sie müßten sich zuvor einen Großteil der fachlichen Begriffe aneignen. Aber Sie können die verborgenen syntaktischen Funktionen der Musik Mozarts, wie jeder anderen Musik, begreifen lernen, wenn Sie sie mit den verwandten syntaktischen Funktionen der Sprache vergleichen. Und es gibt verwandte Funktionen, blutsverwandte Vorgänge, die sich gleichermaßen in der Musik wie in der Sprache abspielen und durch sprachwissenschaftliche Methoden enthüllt werden können. Was wir benötigen, sind verwandte Begriffe, um all das durch Sprache ausdrücken zu können.

Wir werden also jetzt die Ärmel aufkrempeln und den mörderischen Versuch unternehmen, eine quasi wissenschaftliche Begriffsverwandtschaft zwischen Sprache und Musik herzustellen. Ich sage mit Bedacht eine *quasi* wissenschaftliche, denn die Benützung feststehender Sprachbegriffe setzt eigentlich die Verwendung wissenschaftlicher Methoden voraus. Nun bin ich aber kein Wissenschaftler. Es wird nicht zu vermeiden sein, daß ich in einem bestimmten Zusammenhang Feststellungen mache, die in einem bestimmten anderen Zusammenhang falsch wären. Sogar Wissenschaftler geben ohne weiteres zu, daß ihnen derlei passiert, vor allem die Philosophen: Nietzsche, Kierkegard, und, nach seinen eigenen Worten, auch Chomsky. Um wieviel mehr gilt das für mich. Ich bin daher auf Hypothesen und Spekulationen angewiesen; mit etwas Glück werde ich vielleicht ein paar Goldstücke finden; und mit sehr viel Glück werde ich einige der wissenschaftlich Denkenden unter Ihnen auf ein paar Ideen bringen, die Sie zum Weiterdenken veranlassen.

Sehen wir uns also einmal einen der vielen Versuche an, mit denen eine feste Verbindung zwischen den Bestandteilen der Sprache und jenen der Musik geschaffen werden könnte. Beginnen wir vielleicht mit folgender einfachen Gleichung: Eine Note ist gleich ein Buchstabe [3]. Spinnt man das fort, führt diese Gleichung zwangsläufig zur folgenden: Eine Tonleiter ist gleich ein Alphabet. Das heißt: alle Noten, die wir verwenden, gleichen allen Buchstaben, die wir verwenden. Aber was für Noten? Die zwölf Noten unserer abendländischen, chromatischen Tonleiter oder die fünf Noten der chinesischen, pentatonischen? Und

[3]

MUSIK   SPRACHE
1)   Note = Buchstabe
2) Tonleiter = Alphabet

[4] **1)**

MUSIK	**SPRACHE**
Note =	Phonem

[5]

	MUSIK	**SPRACHE**
1)	Note =	Phonem
2)	Motiv, Thema =	Morphem

[6]

	MUSIK	**SPRACHE**
1)	Note =	Phonem
2)	Motiv, Thema =	Morphem
3)	Phrase =	Wort

[7]

	MUSIK	**SPRACHE**
1)	Note =	Phonem
2)	Motiv, Thema =	Morphem
3)	Phrase =	Wort
4)	Satzteil =	Nebensatz
5)	Satz =	Satz
6)	Musikstück =	Prosastück

[8]

64

welches Alphabet? Das deutsche, das russische, das arabische? Ich glaube, wir geben hier auf – wir stehen schon jetzt vor einem Durcheinander. Wir brauchen sichtlich ein besseres System.

Gut, versuchen wir ein anderes, wissenschaftlicheres, das die Begriffe der Lautlehre verwendet und nicht so lose, nebulose Bezeichnungen wie »Alphabet«. Versuchen wir's: Eine Note ist gleich ein Phonem [4] (die kleinste denkbare Lauteinheit (zum Beispiel *Mmm*). In diesem Fall würde ein Motto oder ein Leimotiv, ja, sogar ein Thema, einem Morphem gleichen [5], der kleinsten sinnhaften Lauteinheit (zum Beispiel *Ma*). Wenn das so ist, dann gleicht eine musikalische Phrase [6] einem Wort – ich wittere Gefahr! –, ein musikalischer Satzteil gliche einem Satzteil, der Satz eines Musikstückes einem ganzen Satz und das ganze Musikstück einem ganzen Prosastück [7].

Das schaut schon wesentlich besser aus, aber es ist sehr problematisch. Wenn wir davon ausgehen, daß eine musikalische Phrase einem Wort gleichzusetzen ist, nähern wir uns dem tieferen Verständnis der Musik Mozarts. Nehmen wir uns etwa das zweite Thema dieser g-moll-Symphonie vor [8]. Diese ersten drei Noten klingen wie ein Wort [9]: hier haben wir eine sehr überzeugende, für sich allein stehende musikalische Einheit. Das gilt auch für die nächste Einheit [10]. Aber hier endet schon die Gleichung, denn die letzte Note des ersten Wortes, die von den Streichern gespielt wird [11], hat gleichzeitig die Funktion der ersten, von den Holzbläsern gespielten, Note des zweiten Wortes [12]. Derlei ist in der Sprache undenkbar. Es ist, als würde jemand die Worte »das Salz« sprechen und dabei das abschließende s von »das« als Anfangs-S von »Salz« verwenden: »dasalz«. Undenkbar.

Warum ich Ihre Zeit vergeude, indem ich Ihnen Vergleiche vorführe, die nicht stimmen? Weil es sehr wichtig ist, daß Ihr Gehirn jene Kurve nimmt, hinter der Sie in punkto Musik auf derselben Ebene denken können wie in punkto Sprache. Meine bisherigen mißlungenen Vergleiche waren nicht so sinnlos. Ist es nicht merkwürdig, daß die haltbarste Gleichung des letzten Versuches (siehe [7]) gerade die ist, die auf den ersten Blick die unhaltbarste zu sein schien? Ich meine die Gleichung: Ein Satz ist gleich ein Satz. Zunächst glaubt man an eine totale Verwirrung: versuchen Sie einmal, sich den ganzen Satz dieser

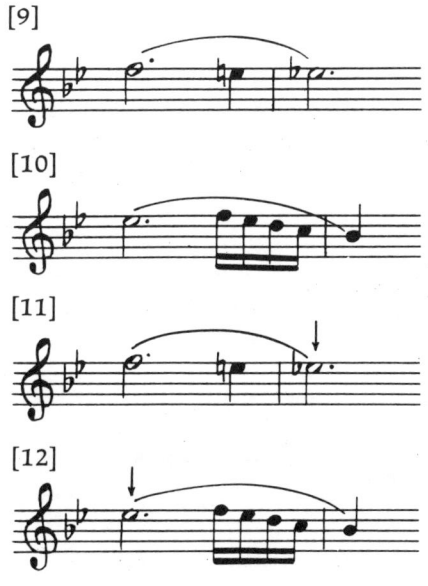

[13]

[14]

Kadenz

[15]

Ende   Beginn

Mozart-Symphonie als einen einzigen gesprochenen Satz vorzustellen! Und doch ist etwas Wahres dran. Ich glaube, es ist kein Zufall, daß im Deutschen das Wort Satz sowohl die einzelnen Abschnitte der Sprache bezeichnet als auch die einzelnen Abschnitte einer Symphonie.

In Wirklichkeit aber gibt es keine Sätze in der Musik, die Prosa-Sätzen vergleichbar wären: fast alle zusammenhängenden Musikstücke erreichen erst an ihrem tatsächlichen Ende einen Schlußpunkt. Wenn wir als Schlußpunkt, zumindest in der tonalen Musik, die volle Kadenz annehmen [13] und sie dem Punkt am Ende eines Prosa-Satzes gleichsetzen, werden wir Dutzende solcher Punkte im Verlauf eines mozartischen Symphonien-Satzes entdecken; aber jede einzelne dieser Kadenzen wird gleichzeitig Beginn eines neuen musikalischen Satzgebildes sein. Anders gesagt: in der Musik gibt es keine Pausen für Punkte, so wie ich jetzt einen machen werde, um diesen Satz zu beenden. Punkt. Pause. Nächster Satz. Es liegt im Wesen der Musik, stets weiterzugehen; wenn wir uns, etwa bei Mozart, einer vollen Kadenz nähern [14], *scheinen* wir am Ende eines Satzgebildes angelangt zu sein; aber nein, es geht weiter [15], es gibt keinen Punkt: die Kadenz entpuppt sich als Beginn einer neuen Episode. Wir sind wieder bei »dasalz« angelangt. Es ist, als ob die Musik aus lauter relativen Satzteilen bestünde, die in gegenseitiger Abhängigkeit durch Für- und Bindewörter aneinandergeschlossen sind; und deshalb scheint doch die beste Vergleichsmöglichkeit zu einem Satz in Prosa im ganzen Satz einer Symphonie zu liegen.

Welche interdisziplinären Begriffe können wir aber, angesichts des bisherigen Begriffsdurcheinanders, ohne zu schwindeln verwenden? Ich glaube, es gibt ein paar Gleichungen, die eine Belastungsprobe aushalten. So etwa können wir glatt ein musikalisches Motto oder Leitmotiv mit einem grammatischen Substantiv oder Hauptwort gleichsetzen. Zum Beispiel das Schicksalsmotiv aus Wagners »Ring« [16]. Diese drei wohlklingenden Noten [17] gleichen drei Buchstaben (oder Phonemen, oder Morphemen, ganz wie Sie wollen), die ein Wort bilden, ein Hauptwort, ein Substantiv, ein sich selbst bezeichnendes Ding. (Ich meine hier nicht, daß es »Schicksal« bezeichnet; es ist ein *musikalisches* Hauptwort an sich, was immer es im »Ring« bezeichnen mag. Daß

[16]

[17]

latte
eite 2
ur 4

grausames Schicksal

barmherziges Schicksal

verflixtes Schicksal

Walzer-Tempo

Wagner es dazu bestimmt hat, »Schicksal« zu bedeuten, gehört zu den semantischen Überlegungen, die wir in unserer nächsten Vorlesung über die Bedeutungslehre anstellen werden.)

Zweitens können wir einen Akkord, ein harmonisches Ganzes [18], mit einem grammatischen Modifikator wie z. B. einem Eigenschaftswort gleichsetzen, denn sichtlich modifiziert der Akkord durch Bedeutungsfärbung das (musikalische) Hauptwort, dem es beigefügt ist. Diese drei Noten [19] von Wagners Schicksalsmotiv gewinnen durch die Akkorde, durch die sie modifiziert werden, eine besonders gefärbte, zusätzliche Bedeutung. Zum Beispiel: grausames Schicksal [20]; oder: barmherziges Schicksal [21]; oder: verflixtes Schicksal [22].

Meiner Meinung nach ergibt sich daraus das Folgende: Wenn wir musikalische Entsprechungen für Hauptwörter und Eigenschaftswörter finden können, muß dies auch für die Zeitwörter gelten, wobei die Entsprechung in diesem Fall nur der Rhythmus sein kann, der das (musikalische) Hauptwort in gleicher Weise aktiviert oder motorisiert, wie das in der Sprache beim Zeitwort der Fall ist. Hier haben wir dasselbe Wagner-Motiv, aber rhythmisch aktiviert [23]. Was hat sich begeben? Ich habe die Hauptwort-Eigenschaftswort-Funktion dieser drei Noten um eine Zeitwort-Funktion in Form eines Walzerrhythmus bereichert. Es ist, als hätte ich den Satz »Das grausame Schicksal tanzt Walzer« in Musik umgesetzt. Ich könnte jetzt weitergehen und Ihnen eine kombinierte Zeitwort-Eigenschaftswort-Funktion vorspielen, wie etwa die in einem Nocturne von Chopin, wo die harfenartige Begleitung das Hauptwort, welches die Melodie-Funktion übernommen hat [24; auf Seite 70], sowohl rhythmisch aktiviert als auch akkordisch modifiziert. Die möglichen Erweiterungen dieser Idee sind endlos. Worauf ich hinaus will, ist das: Für alle Einzelheiten der Sprache lassen sich musikalische Entsprechungen finden, die überzeugen. Hier haben Sie ein faszinierendes Thema für eine Dissertation. Wenn ich noch Student wäre – und weiß Gott, ich wär' es gern –, würde ich mich seiner annehmen.

Immerhin, wir haben jetzt gesehen, wie wir über Sprache und Musik in Gleichungen reden können (und haben vielleicht auch einige auf beiden Gebieten geltende Begriffe zur Hand). Wir sind nun für die

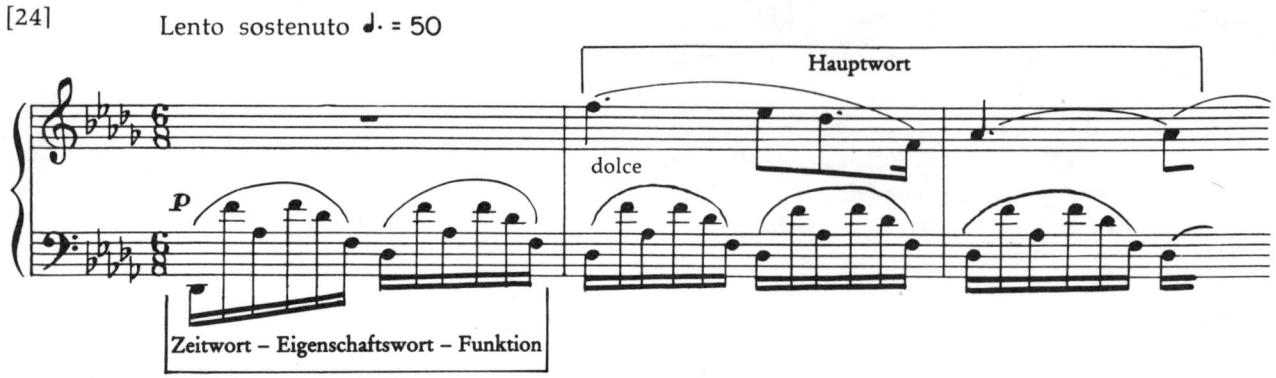

Rückkehr zu Chomsky gerüstet und können untersuchen, wie sich die von ihm entwickelten Grundregeln auf die Musik übertragen lassen.

Zunächst: Wie sehen diese Grundregeln überhaupt aus? Eine Erläuterung würde die ganzen sechs Vorlesungen füllen. Kurz gesagt: Chomskys Leistung bestand – und besteht weiter – in der ständigen Vermehrung von Einsichten in das Wesen einer »Umwandlungsgrammatik«. So nennt er das. In seinen ersten Arbeiten fand er nämlich heraus, daß die herrschenden Vorstellungen über grammatische Analyse unzulänglich waren – sie konnten zwar auf einige sprachliche Verwandtschaftsverhältnisse angewandt werden, auf andere aber gar nicht. Zum Beispiel reichten sie aus, um einen Satz wie »Der Mann traf den Ball« zu erklären; aber sie waren nicht in der Lage, die Verwandtschaft dieses Satzes mit anspruchsvolleren, im Grunde aber gleichbedeutenden Sätze zu erklären, wie: »Der Ball wurde von dem Mann getroffen«; »Es war der Mann, der den Ball traf«; oder gar »Es war der Ball, der von dem Mann getroffen wurde«.

Ich kann mich noch an die alte Zeit in meinem Bostoner Gymnasium erinnern, wo man uns lehrte, Sätze durch Zergliederung zu analysieren. Wir hatten es im Nu begriffen. Wir nahmen einen Satz wie etwa *Jack liebt Jill* und analysierten ihn, indem wir ihn in seine Bestandteile zerlegten [25]. *Jack* ist der Satzgegenstand der aktiven Satzaussage *liebt*; *Jill* ist deren Objekt. Was wäre dieser graphischen Darstellung noch hinzuzufügen? Satzgegenstand und Satzaussage – Subjekt und Prädikat –, das sagt doch alles?

Genau so haben wir die Passivform dieses Satzes zerlegt: *Jill wird von Jack geliebt* [26]. Hier ist *Jill* der Satzgegenstand, also das Subjekt der passiven Satzaussage *wird geliebt*, und versetzt *von Jack* in die untergeordnete Rolle eines adverbialen Satzteiles.

Eine glasklare Zergliederung. Nur erklärt sie nicht die innere Verwandtschaft dieser beiden Sätze, sie liefert keine Anhaltspunkte für den zweifellos stattgehabten unterbewußten Vorgang, welcher den ersten Satz in den zweiten verwandelt hat.

Die Umwandlungsgrammatik hingegen liefert solche Anhaltspunkte. Ich möchte Ihnen ein ganz kleines Beispiel dafür geben und Ihnen zeigen, wie ein Umwandlungs-Grammatiker den Satz »Jack liebt Jill« graphisch darstellen würde [27]. Keine Angst – ich werde Ihnen all diese NPs und VPs nicht erklären, ich will Ihnen lediglich die Hauptsache begreiflich machen. Wie Sie sehen, unterscheidet sich diese Version nicht

[27]

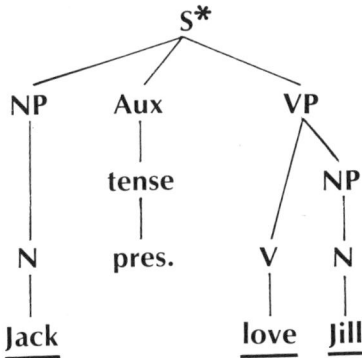

wesentlich von jener meines Bostoner Gymnasiums, nur die Methode der graphischen Darstellung ist eine andere. Dieses »Baum«-Diagramm, wie man es nennt, zeigt uns links unten Jack immer noch in der Subjektstellung, Jill hingegen rechts – genauso wie in meinem Gymnasialdiagramm. Stimmt's? Aber es zeigt uns außerdem etwas anderes, und das ist wichtig: es zeigt uns, wie die Sprachwissenschaftler mit Hilfe der Umwandlungsgrammatik der Sprache zu Leibe rücken. Sie

Jill is loved by Jack.

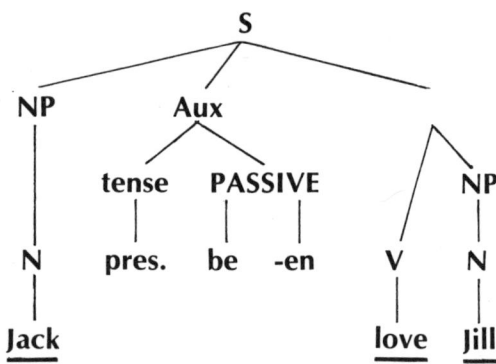

ordnen sie auf zwei Ebenen: auf einer Oberflächen-Ebene und auf einer Tiefen-Ebene. Oben sehen Sie den Satz so, wie er gesprochen wird: *Jack liebt Jill*. Das nennt man die »Oberflächenstruktur«. Was Sie unten sehen, ähnelt zwar dieser Oberflächenstruktur, aber es zeigt den Satz auf einer tieferen Ebene, weshalb es die »Tiefenstruktur« genannt wird: *Jack lieben Jill*. Ein kleiner Unterschied zwischen der Tiefenstruktur und der Oberflächenstruktur kann nicht übersehen werden: beim Zeitwort *lieben* werden die Buchstaben *en* durch ein t ersetzt, was den grammatischen Regeln über den Gebrauch der dritten Person Einzahl in der Gegenwartsform auch durchaus entspricht. Das ist bereits eine Umwandlung, wenn auch eine sehr geringfügige; aber auch in diesem Maß zeigt sie uns einen Unterschied zwischen der Tiefen- und Oberflächenstruktur.

Stellen Sie sich aber jetzt diesen Satz in die Passivform verwandelt vor: *Jill wird von Jack geliebt*. Wenn wir ein Baum-Diagramm der Oberflächenstruktur dieses neuen Satzes zeichnen müßten, würde es sich immer noch nicht wesentlich von dem meines Bostoner Gymnasiums unterscheiden, außer in der Art der graphischen Darstellung. Jill wäre weiterhin in der linken Position und Jack in der rechten. Aber (und hier liegt das Entscheidende) wir alle wissen instinktiv, daß in diesem Satz, auch in seiner passiven Lesart, es noch immer Jack ist, der liebt, und Jill, die geliebt wird. Wie können wir diesen Widerspruch erklären? Was hat Jill in der Subjektstellung zu suchen, wenn sie das Objekt von Jacks Liebe ist? Die Umwandlungsgrammatik erklärt das in einem Tiefenstruktur-Diagramm [28], welches unsere Gefühle über die eigentliche Bedeutung dieses Satzes bestätigt. Denn was finden wir in der unteren Hälfte dieses Diagramms? *Jack LIEBEN Jill*. Genau dasselbe wie in der aktiven Lesart. Heureka.

Da dies kein sprachwissenschaftliches Seminar ist, habe ich auf das fachliche Kauderwelsch und die vielteiligen Diagramme verzichtet, welche die Voraussetzung für eine eingehende Erklärung der umgestaltenden Vorgänge sind, welche die Tiefenstruktur in eine Oberflächenstruktur verwandeln. Aber wir wissen jetzt genug, um zwei völlig verschiedene Sätze – einen aktiven und einen passiven – vor uns zu sehen und gleichzeitig zu begreifen, daß beide dieselbe Tiefenstruktur besitzen: in beiden Fällen *Jack lieben Jill.* Bloß hat der zweite Satz eine passive Umgestaltung durchgemacht. Sehen Sie hier, in diesem Diagramm (siehe [28]), das Wort PASSIV in Großbuchstaben? Das ist die Umwandlung. Und Umwandlung ist unser Losungswort.

Was ist eigentlich eine Umwandlung? Chomsky sieht das so: Hier sind zwei Sätze, die sichtlich verwandt, ja sogar gleichbedeutend sind, aber völlig verschiedene Strukturen aufweisen. Wie stellen wir eine Verbindung her? Der eine ist in den anderen umgewandelt worden, der aktive in den passiven, und die Macht, zu verwandeln, ist eine genetische Gabe, die wir alle besitzen. Wäre dies nicht so, müßten wir sie uns in jahrelanger Arbeit erst aneignen, und wie könnte irgendein Kind, in irgendeiner Sprache, derartige Umwandlungen zustande bringen? Ein Kind wird mit der Fähigkeit geboren, Sätze zu erlernen, richtig? Nehmen wir an, es lernt drei Grund-Sätze: »Der Mann hat den Ball getroffen«; »Ich hab' grüne Nudeln gern« und »Chomsky liebt Freud«. Das wird dem Kind nicht viel helfen. Was ihm hilft, ist seine ihm ebenfalls angeborene Fähigkeit, gewisse Arten von Regeln zu erlernen, welche diese drei Sätze in eine zu vielen Potenzen größere Zahl von Sätzen verwandeln können. Diese Arten von Regeln nennt man »Umwandlungsregeln«; sie sind die Verbrennungsmotoren der Sprache.

Nehmen wir uns etwa die passive Umwandlung vor. Sobald das Kind sie – sehr früh – begreift, kann es sagen: »Der Ball ist von dem Mann getroffen worden.« Sobald es aber auch die negative Umwandlung begriffen hat, kann es schon sagen: »Der Mann hat den Ball nicht getroffen« und »Ich hab' grüne Nudeln nicht gern«, ganz abgesehen von »Der Ball ist von dem Mann nicht getroffen worden« und »Grüne Nudeln werden von mir nicht gerngehabt«. Dann lernt es die fragende Umwandlung, und jetzt kann es bereits sagen: »Ist der Ball nicht von dem Mann getroffen worden?« und »Hat Freud grüne Nudeln nicht gern?« oder »Werde ich von Chomsky gerngehabt?« Eine atemberaubende Explosion findet statt: die Sätze vermehren sich wie Kaninchen. »Trifft Freud Chomsky gern?« – »Liebt der grüne Ball Nudeln?« Ich weiß, ich bin verrückt, aber nur aus Begeisterung. Was mich so begeistert, ist, daß der Vorgang der Umwandlung ein schöpferischer Vorgang ist, der sämtliche Ausformungen der menschlichen Sprache hervorbringt, vom kindlichsten Satz bis zu den verschlungensten Wortmustern von Henry James.

Diesen Vorgang können wir dank der bahnbrechenden Erfindung der Umwandlungsgrammatik begreifen, dank ihr können wir auch sehen, wie die kleinsten Grundvorstellungs- oder Mitteilungs-Einheiten, die in Tiefen des Bewußtseins vergraben liegen, aufgelesen, miteinander gekreuzt, aneinandergeschlossen und gesiebt werden und durch ein »Nerven-Netz« ihren Weg an eine Verstandesoberfläche finden, auf der sie ausdrückbar sind. Im weitesten Sinn beliefert uns die Umwandlungsgrammatik mit einem Modell für Denkprozesse, aber nicht nur für solche, die Sprache bilden, sondern für überhaupt alle Denkprozesse, deren Ergebnis eine schöpferische Hervorbringung irgendwelcher Art ist. Das ungefähr habe ich in meiner letzten Vorlesung gemeint, als ich sagte, die Funde im »Chomsky-Land« werden uns am Ende die Geheimnisse des menschlichen Verstandes enthüllen.

Nun, soweit sind wir noch nicht; aber Sie begreifen sicherlich schon, warum das theoretische System, das Chomsky während der letzten zwei Jahrzehnte entwickelt hat, als revolutionär angesehen wird, zum allermindesten als Durchbruch. Es ist auch für uns hier ein Durchbruch, denn es versieht uns mit Begriffen und Untersuchungsmethoden, die auch auf die Musik angewandt werden können.

Sogar mit dem winzigen Vorrat an sprachwissenschaftlichen Erkenntnissen, den wir bisher angelegt haben, sind wir zum Experiment bereit, musikalische Vergleiche mit einem ganzen Prosa-Satz und nicht bloß mit einem Wort oder einem Satzteil anzustellen. Nehmen wir irgendeinen einfachen Satz. Zum Beispiel: Harvard schlug Yale. Mit all den möglichen Umwandlungen: Harvard schlug Yale nicht. Schlug Harvard Yale? Schlug nicht Harvard Yale? Wird Harvard Yale schlagen? ... Aber vielleicht ist es doch besser, wenn wir, um emotionelle Verwicklungen zu vermeiden, bei Jack und Jill bleiben. Diese Namen sind nämlich so etwas wie sprachwissenschaftliche Symbole, so etwas wie x und y in der Algebra. Jack und Jill kommen uns also sehr gelegen.

Wir haben also unseren Satz *Jack liebt Jill.* Jedes Experiment muß aber von bestimmten Annahmen ausgehen, und unsere grundlegende

Annahme hier wird die Gleichung Note = Wort sein, auch wenn wir wissen, daß sie wissenschaftlich auf schwachen Beinen steht. Wir wollen aber versuchen, trotzdem davon auszugehen und eine musikalische Gleichung für *Jack liebt Jill* zustande zu bringen [29]. Nicht gerade hinreißende Musik, aber es ist auch kein sehr musikalischer Satz; immerhin ein brauchbares Mittel für unseren Zweck, drei Noten als zusammenhängende Tiefenstruktur-Einheiten zu zeigen, die eine dreiklangmäßige Oberflächenstruktur bilden [30]; syntaktisch durchaus einleuchtend.

Und so wie diese drei Noten zusammengefügt sind, sind es auch die Bestandteile des Satzes, *Jack, lieben* und *Jill;* sie sind wie Kettenglieder miteinander verbunden und bilden, wie Chomsky das nennt, ein Grundgefüge. Dieses Grundgefüge besteht aus: Jack plus Gegenwartsform plus lieben plus Jill [31]. Es teilt uns alles mit, was wir über die Situation wissen müssen, nur nicht, wie der Satzbau erfolgen wird. Daher die Bezeichnung *Grundgefüge:* es bildet die Grundlage des Endergebnisses, der Oberflächenstruktur.

Wenn wir nun die Umwandlungs-Regeln anwenden, werden wir finden, daß aus diesem Grundgefüge mindestens acht Grundsätze abgeleitet werden können:

1. *Jack liebt Jill* (was wir bereits wissen)
   Dann:
2. *Liebt Jack Jill?* (Fragende Umgestaltung)
3. *Jack liebt Jill nicht.* (Verneinende Umgestaltung)
4. *Liebt Jack Jill nicht?* (Fragende plus verneinende Umgestaltung)
5. *Jill wird von Jack geliebt.* (Passive Umgestaltung)
6. *Wird Jill von Jack geliebt?* (Passive plus fragende Umgestaltung)
7. *Jill wird von Jack nicht geliebt.* (Passive plus verneinende Umgestaltung)
8. *Wird Jill von Jack nicht geliebt?* (Passive plus verneinende plus fragende Umgestaltung)

Diese acht Sätze stellen Oberflächenstrukturen dar, die sich von der Tiefenstruktur zwar deutlich abheben, aber allesamt von ihr herleiten.

Aber kommen wir vielleicht zu unseren drei kleinen Noten, unserem

[29]

Jack   liebt   Jill

[30]

[31]

Jack + Gegenwart + Lieben + Jill

Platte
Seite 2
Spur 6

Dreiklang [32] zurück und schauen wir, ob gleichartige musikalische Umwandlungen musikalisch gleichwertige Resultate erbringen. Nehmen wir zum Beispiel die fragende Umgestaltung *Liebt Jack Jill?* Wie können wir diesen Dreiklang in eine Frage verwandeln? Eine Möglichkeit wäre die Verwendung eines Modifikators, also die Anwendung des Grundsatzes: Akkord = Eigenschaftswort; auf diese Weise könnten wir die Jill-Note mit einem adjektivischen Akkord versehen, der unaufgelöst und fragend ist. Das würde ergeben: *Jack liebt Jill* (vielleicht) [33]. Oder: *Jack liebt Jill?* [34]. Oder: *Jack liebt Jill* (ich frage mich) [35]. In jedem Fall übernimmt der unaufgelöste Schlußakkord die Funktion eines Fragezeichens und verwandelt einen Aussage-Satz in einen Frage-Satz [36]: *Liebt Jack Jill?* (Fragezeichen).

Und wie ist das nun bei der verneinenden Umgestaltung? Gar nicht so schwer: die Zeitwort-Note lieben [37] vollzieht einen syntaktischen Wandel von der großen zur kleinen Terz [38], wodurch sie die gesamte Dreiklangstruktur in Moll hüllt und den düsteren Satz hervorbringt: *Jack liebt Jill nicht* [39]. Und wenn wir nun die fragende mit der verneinenden Umgestaltung verbinden wollen, verbinden wir ganz einfach die beiden musikalischen Umwandlungen und bekommen folgendes Erlebnis: *Liebt Jack Jill nicht?* (Fragezeichen) [40]. Ähnliche Dreiklang-Veränderungen könnten wir nun bei jedem der acht abgeleiteten Sätze anwenden, aber ich bin sicher, Sie haben das Wesentliche schon begriffen.

Jetzt sind wir soweit, daß wir unseren nächsten Schritt in einen etwas komplizierten Satz wagen können. Vergessen wir vorderhand Jack und Jill und wenden wir uns Harry und John zu, zwei Lieblingsfiguren der Chomsky-Schule. Ein klassischer Chomsky-Satz lautet: »*Harry überredete John, golfspielen zu lernen.*« Ist das nicht schön?

Dieser kleine Satz hat eine sehr dichte Tiefenstruktur, die ich nicht näher untersuchen will, bis auf den Umstand, daß das Grundgefüge weit mehr unterstellt als die bloßen Begriffe der Überredung und des Golfspielens: da gibt es jemanden, der Harry heißt, und jemanden namens John; Harry hat John gern und spielt gern Golf; John spielt nicht Golf, aber spielte er Golf, könnte ihn Harry öfter sehen, vor allem am Sonntag, dem Tag, an dem man für gewöhnlich Golf spielt, und das

ist der Grund, warum Harry ihn überredet hat, und so weiter, und so weiter. Worauf ich hinauswill, ist folgendes: Die Oberflächenstruktur des Satzes »Harry überredete John, golfspielen zu lernen« ist das Endergebnis zahlreicher Umgestaltungen, die sehr wesentlich auch im Verwerfen all dieser erwähnten Unterstellungen bestehen. Ich halte mich bei diesem Problem vielleicht etwas zu lange auf, aber es liegt mir daran, den Grundsatz des Verwerfens besonders herauszustreichen; die Verwerfung wird, auf die Musik angewandt, zu einem Schlüsselwort unserer Untersuchung werden.

Die Verwerfung ist wahrscheinlich der auffälligste Umwandlungs-vorgang der Sprache überhaupt. Der erwähnte Satz z. B. besteht aus zwei verschiedenen Grundgefügeteilen:

1. *Harry überredete John*
   und
2. *John golfspielen (zu) lernen.*

(Der zweite Teil gehört so notiert, denn aus ihm erfahren wir, wer schließlich Golf spielen soll – nicht Harry, sondern John.) Verbinden wir die beiden Grundgefügeteile miteinander, ergeben sie:

Harry überredete John/John golfspielen zu lernen.

Hier gibt es sichtlich in der Tiefenstruktur um einen John zuviel; er muß eliminiert werden, und das geschieht mit Hilfe jener Regel der Umwandlung, die wir die Verwerfung nennen. Also, der eine John fällt weg, und wir haben Chomskys Lieblingssatz vor uns: »*Harry überredete John, golfspielen zu lernen*«, der – und das ist wichtig – nach Regeln zustandegekommen ist, die wir niemals gelehrt wurden, Regeln, deren wir uns nicht einmal bewußt sind.

Und nun möchte ich mit Ihnen einen weiteren Schritt in die Wunderwelt von Harry und John tun: »John war froh, daß Harry ihn überredete, golfspielen zu lernen.« Diesem Satz liegen drei verschiedene Gefügeteile zugrunde, einer in den anderen eingebettet.

1. John war froh (daß)
2. Harry überredete John
3. John golfspielen (zu) lernen

Die drei Gefügeteile werden aneinandergeknüpft und bilden nun das Grundgefüge eines gemeinsamen Satzes: Nummer drei ist in Nummer 2 eingebettet, die daraus entstehende Verbindung wiederum in Nummer 1. Merken Sie sich diesen Begriff des »Einbettens«, wir werden ihm in der Musik wiederbegegnen.

Um aber dieses Einbetten überhaupt erst zu ermöglichen, müssen zuvor zwei wichtige Umwandlungen vor sich gehen, deren Bedeutung Sie abermals begreifen werden, wenn wir sie in der Musik anwenden. Die erste kennen Sie schon: die Verwerfung. Erinnern Sie sich? In unserem letzten Beispiel gab es einen John zuviel, und der mußte weg [41]. Aber jetzt haben wir noch immer einen John zuviel, in jenem zweiten Gefügeteil, und der macht uns Schwierigkeiten. *John war froh, daß Harry JOHN überredete, golfspielen zu lernen.* Das ist eindeutig ein unzulässiger Satz. Sie würden ihn niemals aussprechen, obzwar Sie wahrscheinlich keine Sprachregel anführen können, die so etwas verbäte. Jedoch existiert solch eine Regel im menschlichen Gehirn, eine Umwandlungsregel, die sich fürwörtliche Stellvertretung nennt – oder Pronominalisierung –, ein Wort, das leichter zu verstehen ist, als auszusprechen: es besagt ganz einfach, daß an die Stelle des wiederholten Namens ein entsprechendes hinweisendes Fürwort tritt. So wird der John des Gefügeteiles Nummer 2 zum Fürwort »ihn«, und ein grammatischer Satz ist geboren. Diese Umwandlung ist ungemein wichtig. Stellen Sie sich nur vor, wir müßten Sätze sagen wie: »John versprach, daß John Johns Aufgaben machen werde, sobald John mit Johns Abendessen fertig wäre.«

Also: Umwandeln, Verwerfen, Einbetten, fürwörtliche Stellvertretung – was, frage ich, hat das alles mit Musik zu tun? Sehr viel. Kehren wir einen Augenblick lang zu unseren alten Freunden Jack und Jill zurück

[41]

1) John war froh (daß)
2) Harry überredete John
3) ... golfspielen (zu) lernen.

und komplizieren wir ihr Verhältnis zueinander durch die Feststellung: *»Jack liebt weder Jill noch Mary, noch Gertrude.«* Es scheint leicht, hiefür die musikalische Entsprechung zu finden: Wir verwenden unsere Moll-Version der verneinenden Umgestaltung [42] und verlängern sie einfach um zwei willkürlich gewählte Noten für Mary und Gertrude [43]. (Erinnern Sie sich: wir halten noch immer bei unserer Gleichung: Wort = Note!) Zusammen ergeben diese fünf Noten eine liebliche musikalische Phrase, die übrigens einer berühmten Bach-Fuge zugrunde liegt [44]. Aber es ist viel schwieriger, diese Phrase auch sprachlich zustande zu bringen. Beachten Sie die Tiefenstruktur [45]

Ist das nicht eindrucksvoll? Seien Sie unbesorgt, ich werde es nicht analysieren. Nur: um diese Tiefenstruktur musikalisch wiederzugeben, hätten wir ungefähr dies zu spielen [46]: *»Jack liebt Jill nicht«* und *»Jack liebt Mary nicht«* und *»Jack liebt Gertrude nicht«* – was schrecklich weitläufig und bedeutend weniger schön ist als das Thema der Fuge von Johann Sebastian Bach.

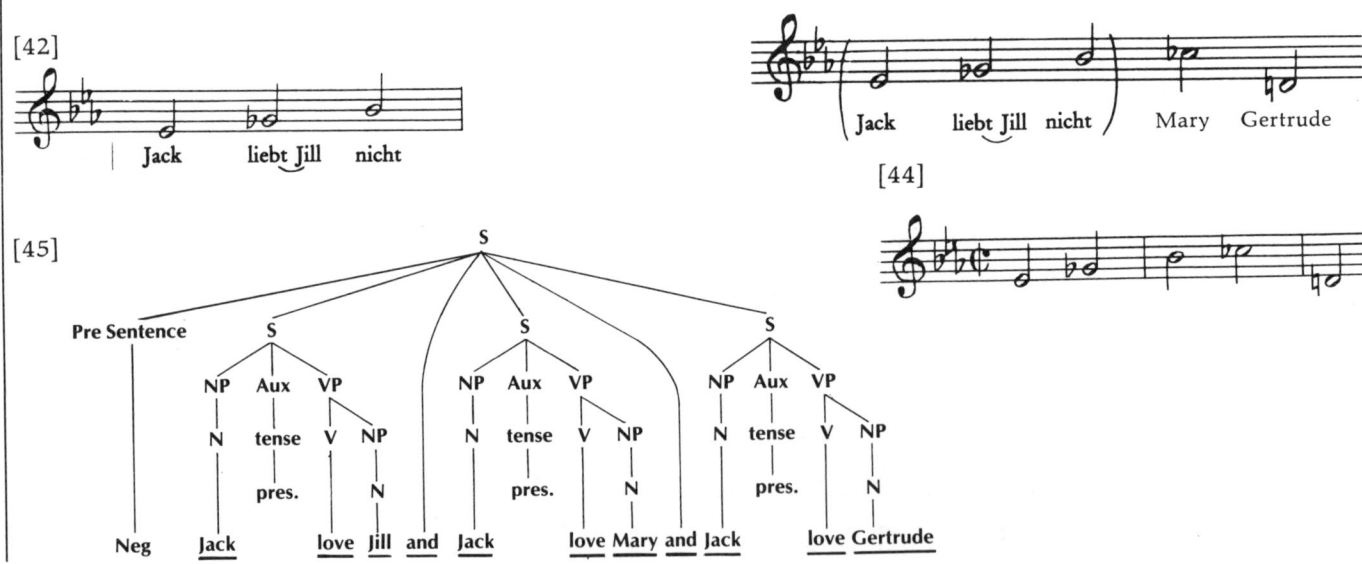

82

Wir befinden uns dort, wo der Gang des Umwandlungsprozesses wirksam wird: durch Verwerfung und durch Verdichten des Grundgefüges entwickeln wir aus der überladenen Tiefenstruktur einen klaren, natürlichen Satz und eine vortreffliche musikalische Phrase (siehe [44]), und bei beiden handelt es sich um *Oberflächenstrukturen*. Ich glaube, ich brauche Jack und Jill nicht länger zu bemühen, um zu zeigen, daß gleichartige musikalische Ergebnisse auch durch andere ·Umwandlungsarten erreicht werden können, wie durch Permutationen, also Vertauschungen (in der Reihenfolge), Pronominalisierungen und so weiter; ich will Sie auch gar nicht damit belasten.

Aber was haben wir durch all diese Umwandlungen eigentlich erreicht? Eine interessante Übereinstimmung zwischen einem Satz und einer musikalischen Phrase. Aber da muß ich mich fragen – und auch Sie sollten sich diese Frage stellen –: ist es eine echte Übereinstimmung? Nein. Nicht ganz. Der Satz über Jack und Jill zählt zur Welt der Prosa, der buchstäblichen Bedeutung; die ihm entsprechende musikalische Phrase aber bewohnt eine poetische Welt – die Welt der sinnlichen Tondichtung. Die Notenreihe schon hat uns in einen ästhetischen Bereich geleitet; die Reihe der Worte über Jack hingegen, der – wen auch immer – nicht liebt, ließ uns im Gebiet prosaischer Tatsachen stranden.

Sie sehen, die Sprache führt ein Doppelleben: sie hat die Aufgabe mitzuteilen *und* eine ästhetische Aufgabe. Die Musik hat *nur* eine ästhetische Aufgabe. Aus diesem Grunde ist eine musikalische Oberflächenstruktur mit einer sprachlichen Oberflächenstruktur nicht vergleichbar. In anderen Worten: ein Prosa-Satz kann Teil eines Kunst-Werkes sein – oder nicht. In der Musik gibt es kein derartiges Entweder-Oder: eine musikalische Phrase ist eine Kunstphrase. Es kann sich um gute oder um schlechte Kunst handeln, um erhabene oder um Pop-Kunst, sogar um kommerzialisierte Kunst: aber es kann sich hier niemals

um Prosa im Sinne eines Wetterberichtes handeln oder um nüchterne Feststellungen über Jack und Jill, Harry oder John. Um so deutlich wie nur möglich zu sein: Es gibt keine musikalische Entsprechung für den Satz, den ich gerade sage. Die Sprache muß also über ihre gesprochene Oberflächenstruktur, den Prosa-Satz, hinauswachsen, um die Entsprechung für eine musikalische Oberflächenstruktur zu erreichen. Und selbstverständlich handelt es sich bei dieser Entsprechung um die Poesie. Ich hoffe, ich habe diesen Punkt verständlich gemacht, denn alles, was nun folgt, hängt davon ab.

Und da bin ich schon bei einer weiteren unvorsichtigen Hypothese; vergessen Sie aber bitte nicht, daß ich Ihnen nur Fingerzeige gebe, um Ihr eigenes Denken anzuspornen. Aber das sind schon anderthalb Fingerzeige: wäre es nicht möglich, daß wir, indem wir die gleichen Umwandlungsregeln des Verwerfens, des Einbettens und so weiter auf eine sprachliche Oberflächenstruktur, also einen Satz, anwenden – wäre es nicht möglich, daß wir auf diese Weise eine überhöhte Oberfläche zustande brächten, eine ästhetische Oberfläche, nämlich Dichtung? Und wenn wir einmal diese ästhetische Oberflächenstruktur zustande gebracht haben, oberhalb und außerhalb der Chomskyschen Oberfläche der Prosa – hätten wir da nicht die wahre Parallele zur Musik: die Dichtung? Allerdings bedingt dies äußerste Ver-Dichtung oder, besser: es bedingt dies einen Höhenflug, hinauf auf die überhöhte Oberfläche der Kunst. »Überhöhte Oberfläche!« Ich sitze in der Falle der Begriffsbestimmungen! Vielleicht kann ich mich aus dieser Falle befreien und es anders ausdrücken.

Wir reden hier von Oberflächenstrukturen, von musikalischen wie sprachlichen. Aus folgendem Grund sind sie voneinander verschieden: Eine sprachliche Oberflächenstruktur, also ein Prosa-Satz, kann noch in ein Werk der Dichtkunst weiterverwandelt werden, wogegen die musikalische Oberflächenstruktur an sich schon ein Werk der Tonkunst ist; sie ist bereits in ein solches verwandelt worden. Aber woraus verwandelt worden? Aus musikalischer Prosa? Und wenn dies so ist – was wäre die musikalische Prosa?

Ich habe mir lange diese Frage gestellt und dann eine kurze Antwort gefunden. Sagt Ihnen der Name Hanon etwas? Hanon war der Schöpfer,

[47]

[48]

(amo)   (amas)   (amat)

[49]

[50]

wenn man das so nennen kann, jener schrecklichen, endlosen Fünffingerübungen fürs Klavier, die wir in unserer Kindheit spielen mußten [47]. Immer wieder und wieder. Ich glaube, das wäre so etwas wie musikalische Prosa. Ich weiß schon: richtige Prosa ist das nicht, dazu fehlt die grammatische Eigenschaft; aber diese Übungen bestehen insoweit aus grammatischem Stoff, als sie der Abwandlung eines Zeitwortes ähneln: amo, amas, amat [48]. Gewiß, das ist kein Satz. Aber es ist der Teil eines Grundgefüges oder, besser: es ist ein Baukasten von Gefügeteilen. Und darum geht es: musikalische Prosa besteht, falls sie überhaupt dargestellt werden kann, aus einem Gefüge-Baukasten, der geöffnet werden will, aus Rohmaterial, das darauf wartet, in Kunst verwandelt zu werden. Ich glaube, ich kann aus den Hanon-Elementen ein satzähnliches Gebilde machen, wenn ich eine der Regeln der Umwandlung, jene der Vertauschung, der Permutation, anwende, um zu einer Kadenz zu kommen. Das würde ungefähr so klingen [49]. Dieses Beispiel ähnelt zumindest der sprachlichen Prosa: es hat immerhin einen Schluß. Es hat einen Punkt. Wenn ich nun weiterverwandle, die Vertauschung einen Takt früher vornehme und eine zweite Umwandlung, jene der Verwerfung, folgen lasse, dann beginnt es schon nach Musik zu klingen [50]. Ist das nicht beinahe schon Poesie? Sie sehen: je stärker das Grundgefüge umgestaltet wird, desto schwächer wird sein prosaischer Gehalt, desto näher dringt es zur poetischen Oberflächenstruktur vor. Dieser Gedanke hat mich so fasziniert, daß ich mich hingesetzt habe, um das Material zu einer Fuge zu verarbeiten, unter Verwendung aller möglichen Kunstgriffe; aber weniger, um mir zu beweisen, wie schön Hanon sein kann, als um durch eine musikalische Entsprechung meine neugefundene Hypothese zu beweisen, daß (und wie) sich Prosa in Poesie verwandeln läßt [51; auf Seite 88].

Diese Hypothese von der Wiederanwendbarkeit der Umwandlungsregeln scheint mir gar nicht so weit hergeholt, auch nicht im Lichte der wissenschaftlichen Maßstäbe der Sprachforschung. Ich erinnere Sie an Chomskys Wort von der *schöpferischen* Sprachbefähigung, mit der er die angeborene Fähigkeit eines Kindes bezeichnet, einen Satz zu äußern, den es noch nie zuvor gehört hat. Wir werden nun den Begriff dieser schöpferischen Fähigkeit ausdehnen und

Fuga   a   3

etc.

die gleichen Umwandlungsregeln auf Prosa-Sätze wiederanwenden, sie also gewissermaßen wieder-erschaffen; auf diese Weise können wir vielleicht auch eine Erklärung für die sonst unerklärbare schöpferische Befähigung der Dichter zu poetischen Äußerungen finden. Eine solche poetische Äußerung beispielsweise ist der fast schreckenerregende Anfangsvers jenes Shakespeare-Sonetts:

Dies alles müd ruf ich nach Todes Rast.*

Das ist eine überhöhte Oberflächenstruktur, deren Schönheit sich aus einer Vielfalt von Umwandlungen herleiten läßt. Die augenfälligsten sind hier die Versetzungen und Vertauschungen in der Anordnung der Worte. Im Normalfall, also in weniger dichterischer Ausdrucksweise, sähe diese Anordnung so aus:

Ich ruf, dies alles müd, nach Todes Rast.

Die poetische Schönheit des Shakespeareschen Verses beruht auf Umwandlungen, die nicht einmal mit der Satzlehre zusammenhängen, aber wir wollen uns hier nicht von den Wonnen dichterischer Auslegungen verführen lassen. Beschränken wir uns darauf, diesen Satz von einer prosaischen Substruktur herzuleiten, von einem Satz, der zwar nie existiert hat, der sich aber anhand des Shakespeare-Verses konstruieren läßt. Er muß irgendwie so lauten:

»Ich bin des Lebens müde, ich bin so vieler Dinge des Lebens müde, daß ich sterben möchte – in Wahrheit rufe ich den Tod herbei – denn der Tod gewährt Ruhe und erlöst vom Weh und von den Ungerechtigkeiten dieses Lebens, die ich jetzt aufzählen werde.«

Das ist ein langer, ein sehr langer, ein aus mindestens vierzig Worten bestehender Satz, aber er ist grammatikalisch einwandfrei. Nun, dieser

---

* Dieser Vers lautet im Original:
  Tired with all these, for restful death I cry. (Die hier verwendete deutsche Übersetzung stammt von Stefan George.)

Satz ist eine Oberflächenstruktur. Stellen Sie sich einmal vor, wie sein Grundgefüge aussehen mag:

Ich bin müde
Viele Dinge ermüden mich
Ich rufe
Ich sehne mich nach dem Tod
Der Tod gewährt Ruhe

Der Tod würde meiner Müdigkeit ein Ende bereiten
und so fort. Und dieses Grundgefüge (dessen Weitläufigkeit ich hier nur angedeutet habe) ist durch Verwerfung, Überlappung, Vertauschung und andere Kunstgriffe in meinen aus Shakespeare extrapolierten Satz verwandelt und durch die Wiederanwendung der gleichen Methoden (und durch Shakespeares Genie) nochmals in diesen einzigen, kurzen Vers verwandelt worden:

Dies alles müd ruf ich nach Todes Rast.

Der ganze Vorgang ist ein einziger Schöpfungsakt: vollbracht durch äußerste Verdichtung, durch einen Höhenflug.

Wir können versuchen, diesen Vorgang bildlich darzustellen, und zwar durch eine Doppelleiter der aufsteigenden Rangordnungen in Sprache und Musik. Auf der untersten Sprosse der Sprachleiter [52] befinden sich (A) die Grundelemente, Mitteilungseinheiten, welche vom Morphem bis zum Wort alles beinhalten. Einige dieser Elemente werden sodann durch den schöpferischen Willen, sich begrifflich auszudrücken, ausgewählt, und aus ihnen entsteht (B) die Tiefenstruktur, jenes Grundgefüge, das wir bereits kennengelernt haben und das aufgrund von Umwandlungsregeln eine Oberflächenstruktur, etwa einen Prosa-Satz (C), hervorbringen kann. Und schließlich erreichen wir durch unseren »Höhenflug« (indem wir die Umwandlungsregeln wieder anwenden) unsere überhöhte ästhetische Oberfläche (D) der poetischen Äußerung.

Sehen wir uns jetzt einmal an, wie die musikalische Seite der Doppelleiter mit der sprachlichen Schritt hält [53]. Auf der untersten

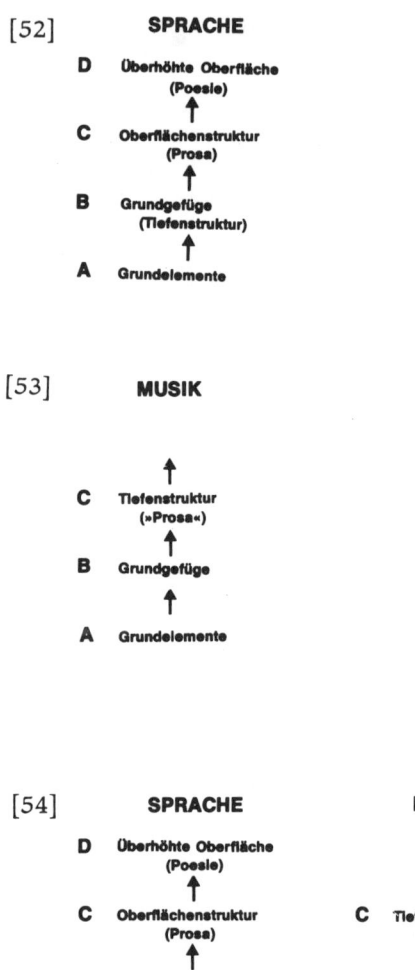

[52] SPRACHE

D Überhöhte Oberfläche (Poesie)
C Oberflächenstruktur (Prosa)
B Grundgefüge (Tiefenstruktur)
A Grundelemente

[53] MUSIK

C Tiefenstruktur (»Prosa«)
B Grundgefüge
A Grundelemente

[54] SPRACHE   MUSIK

D Überhöhte Oberfläche (Poesie)
C Oberflächenstruktur (Prosa)   C Tiefenstruktur (»Prosa«)
B Grundgefüge (Tiefenstruktur)   B Grundgefüge
A Grundelemente   A Grundelemente

Sprosse (A) sind die musikalischen Grundelemente dem schöpferischen Willen zur Auswahl: Tonhöhen; Tonarten mit den ihnen eigenen Tonleitern und Akkorden; Zeitmaße mit ihren sämtlichen motorischen Folgeerscheinungen wie Tempi etc. Aus ihnen entstehen (B) gewisse Kombinationen: melodische Motive und Phrasen, Akkordfortschreitungen, rhythmische Figuren, und so fort. Sie sind das musikalische »Grundgefüge«, auf der gleichen Sprossenhöhe wie das Grundgefüge der Sprachleiter. Dieses Grundgefüge kann durch Zurechtrückung und Vertauschung in das verwandelt werden (C), was wir musikalische Prosa genannt haben. Und hier stimmen die beiden Teile der Doppelleiter nicht mehr überein [54]: wie Sie sehen, ist ein Prosa-Satz in der Sprache bereits eine *Oberflächenstruktur,* während musikalische Prosa nur als *Tiefenstruktur* denkbar ist. Aber darauf waren wir ja vorbereitet. Wir haben von Anfang an gewußt, daß Musik niemals Prosa sein kann. Wagen wir also unseren Höhenflug, und unser Wiederverwandlungsprozeß wird jene ästhetische Oberfläche (D) hervorbringen, die wir Musik nennen [55].

Diese bildliche Darstellung ist übrigens dazu angetan, uns in einer noch anderen Hinsicht [56] die Augen zu öffnen. Durch die Ungleichheit der jeweiligen Positionen von Tiefenstruktur und Oberflächenstruktur können wir nun verstehen, warum es so schwierig war, die Gleichungen aufzustellen, denen wir zu Beginn nachgejagt haben: Note = Buchstabe, Note = Wort, oder Note = irgend etwas. Wegen dieser strukturellen Ungleichheit mag es nicht nur schwierig, sondern sogar unmöglich sein, jemals eine Tabelle haltbarer Entsprechungen zwischen Sprache und Musik zustande zu bringen. Aber so grundsätzlich diese Ungleichheit auch sein mag – die *allgemeine* Übereinstimmung ist zumindest ebenso grundsätzlich und gewichtig – wie wir gleich sehen werden.

Da wir nun endlich ein brauchbares Doppelleiterpaar haben, bleibt uns nur noch übrig, die Sprossenstärke der musikalischen Leiter zu prüfen. Wir wenden dabei die gleiche Methode an wie bei Shakespeares Anfangsvers und versuchen also, die Tiefenstruktur einer ähnlich herrlichen Notenzeile abzuleiten. Unser Opfer wird diesmal Mozart sein, und unsere Suche nach einer Shakespeare ebenbürtigen Notenzeile

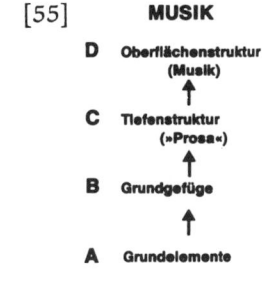

führt uns wieder zu den Anfangstakten von Mozarts Symphonie in
g-moll.

Aber zunächst, glaube ich, brauchen wir eine Atempause. Ich
zumindest brauche eine. Wir haben uns beinahe eine Stunde lang auf
einen äußerst schwierigen Stoff konzentriert, und ich denke, eine kurze
Unterbrechung wird uns für unseren Angriff auf Mozart stärken.

II

Mozarts g-moll-Symphonie ist ein so ehrfurchtgebietendes Kronjuwel
unserer kulturellen Schatzkammer, daß es an Frevel grenzt,
sprachwissenschaftlich Hand an sie zu legen; aber wenn wir die
Beschaffenheit ihrer Tiefenstruktur verstehen oder auch nur einsehen
wollen, kommen wir ums Extrapolieren nicht herum, ähnlich wie bei der
prosaischen Substruktur, die wir unter Shakespeares Anfangsvers
ausgegraben haben. Nehmen wir uns also die ersten einundzwanzig
Takte dieser Symphonie als musikalische Entsprechung jenes
Anfangsverses vor und loten wir sie nach einer möglichen Tiefenstruktur
aus. Zunächst wollen wir aber unser Gehör schärfen und diese
einundzwanzig Takte so hören, wie Mozart sie tatsächlich geschrieben
Platte
Seite 3
Spur 2 hat. Vergessen Sie nicht: was wir jetzt hören werden, ist die
Oberflächenstruktur, die oberste Sprosse der Leiter, Musik, wie Mozart
sie schrieb. *(An dieser Stelle wird für etwa 30 Sekunden der Anfang von
Mozarts Symphonie Nr. 40 in g-moll KV 550 gespielt.)*

Wir haben jetzt die Aufgabe, eine Tiefenstruktur zu erfinden – oder zu
entdecken –, die diese herrliche Oberflächenstruktur hervorgebracht
haben mag. Nach den von uns aufgestellten Rangordnungen (siehe [56]
muß sich diese Tiefenstruktur sowohl aus möglichen wie aus
wünschenswerten Querverbindungen jener Elemente ergeben, die aus
dem Grundmaterial ausgewählt wurden, das auf der untersten
Leitersprosse liegt: Da haben wir zum Beispiel die Tonart g-moll mit all

den wesentlichen Faktoren ihrer Tonleiter [57]; ihre Tonika [58]; ihre Dominante [59]; ihre verwandten Dreiklänge [60]; ihre verwandte Dur-Tonart [61] und alles übrige. Die Wahl von g-moll läßt unwillkürlich gewisse Noten als konsonant und andere als dissonant erscheinen, so daß in ihr bestimmte Spannungs- und Auflösungsverhältnisse bereits enthalten sind. Mehr noch, die Wahl von g-moll zieht auch jene unvermeidbaren Assoziationen nach sich, die Moll-Tonarten in uns wecken, wie Schwermut, Unruhe, dunkle Farben, Selbstbetrachtung. (Aber dieses vielberedete Phänomen sollte lieber Gegenstand semantischer Betrachtungen sein, und wir werden uns mit dem Moll = düster/Dur = heiter-Syndrom in unserer nächsten Vorlesung befassen. Zu den weiteren ausgewählten Grundelementen zählt der gerade Takt, zwei Schläge pro Takt, der wiederum Unveränderlichkeiten wie Auftakt und Niederschlag, betonten und unbetonten Taktteil schafft. Dann finden wir das Tempo allegro molto, dann den gewählten Klangkörper aus Blas- und Streichinstrumenten, dann die Tatsache der Sonatenform, dann die stilistischen Eigentümlichkeiten des späten achtzehnten Jahrhunderts, undsofort.

Aus all diesen ausgewählten Elementen werden melodische, harmonische und rhythmische Verbindungen entstehen (B) (siehe [56], welche das Grundgefüge bilden – die spezifischen Einheiten, die zur Tiefenstruktur dieser ersten einundzwanzig Takte kombiniert werden müssen. Dazu

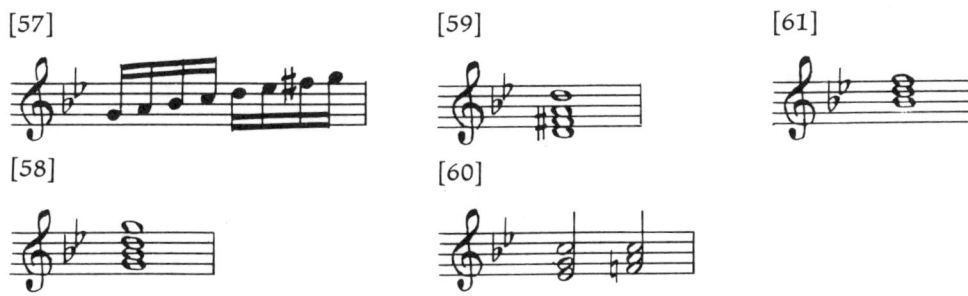

[57]

[58]

[59]

[60]

[61]

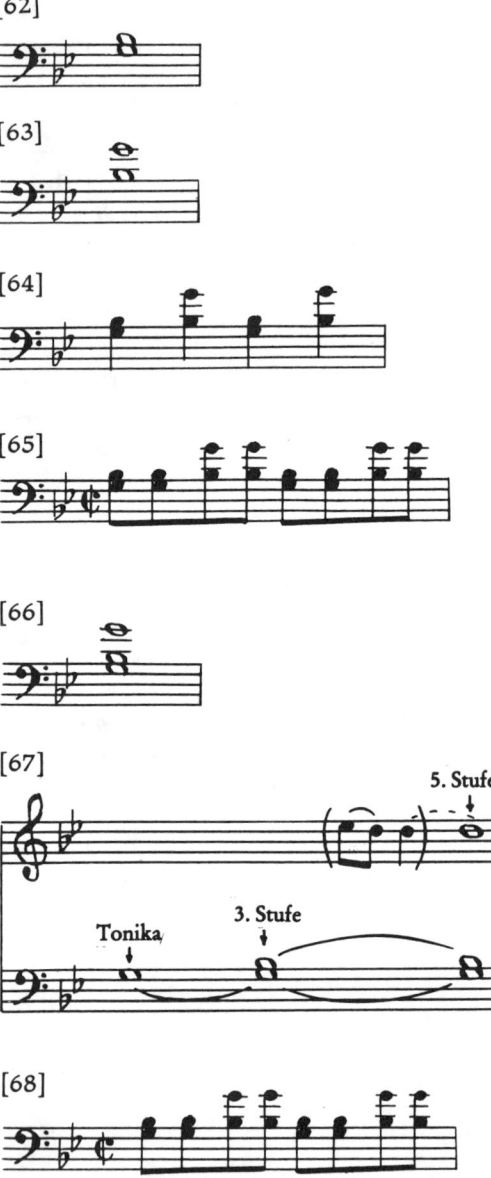

gehört auch der Rhythmus der Einleitung, dessen Motorik darin besteht, daß das Intervall der kleinen Terz [62] mit jenem ihrer Umkehrung, der großen Sext [63], abwechselt. Und nicht nur wechseln diese Intervalle einander ab [64], vor jedem Wechsel wird jedes Intervall einmal wiederholt [65].

Diese einleitenden Takte, die man in der Unterhaltungsindustrie Vorspiel nennt, sind nicht nur ein rhythmischer Motor – also ein »Zeitwort«, wenn Sie sich erinnern –, sondern auch ein harmonischer Modifikator – als ein »Eigenschaftswort«. Dieses gibt uns die g-moll-Tonart zu erkennen, indem es ihren Tonika-Dreiklang skizziert [66]; aber es läßt uns nur die Tonika und die Terz hören, die Quint unterschlägt es mit Bedacht: sie wird erst bei ihrem Erscheinen in der Melodie den Dreiklang vervollständigen [67]. Wir sehen also, daß dieser Motor [68] gleichermaßen Zeitwort wie Eigenschaftswort ist, eine Art Partizip also, das sowohl den Rhythmus in Gang setzt als auch akkordisch zu gestalten vermag.

Nun aber tritt oberhalb dieses Partizip-Vorspiels das Hauptwort hinzu [69], der Urquell des Melodienflusses im Hauptthema. Und woraus besteht es? Aus zwei Noten: einem Es und einem D [70], wobei das D wiederholt wird [71]. Sichtlich ist das D der wichtigste Bestandteil dieser Drei-Noten-Figur, schon wegen seiner nachdrücklichen Wiederholung, vor allem aber wegen seiner herausragenden Stellung im Niederschlag [72]. Wenn Sie sich nun erinnern, daß wir vor etwa einer Stunde Ähnliches getan haben – wir haben es »Zergliedern« genannt –, wissen Sie auch noch, daß es uns fruchtlos erschien. Aber was ich jetzt tun werde, ist fruchtbar; denn wir haben einen syntaktischen Hintergrund, vor dem man das Gliederwerk deutlich sichtbar machen kann.

Was bedeutet diese Drei-Noten-Figur in syntaktischer Hinsicht? Nicht mehr, als daß das D [73], ihr wichtigster Bestandteil, die fünfte Stufe in der g-moll-Tonleiter ist [74] und eben jene Note, die wir in dem im Vorspiel nur skizzierten Tonika-Dreiklang vermißt haben [75]. Das D vervollständigt also den Dreiklang [76]; aber es tut noch mehr: es

95

bewirkt die Auflösung der dreiklanglosen Note Es [77], einer
verhältnismäßig dissonanten Note, deren Gewicht und Spannung ins
konsonante D [78] aufgelöst werden muß. Dieses nicht-konsonante Es
heißt in unserer Fachsprache Appogiatur, oder Vorhalt [79], und nach
der stilistischen Übereinkunft zur Zeit Mozarts mußte eine solche
dissonante Note an Spannung und Gewicht »erleichtert« werden. (Ich
bemühe mich sehr, Worte wie »Gewicht« und »Spannung« in
nüchterner syntaktischer Art zu verwenden und jegliche
Nebenbedeutung wie »Gefühl« und »Empfindung« zu vermeiden. Ich
bemühe mich sehr: aber, glauben Sie mir, es ist nicht leicht.) Um seine
syntaktische Kette fortzusetzen, nimmt Mozart nun seine ursprüngliche
Drei-Noten-Einheit [80], wiederholt sie zweimal [81] und beschließt die
Kette mit einem Sprung nach oben um eine Sext [82]: Wir haben die erste
Phrase [83] seiner Melodie vor uns.

Sie werden begreifen, daß es Stunden dauern würde, wollten wir auf
diese Art des Zergliederns alle syntaktischen Bestandteile und
Strukturen untersuchen, die auf jeden einzelnen dieser einundzwanzig
Takte einwirken. Aber ich hoffe, Sie haben bereits begriffen, wie einige
dieser syntaktischen Bestandteile beschaffen sind. Nun können wir
vorwärtsstürmen und uns die vermeintliche Tiefenstruktur dieser
Eröffnungstakte ausdenken.

Um keine Zeit zu verlieren, möchte ich mich darauf beschränken,
unsere Tiefenstruktur nur von einem Gesichtspunkt aus abzuleiten, von
jenem der Symmetrie. Ich nehme die Symmetrie deshalb zum
Ausgangspunkt, weil sie etwas Allgemeingültiges ist, das auf unseren
angeborenen symmetrischen Instinkten beruht, welche der Struktur
unseres Körpers entspringen.

Wir alle sind symmetrisch beschaffen, dualistisch eingerichtet, in der
Systole und Diastole unseres Herzschlages, in der Links-Rechts-
Bewegung unseres Ganges, in unserer Männlichkeit und Weiblichkeit.
Dieser Dualismus bestimmt unser ganzes Leben, auf allen Ebenen: in
unserem Tun (Vorbereitung/Angriff, Anspannen/Loslassen), in unserem
Denken (Gut und Böse, Yin und Yang, Lingam und Yoni, Fortschritt
und Rückschritt). Sie alle finden ihren musikalischen Ausdruck in
Gegensätzen wie Niederschlag gegen Auftakt, halbe Note gegen

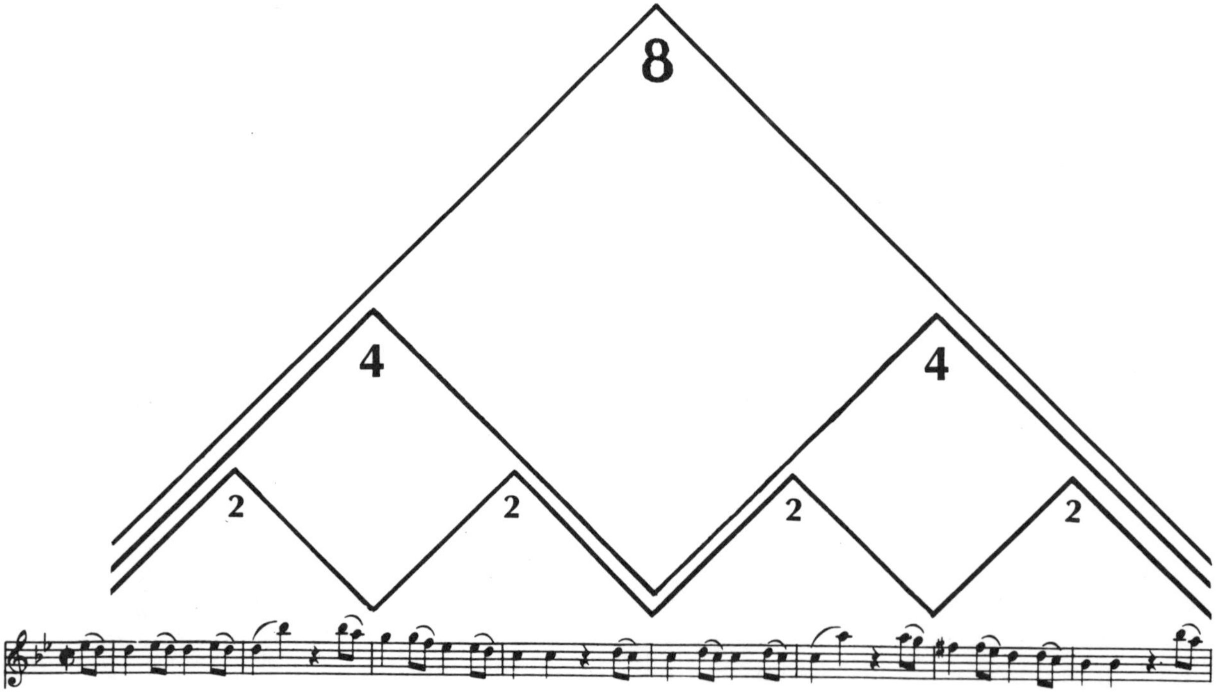

Viertelnote vor allem im grundlegenden musikalischen Strukturprinzip des $2 + 2 = 4, + 4 = 8, + 8 = 16$ etc. ad infinitum. Deshalb muß die Spur zu unserem Tiefenstruktur-Projekt in der höchst symmetrischen Anlage von Mozarts Hauptthema zu finden sein.

Das Thema beginnt mit der Notenreihe, die wir bereits entdeckt haben [84]; diese Phrase, zwei Takte lang, wird unverzüglich durch eine komplementäre zweitaktige Phrase [85] erwidert, oder beantwortet, oder zurückgespiegelt – ganz, wie Sie wollen –, und damit wird eine symmetrische, viertaktige Struktur errichtet. Aber diese Doppelphrase ist sichtlich unvollständig, und deshalb folgt ihr ihr Gegenstück auf dem Fuß, eine weitere viertaktige Phrase, die in ein gleichwertiges Paar von Zweitaktphrasen zerlegt werden kann [86]. Das Thema ist jetzt völlig im Gleichgewicht, wie Sie aus dem beigefügten Diagramm [87] ersehen; wenn Sie es allerdings hören, werden Sie es immer noch unvollständig finden. Aber selbst im Zustand der Unvollständigkeit beinhalten diese acht Takte die hauptsächlichsten Elemente: vier symmetrische Reihen zweitaktiger Phrasen, in sich völlig ausgewogen: zwei enthalten in vier enthalten in acht ...

Und nun, an diesem Punkt angelangt, beginnen wir zu erfinden – so wie wir es bei Shakespeares Anfangsvers getan haben – und ersinnen eine Prosa-Struktur, die in der vollkommenen Symmetrie dieser acht Musiktakte wurzelt. Wenn wir uns streng an diesen symmetrischen Grundsatz halten, muß das Vorspiel, das dem Thema vorangeht, ebenfalls acht Takte lang sein, oder mindestens vier, oder allermindestens zwei. Und ebenso muß das neue musikalische Material, das der achttaktigen Melodie folgt, in Abschnitten von jeweils vier und acht Takten fortschreiten, stets in einem Vielfachen der Zahl zwei, stets darauf bedacht, die vollkommene Symmetrie zu erhalten, mit welcher das Thema selbst einen Maßstab gesetzt hat. Natürlich wissen wir, daß Mozart nichts dergleichen getan hat. Aber ich habe es getan. Insgeheim habe ich selber eine Extrapolierung ausgearbeitet und etwas zustande gebracht, das man als prosaisches Gegenstück der ersten einundzwanzig Takte dieser Mozart-Symphonie auslegen könnte. Es ist sechsunddreißig Takte lang, was man ja von einer Tiefenstruktur ohne weiteres erwarten darf; allein der Anfangsvers des Shakespeare-Sonetts brachte schon eine

Tiefenstruktur von mehr als vierzig Worten zutage. Und wäre ich pedantischer (und grausamer), ich hätte diese Tiefenstruktur noch breiter anlegen können. Hier ist sie jedenfalls, der reinste Alptraum an Symmetrie [88].

102

Da wären wir wieder bei unserem Hauptthema. Aber was für eine Qual war es, hierher zu gelangen: dieser Akademismus, diese vielen unnötigen und schülerhaften Wiederholungen, dieser Mangel an Verwerfungen. Das ist »Prosa« – oder Musik eines miserablen Komponisten. Diese Musik schindet Zeit, so wie es die Leute tun, die krampfhaft darüber nachdenken, wie sie eine Frage, die ihnen zu schwierig ist, beantworten könnten.

Natürlich habe ich meine musikalischen Wiederholungen aus rein symmetrischen Gründen gemacht. Aber Symmetrie ist nicht gleichbedeutend mit Ausgewogenheit; das haben wir alle vor langer Zeit gelernt, und es ist gut, wenn wir es wiederholen. Mozart hat – wie jeder große Meister – den Höhenflug von der prosaischen Symmetrie zur poetischen Ausgewogenheit – zur Kunst – unternommen. Und er hat diesen Höhenflug mit Hilfe jener Grundsätze der Umwandlung vollführt, die Chomsky so gewandt erklärt hat; nur daß Mozart damit nicht bloß die Grammatik eines Satzes erzielt, sondern die überhöhte Grammatik einer ästhetischen Superstruktur.

Das bei weitem wesentlichste Umwandlungsprinzip Mozarts ist – wie in der Tiefenstruktur der Sprache – die Verwerfung. Am deutlichsten zeigt sich dieses Verwerfen gleich am Beginn der Symphonie, wo meine prosaische viertaktige Einleitung auf einen einzigen Takt reduziert wird – nicht einmal auf zwei Takte, bloß auf einen [89]. Was will Mozart durch dieses Weglassen hier ausdrücken? Zweierlei. Erstens, daß wir in diesem Satz nicht jene beständige Doppel-Symmetrie erwarten dürfen, auf die wir auf Grund der herkömmlichen Usancen wahrscheinlich gefaßt sind. Und zweitens – und viel wichtiger: daß der Takt, in welchem das Melodienmaterial zu Tage tritt, der zweite Takt,

[89]

[90]   Poco moto

[91]   Poco moto

104

keineswegs ein starker Takt ist, wie dies vom ersten Takt einer Melodie eigentlich zu erwarten wäre, sondern ein schwacher Takt: das heißt, er versieht die Aufgabe eines auftaktigen Taktes. Was ein auftaktiger Takt ist? Sie kennen vielleicht »Für Elise«, das kleine Klavierstück Beethovens, das alle Kinder lernen müssen? Nun, hier finden wir ein unüberbietbares Beispiel für einen schwachen Takt, der auftaktig verwendet wird [90]. Fällt Ihnen auf, wie deutlich der starke Takt durch das Eintreten der Begleitung in der Baßstimme angezeigt wird [91]?

Bei Mozart haben wir's schwerer, bei ihm gibt es keine eintretende Baßstimme, die uns Hinweise gäbe, die einleitende Begleitung ist bereits da, war schon von Anfang an da (siehe [89]). Wie ergründen wir also, welcher Takt stark und welcher schwach ist?

Hier stehen wir vor einem der großen Mängel des Systems der musikalischen Schriftzeichen: seiner Unverbindlichkeit in den Fragen der Taktbetonung. Es ist uns zwar ziemlich klar, welche Taktteile ein Komponist innerhalb des jeweiligen Taktes betont haben will – so zum Beispiel neigt der erste Taktschlag dazu, schwerer zu sein als die anderen, wohingegen der letzte dazu neigt, der leichteste, ein sogenannter Auftakt zu sein [92]. Niederschlag schwer, Auftakt leicht. Aber die Musik besteht nicht aus voneinander abgrenzbaren Takten; im Gegenteil, die Takte vereinigen sich zu ganzen Takt-Gruppen oder Phrasen; und es sind diese Takt-Phrasen, die dem musikalischen Fluß das eigentliche Ausdrucksvermögen verleihen. Der Ausführende kann dieses Ausdrucksvermögen verschiedentlich ausloten: an Hand der Geradtaktigkeit (zwei-, vier- oder achttaktige Strukturen, die unserem innewohnenden Zweiheits-Gefühl entspringen), an Hand von notierten Betonungen, an Hand von Phrasierungszeichen. Aber sogar niedergeschriebene Zeichen können in die Irre führen – zum Beispiel dann, wenn der Komponist Synkopen oder Betonungen außer der Reihe angeben will oder sonst eine Überraschung parat hat. Die Möglichkeit, in die Irre zu gehen, ist dann am größten, wenn das Tempo eines Musikstückes so rasch ist, daß man pro Takt nur einen Schwerpunkt empfindet. Und das Tempo dieser Mozart-Symphonie ist so rasch, daß man sich der Empfindung Takt = Schwerpunkt zumindest nähern

[92]

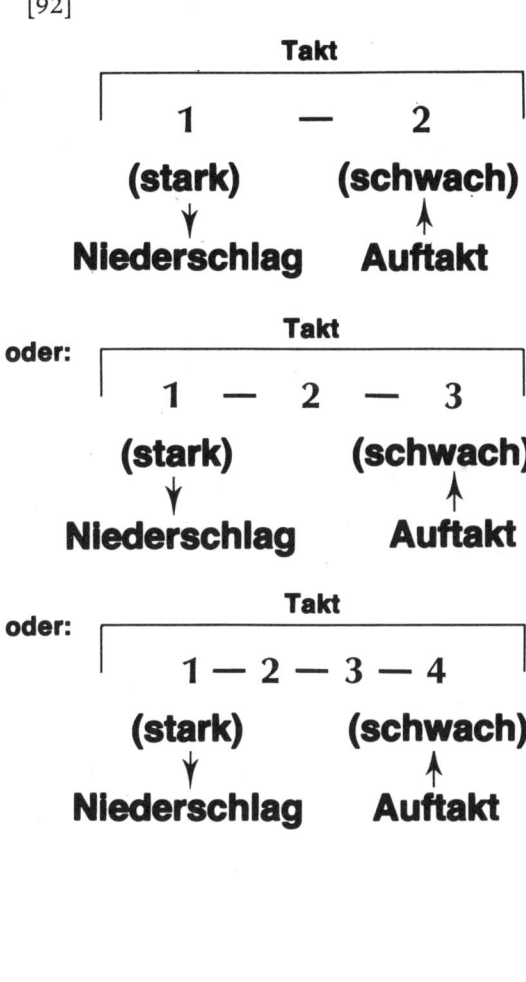

[93]

Allegro molto

EINS (und) EINS (und) EINS (und) EINS (und)

[94]

2 taktige Phase   2 taktige Phase

STARK   schwach   STARK   schwach

[95]

auftaktiger Takt Niederschlag-Takt

p

106

kann [93]. Und hierin liegt die Gefahr: statt uns mit Niederschlag
und Auftakt (eins-zwei, eins-zwei) innerhalb eines Taktes zu befassen,
müssen wir uns um betonte und unbetonte Takte kümmern. Woher
sollen wir wissen, welcher Takt betont und welcher unbetont ist, da sie
sich in ihrem Aussehen voneinander nicht unterscheiden? Jeder Takt ist
im Grunde Schwerpunkt, ein Niederschlag. Wie unterscheiden wir also
die starken Takte von den schwachen?

Die meisten Leute, die Mozarts Eingangsthema zum ersten Mal hören,
hören es in Gruppen von zweitaktigen Phrasen; das ist durchaus in
Ordnung; aber von Natur aus neigen sie dazu, den ersten Takt der
Phrase als starken und den zweiten als schwachen Takt zu hören [94].
Aber hier liegt der Haken: es ist gar nicht so. Der erste Takt dient
nämlich als Auftakt für den zweiten, und es ist der zweite Takt, welcher
der Schwerpunkt ist [95]. Also das genaue Gegenteil. Und was gibt uns
die Gewißheit, daß es sich so verhält? Nun, vor allem eben jene
Verwerfung in der Begleitung des Vorspiels, die zu einem einzigen
Einleitungstakt führt [96]; dieser ist als erster Takt natürlich ein starker
und verursacht automatisch, daß die Melodie in einem schwachen Takt
eintreten muß [96]. Sie sehen, daß Mozart allein durch diese eine
Verwerfung das gesamte symphonische Gebäude unserer
schulmeisterlichen Prosa-Version über den Haufen geworfen hat. Statt

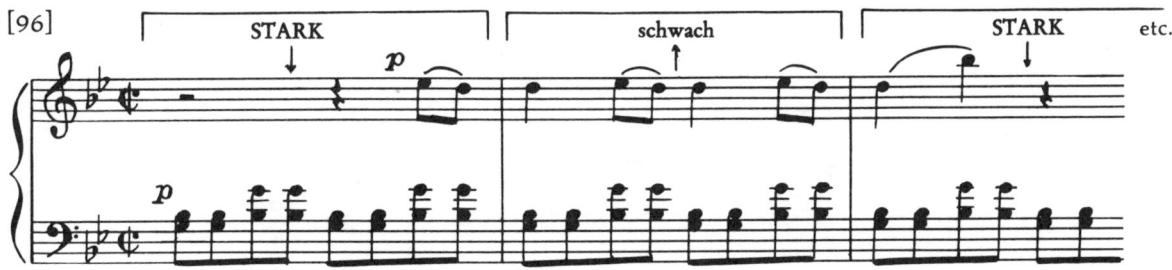

einer Gestalt, die so aussieht [97] (ein einzelner Einleitungstakt, auf den vier Takte folgen), zeigt uns die wahre Gestalt eine symmetrische

[97]

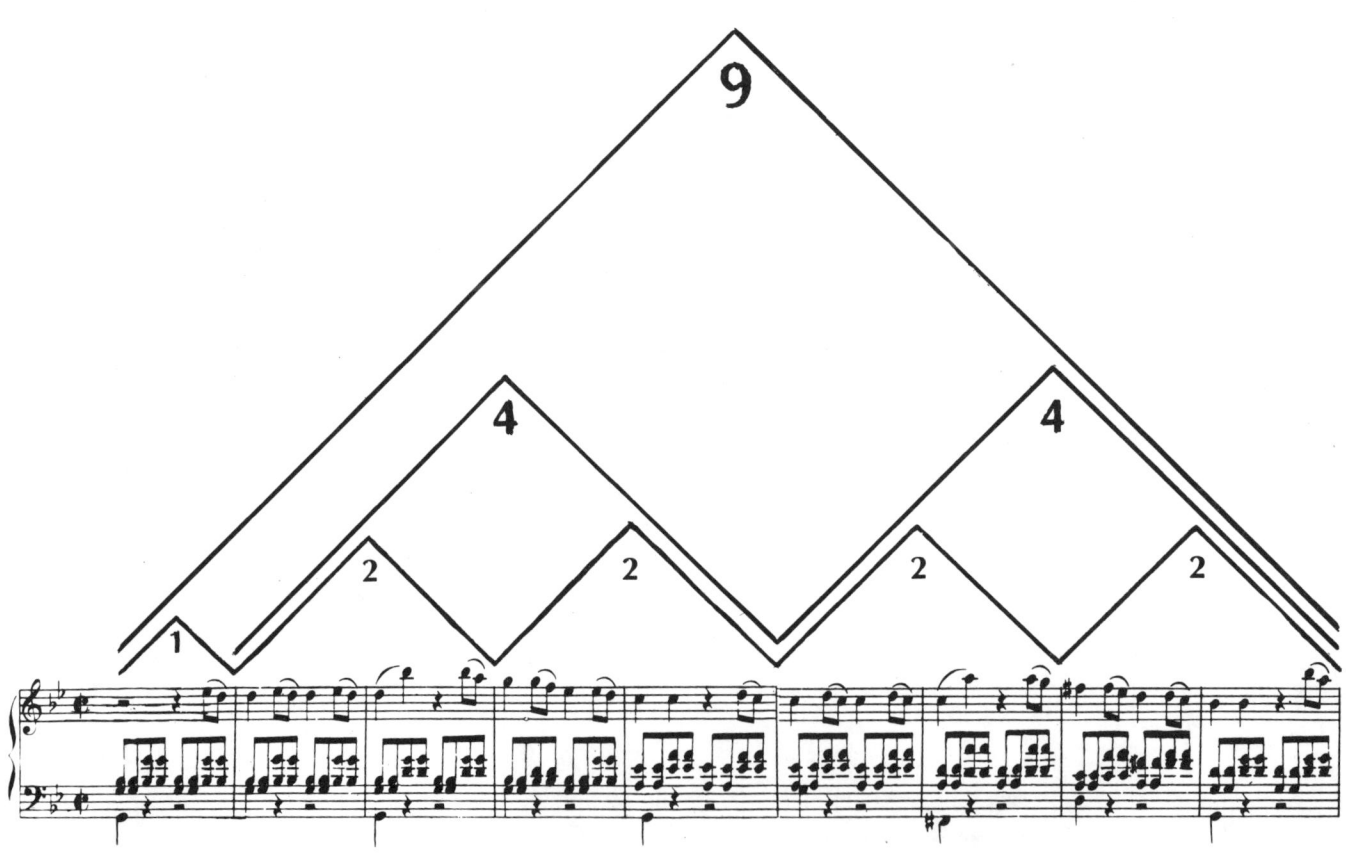

Pyramide, die von Anfang an auf vier Taktpaaren aufbaut [98]. Wenn Sie
diese Zergliederung kompliziert finden, dann werden Sie im zehnten

[98]

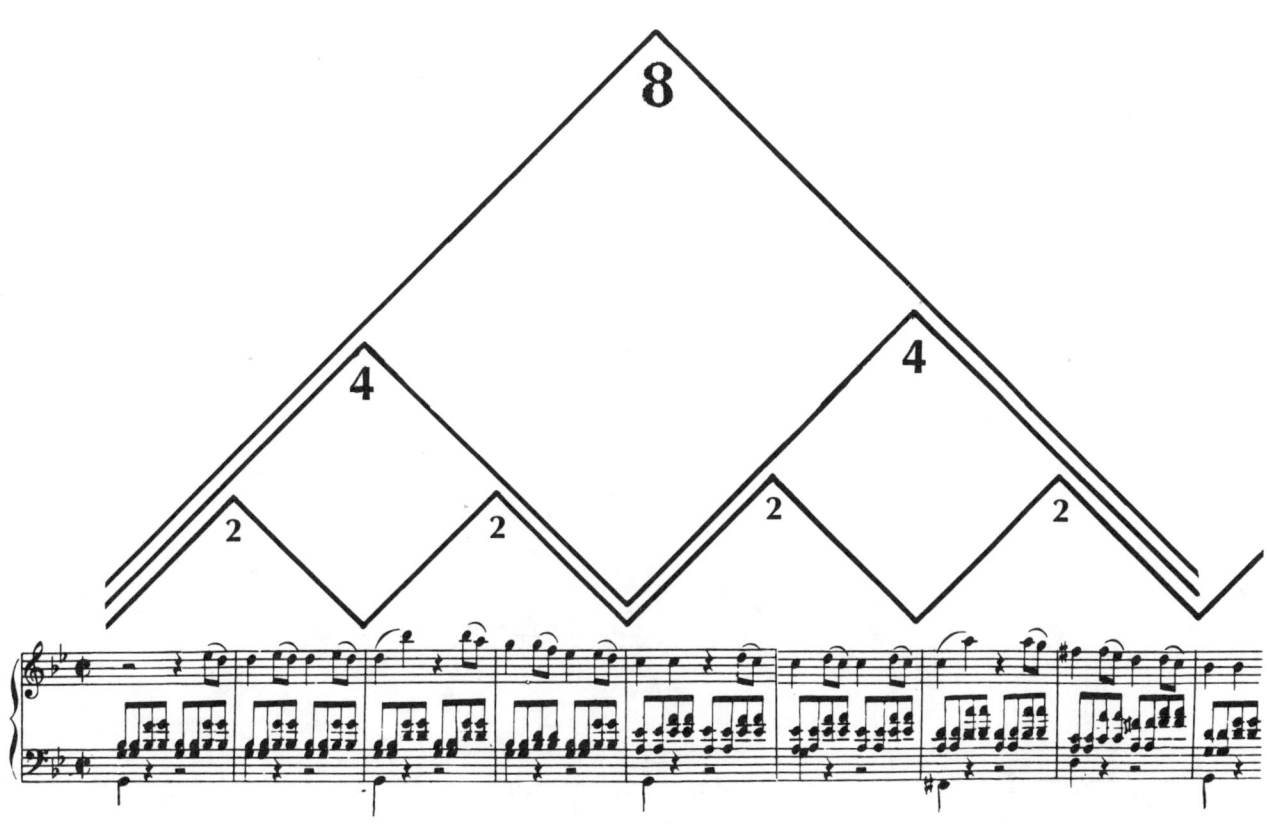

[99]

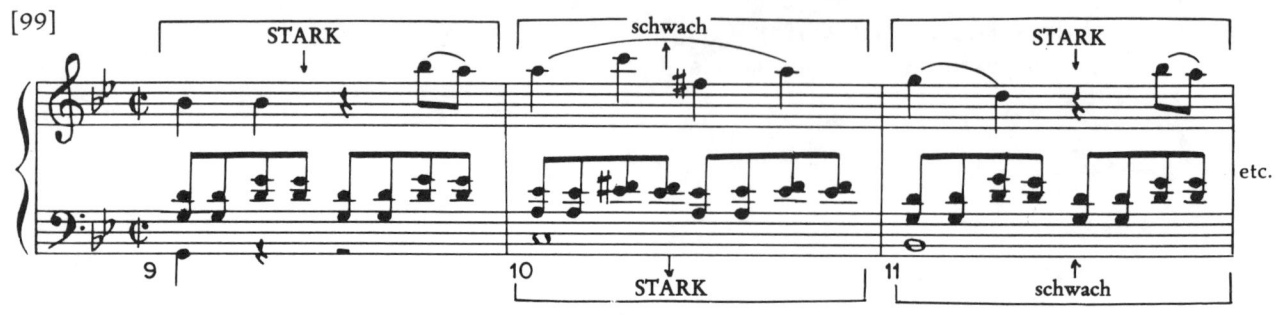

[100]

[101]

[102]

110

Takt [99] auf noch größere Komplikationen stoßen, denn dieser zehnte Takt ist sowohl stark als auch schwach. Eine neue Zweideutigkeit, die eine neue Sorte von stark-schwachen Takten einführt.

Na und? fragen Sie jetzt. Wozu diese pedantischen Haarspaltereien? Das ist doch alles nur für Musikwissenschaftler wichtig! Keine Spur: es ist vor allem für den Ausführenden wichtig und daher auch für Sie, die ihm zuhören!

Denn wenn es dem Dirigenten nicht gelingt, das Bedeutsame an dieser eintaktigen Einleitung zu erfassen, wird seine Wiedergabe der folgenden Taktpaare automatisch verkehrt, also falsch sein, und falsch wird auch der Eindruck beim Zuhören sein. Und dieser Auffassungsfehler wird nicht nur diese wenigen Eröffnungstakte verzerren, sondern unweigerlich auch die Form und den Fluß des ganzen Satzes.

Der Ausführende muß begreifen, was Mozart vollbringt – daß er unseren universellen Trieb nach Symmetrie packt und mit ihm spielt, daß er ihn vergewaltigt und verunsichert, indem er das ebenfalls universelle Verfahren des Verwerfens gegen jene triebhaften symmetrischen Kräfte anwendet, die uns beherrschen. Hierin liegt das Schöpferische; und dies ist es, was es zur Kunst macht.

Und wenn Sie diesen Punkt noch immer fragwürdig – oder zumindest von mir sehr willkürlich ausgelegt – finden, Mozart bestätigt mich durch die Stellung der Baßnoten im Schwerpunkt der einzelnen Takte. Jede dieser Baßnoten ist ein G – der Grundton von g-moll [100] –, aber sie wechseln Takt für Takt um eine Oktave. Das tiefe G, mit dem Mozart beginnt, ist natürlich kräftiger als das darüberliegende [101], und das weist eindeutig auf ein stark-schwaches Fortschreiten des jeweiligen Taktpaares hin.

Und dieses Fortschreiten wieder deckt sich haargenau mit dem Taktphrasenverlauf, den wir herausgefunden haben [102]. Und wenn Sie noch immer nicht von Mozarts Absichten überzeugt sein sollten: in Takt einundzwanzig, mit dem Mozart zum Hauptthema zurückkehrt, wartet ein letzter, endgültiger Beweis. Hier ist es der Wiedereintritt der begleitenden Baß-Stimme, welche – ähnlich wie in »Für Elise« – wie ein

Wiedereintritt des Basses

Lichtstrahl auf die genaue Lage des starken Taktes fällt [103]. Weitere Zweifel über das, was Mozart im Sinn gehabt haben mag, erübrigen sich; das, was er mit seiner Verwerfung am Beginn der Symphonie bezweckte, ist vollkommen klar.

Aber, fragen Sie jetzt, haben wir eigentlich Chomsky dazu gebraucht, um das alles zu verstehen? Hätten wir nicht Mozarts Absichten auch ohne Hilfe der Umwandlungsregeln des Verwerfens und weiß Gott noch welcher sonstigen Kunstgriffe begreifen können? Sicher hätten wir das (und sicher haben eine Reihe musikalisch Vorgebildeter unter uns das auch bereits gekonnt), aber nur durch gleichlautende Sprachbeispiele kann man so schwierige Zergliederungsvorgänge wie das Phrasieren von Takten auch Laien wirklich nahebringen. Die Sprache ist unser Allgemeingut und daher unser gemeinsamer Nenner für syntaktische Nachweise – vor Musikern wie vor Laien.

Ich hoffe, daß hier eine neue Form der Mehrdeutigkeit sichtbar geworden ist – eine Mehrdeutigkeit der (Satz)-Bauweise, die sich sowohl von der phonologischen als auch von der chromatischen Zweideutigkeit, über die wir das letzte Mal gesprochen haben, deutlich abhebt. Es müßte jetzt jedem klar sein, daß sich die Oberflächenstruktur, die wir untersucht haben, im lebhaften Widerspruch zur unausstehlich langweiligen symphonischen Tiefenstruktur befindet, die ich als ihre Grundlage angenommen habe; und daß dieser Widerstreit eine syntaktische Mehrdeutigkeit in Mozarts musikalischem Phrasenbau hervorruft, die sich aus unsymmetrischen Eingriffen ergibt, aber völlig kontrolliert ist, klassisch in Schranken gehalten durch die Ausgewogenheit der Proportionen der Mozartschen Sonatenform. Es ist eine beherrschte Mehrdeutigkeit, von jener Art, wie wir sie letzte Woche vom Standpunkt der Lautlehre aus betrachtet haben: Chromatik, durch Diatonik im Zaum gehalten. Und eigentlich kann die Asymmetrie, die uns die mehrdeutigen Eigenschaften des Phrasenbaues spürbar macht, selbst als eine Art Chromatik angesehen werden – als eine Art rhythmischer Chromatik. Aber dies ist bereits eine Zweideutigkeit anderer Art.

Diese Mehrdeutigkeiten – ich muß es betonen, auch auf die Gefahr hin, daß ich mich wiederhole – sind schön. Sie wohnen aller

[104]

[105]

[106]

[107] Klarinette   Fagott

[108]

schöpferischen Kunst inne. Sie bereichern unser ästhetisches Empfindungsvermögen in der Musik, in der Dichtung, in der Malerei, indem sie uns die Wahrnehmung der ästhetischen Oberfläche in mehr als nur einer Form ermöglichen. Warum rührt uns Othello so, wenn er sagt: »Die Sache will's, die Sache will's, mein Herz!« oder: »Tu aus das Licht, und dann – – Tu aus das Licht.«? Mehrdeutigkeiten, die das Thema ganzer Shakespeare-Seminare sind. (Und warum ist die »Mona Lisa« der Welt berühmtestes Bild?)

Aber es gibt eine Art Zweideutigkeit, die uns nur die Musik bietet: die kontrapunktische Satzlehre. Lassen Sie sich von dieser großtuenden Bezeichnung nicht erschrecken. Ich verstehe darunter bloß das Wunder, in der Lage zu sein, gleichzeitig zwei verschiedene syntaktische Verwandlungen ein und desselben Einfalles wahrnehmen zu können. Dieses Wunder wird durch den Kontrapunkt zustande gebracht, durch das Verweben zweier oder mehrerer melodischer Linien – oder musikalischer Gefügeteile, wie der Sprachwissenschaftler sagen würde. Daher der Begriff »kontrapunktische Satzlehre« oder »kontrapunktische Syntax«.

Im selben Satz dieser Symphonie etwa entwickelt Mozart das Eingangsmotiv seines Hauptthemas [104], indem er es in eine neue Tonart transponiert [105], isoliert hervorhebt und wiederholt [106] und dann zwischen Klarinette und Fagott hin und her pendeln läßt [107]. Das ist die eine syntaktische Gestalt des Motivs. Aber zur selben Zeit und in denselben Takten zeigt sich eine andere Gestalt des gleichen Motivs, das zwischen den hohen und den tiefen Streichern hin und her wandert [108]. Dies ist eine neue Darstellung desselben Materials, die gleichen Eingangsnoten, sehr verlangsamt, verwandelt durch das, was wir Musiker »Vergrößerung« nennen. Mithin erscheinen die beiden Noten, die wir als schnelle Achtelnoten erfaßt haben [109], achtfach vergrößert, als wären sie ganze Noten, achtmal so langsam [110]. Es handelt sich hier um eine syntaktische Verwandlung, die echtester Chomsky ist: um eine strukturelle Vertauschung. Und
überdies ist es eine vollendete Entsprechung eines weiteren Umwandlungvorganges, der Überlappung: diese vergrößerten Zwei-Noten-Motive sind so komponiert, daß jeweils die zweite Note des

[109]

[110]

[111]

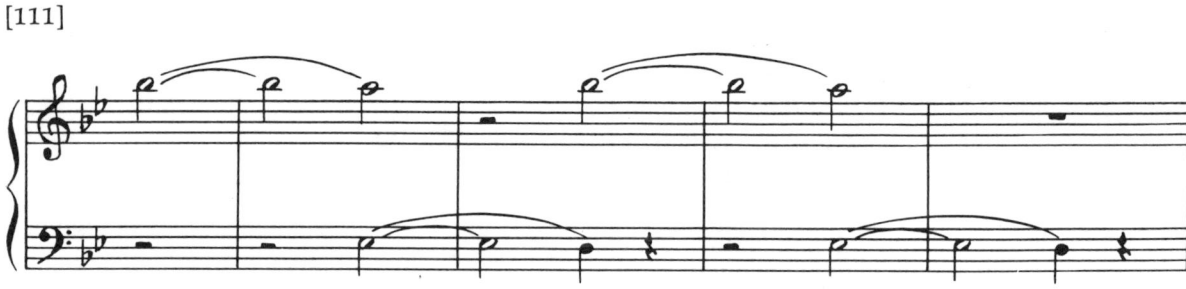

[112]

einen mit der ersten Note des anderen zusammenfällt, sich mit ihr überlappt. Hören Sie [111]. Können Sie das Überlappen hören? Und zwischen diesen sich überlappenden hohen und tiefen Streichern liegen die Holzbläser-Figuren eingebettet, die wir zuvor gehört haben [112]. Ein wunderschönes Beispiel für den Vorgang des *Einbettens*.

Alle diese syntaktischen Umgestaltungen desselben Materials geschehen gleichzeitig: die Versetzung in eine andere Tonart, die Vertauschung durch Vergrößerung, die Überlappung, das Einbetten – und deren Komibination vollbringt das nur der Musik eigene Wunder: die kontrapunktische Syntax.

Ich spüre, daß Sie einen logischen Einwand haben: Warum ist die kontrapunktische Syntax nur der Musik eigen? Wir alle kennen die sogenannte »doppelte Syntax« der Dichtkunst, in der sich eine Phrase entweder mit der vorausgehenden oder mit der nachfolgenden überlappen kann? Wie etwa in diesem berühmten Beispiel aus Shakespeares 93. Sonett, welches William Empson in seinem herrlichen Buch »Die sieben Arten der Zweideutigkeit« zitiert. (Falls Sie es nicht gelesen haben, lege ich es Ihnen sehr ans Herz.) Empson beschäftigt sich vor allem mit diesen vier Versen:

> Der Himmel sprach an Deinem Schöpfungstag:
> Stets hege süße Liebe dies Gesicht,
> Was Herz und Sinn auch brüten mag,
> Nichts andres aus dem Aug als Süßheit spricht.*

Diese vier Verse ergeben auch dann einen vollen Sinn, wenn man am Ende der zweiten Zeile, oder am Ende der dritten Zeile, den Beistrich durch einen Punkt ersetzt. Sie können sich selbst davon überzeugen, wenn Sie sich in diesen Lesarten versuchen. Also: Ist diese »doppelte Grammatik« – oder »doppelte Syntax« – nicht von der gleichen Art ästhetischer Zweideutigkeit wie die doppelte Grammatik – oder

---

* But heaven in thy creation did decree
  That in thy face sweet love should ever dwell;
  Whate'er thy thoughts or thy heart's workings be,
  Thy looks should nothing thence but sweetness tell.
  (Übersetzung: Gustav Wolff)

[113]

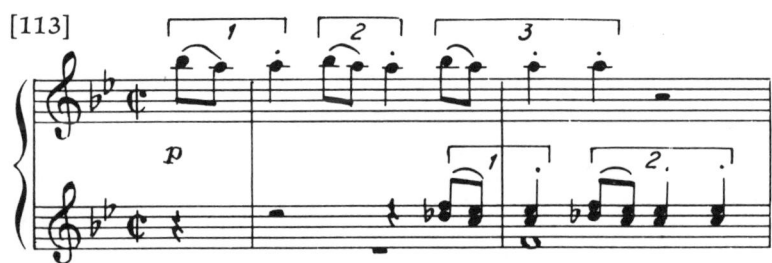

[114]

[115]

118

doppelte Syntax – der Musik? Nein. Aus dem einfachen Grund, weil die Zwiespältigkeit der dritten Shakespeare-Zeile keine gleichzeitige Zwiespältigkeit ist: es handelt sich hier entweder um ein Satzende oder um einen Satzanfang. Die erweckten Vieldeutigkeitsgefühle mögen zwar einen bestimmten Zeitabschnitt ausfüllen, Shakespeares Vers, die eigentliche ästhetische Oberfläche, kann das nicht.

Die Melodienlinien Mozarts, hingegen, füllen ein und denselben Zeitabschnitt aus – sie bewegen sich gewissermaßen gemeinsam (siehe [112]). (Wenn wir noch eine Sekunde länger über diese Angelegenheit nachdenken, wird uns eine Erörterung über ästhetisches Zeitgefühl – »eigentliche« Zeit im Gegensatz zur »Uhr«-Zeit – gefangennehmen, und Uhrzeit ist gerade das, was uns zu dieser Abschweifung nicht zur Verfügung steht.)

Hingegen ist es hoch an der Zeit, den ganzen Satz Mozarts noch einmal zu hören; nur bitte ich Sie, ihn im Hinblick auf seine Bauweise anzuhören und nicht nur im Hinblick auf die Wunder seiner chromatischen Abenteuer, wie wir es das letzte Woche getan haben. Ich möchte, daß Sie die syntaktischen Umwandlungen heraushören, welche die Größe dieser Tondichtung ausmachen: zum Beispiel die Verwerfung [113]. Konnten Sie es hören, wie hier eine Figur in der kontrapunktischen Nachahmung weggelassen wurde? Es macht einen riesigen Unterschied aus, den Unterschied zwischen diesem [114] – und jenem [115]. Und achten Sie auf Überlappungen, wie in dieser bekannten Phrase [116]. Und achten Sie auf die Einbettungen, wie wir zuvor eine gehört haben.

Und wenn das für die Unersättlichen unter Ihnen noch zu wenig ist: es lassen sich auch Beispiele linguistischer Zurechtrückungen heraushören,

[116]

[117]

[118]

[119]

wie hier zum Beispiel [117], wo das Eingangs-Motiv durch Umkehrung [118] verwandelt, also von oben nach unten gekehrt wird. Und hier haben Sie ein schönes Beispiel für Vertauschung [119]. Sogar Pronominalisierungen lassen sich in dieser Musik finden, aber die will ich Ihnen ersparen. Jeder, der sich wirklich dafür interessiert, wie Mozart die fürwörtliche Stellvertretung musikalisch handhabt, möge bitte die Partitur konsultieren, Takte 114 und 115 im ersten Satz.

Nun, das war eine Spur Satzlehre. Und dennoch habe ich mich tiefer in die musikalischen Baugeheimnisse hineingewagt, als je vor einem Laienpublikum. Aber das ist die große Verlockung dieser Universität: der Standard der Intelligenz verleitet einen immer wieder, sich mehr als sonst anzustrengen. Das kommt von diesem »elitären« Wissensdurst, von dem ich vorhin gesprochen habe. Ich glaube, Ihr Verstand kann es verkraften: letzte Woche Lautlehre, diese Woche Satzlehre. Nächste Woche Bedeutungslehre, die Einbettung von beiden. Bis dahin, gute Nacht, und danke für so viel Geduld und Konzentration bei einem so langen, langen Vortrag.

3. Musikalische Bedeutungslehre

I

Dieser Tage hielt mich eine Studentin im Hof von Harvard auf und fragte mich, worauf das alles hinaus soll – all diese sprachmusikalischen Betrachtungen der letzten zwei Vorlesungen. Worauf ich hinaus wolle, fragte sie: glaubte ich wirklich an die Übereinstimmungen zwischen der »Umwandlungsgrammatik« und den musikalischen Umwandlungen, die ich unablässig erwähnte?

Ich war kühn und antwortete entschlossen, daß ich zutiefst an diese Übereinstimmungen glaubte. Ich hätte herausgefunden, daß der Umweg über die Sprachlehre ein neues Licht auf die Analyse der Musik werfe (und umgekehrt) und daß ich, zu meiner Freude, inzwischen auch andere Gelehrte und Linguisten getroffen hätte, die diese Meinung teilten. Und worauf ich hinaus wolle, sei, einen umfassenden, leidenschaftslosen Ausblick auf die Musikkrise unseres Jahrhunderts zu unternehmen, so wie sie in Charles Ives' »offener Frage« dargestellt werde, und gleichzeitig zu klären, wie und ob die Dichtung in diese Krise hineingezogen worden sei.

Aber meine neue, aufgeweckte Bekanntschaft schien sich in ihrer Fragerei erst aufzuwärmen. »In der Sprachlehre kann ich Ihnen folgen«, sagte sie, »aber wenn Sie anfangen, Chomsky mit Ästhetik zu kreuzen, bin ich verloren. Wie kommen Sie von der Umwandlungsgrammatik auf die Schönheiten der Zweideutigkeit und auf erhöhtes ästhetisches Empfindungsvermögen? Ist das, was Sie sagen, nicht selbst zweideutig?« Diesmal war ich in meiner Antwort etwas weniger selbstsicher und ertappte mich beim verzweifelten Versuch, mich der ersten, begeisternden Denkanstöße, die ich beim Überlegen dieser Vortragsreihe empfunden hatte, zu erinnern. Lautlehre. Satzlehre. Bedeutungslehre ... Bedeutung. Ah, *Bedeutung*. Das war es. Zu ihrem

[1] Allegro moderato ♩ = 112

ff

[2] (Hier ist ein Hauptwort.)   (Hier ist noch ein Hauptwort.)

(noch eines)   (noch eines)

[3]

124

Mißvergnügen sprudelte ich, soweit ich es noch wußte, die Analyse eines klassischen zweideutigen Chomsky-Satzes heraus: *Die ganze Stadt war von alten Männern und Frauen bevölkert.* Wir haben hier eine dritte Art von Zweideutigkeit vor uns, erklärte ich, die weder phonologisch noch syntaktisch ist, sondern beides: eine neue semantische Zweideutigkeit. Ich gab ihr einen kurzen Abriß über die Gründe dieser Zweideutigkeit, ohne Diagramm natürlich, denn wir standen ja im Hof von Harvard; leider, muß ich sagen, denn gerade bei dieser Art von Zweideutigkeit sind Chomskys Baum-Diagramme ganz besonders hilfreich. *»Die ganze Stadt war von alten Männern und Frauen bevölkert«* ist ein zweideutiger Satz, weil zwei verschiedene Tiefenstrukturen vorhanden sind. Die erste Tiefenstruktur würde folgenden Sinn ergeben: daß die Stadt von alten Männern und *alten Frauen* bevölkert war, vermutlich, weil alle jungen Leute in die Großstadt gezogen waren und nur noch alte Leute zurückgelassen hatten. Die zweite Tiefenstruktur hingegen ergäbe den Sinn, daß die jungen Männer im Krieg und nur alte Männer und *Frauen jeglichen Alters* zurückgeblieben waren. Sehen Sie den Unterschied? Durch die uns bereits bekannten Verwandlungsvorgänge, vor allem durch Verwerfung, sind diese beiden Tiefenstrukturen kombiniert und verdichtet worden und fördern jene zweideutige Wendung *alte Männer und Frauen* zutage. Dies ist ein berühmtes Beispiel für eine Redewendung, die wir »Zeugma« nennen, die Abhängigkeit zweier Hauptworte von einem Eigenschaftswort: die beiden Hauptworte *Männer und Frauen* sind hier an das Eigenschaftswort *alt* angeschirrt, das nun beide bestimmen kann – oder nicht.

Hiefür gibt es übrigens ein faszinierendes und sehr überzeugendes Musikbeispiel, welches ich meiner reizenden jungen Fragestellerin natürlich nicht vorführen konnte, da ja im Hof von Harvard kein Klavier steht. Aber Ihnen kann ich es vorführen.

Denken Sie an die berühmte Stelle aus Strawinskys »Petruschka« [1]. Kennen Sie alle den »Tanz der Fuhrleute«? Entsinnen Sie sich bitte der Analogien unserer ersten Vorlesung und versuchen Sie, sich das obere Melodienmaterial als eine Reihe von Hauptwörtern vorzustellen [2]. Und jetzt bitte stellen Sie sich die harmonische Stützung darunter [3] als

Mittelwort vor, als ein zeitwörtlich gebrauchtes Eigenschaftswort. (Erinnern Sie sich noch an die Beziehungen, die wir hergestellt haben?) Wenn wir beides zusammenfügen, haben wir was? Ein Zeugma. Dasselbe, stets gleichbleibende Eigenschaftswort bestimmt all diese verschiedenen Hauptwörter (siehe [1]).

»Zeugma hin, Zeugma her«, sagte meine blonde Fragestellerin im Hof von Harvard sehr ungeduldig, »kommen Sie zur Sache: Was hat das alles mit Dichtung zu tun?«

»Geduld«, sagte ich, »ich komme gerade zur Sache: zum Höhenflug. Wenn wir die Umwandlungsregel des Verwerfens bei dieser prosaischen Oberflächenstruktur, dem Satz *Die ganze Stadt war von alten Männern und Frauen bevölkert*, wieder anwenden, können wir einen an sich schon zweideutigen Satz in einen vieldeutigen, in eine *überhöhte* Oberflächenstruktur verwandeln: *»Die ganze Stadt war alte Männer und Frauen.«* Und das, ob gut oder schlecht, ist bereits eine dichterische Zeile: Die ganze Stadt war alte Männer und Frauen. Eigentlich ist *alte Männer und Frauen* beinahe schon eine dichterische Wendung, die durch die vorangegangene Verwerfung des einen »alt« aus der rein prosaischen Phrase »alte Männer und alte Frauen« entstanden ist. Aber jetzt haben wir auch noch »bevölkert von« verworfen und das Ganze noch dichterischer, *weil* vieldeutig gemacht. Man kann sagen, der Satz ist nun mit Bedeutungsmöglichkeiten überfrachtet; und dies ist eines der Kennzeichen der Dichtung.

»Vielleicht«, sagte meine reizende Fragestellerin im Hof von Harvard, »vielleicht ist es Dichtung. Aber können Sie das beweisen?«

Beweisen kann ich gar nichts. Ich könnte es vielleicht erklären, aber auch das nur, wenn ich mir zu diesem Zweck Verfahrensarten der Sprachlehre ausborgte. Ein Sprachforscher würde sagen: Schauen Sie, wenn Sie einen Satz wie diesen vor sich haben *(Die ganze Stadt war alte Männer und Frauen)*, der syntaktisch richtig, aber semantisch falsch ist (denn eine Stadt ist ein *Ort* und Männer und Frauen sind *Menschen* und Menschen können niemals ein Ort sein) – wenn Sie also einen derartigen Satz vor sich haben, trifft ihr Verstand Schritt für Schritt ganz von selbst eine Reihe von Entscheidungen; zunächst sucht er eine grammatische Rechtfertigung für den semantischen Konflikt, und da er keine findet, kann er zwischen zwei Möglichkeiten wählen: den Satz als unlogisch, also als unzulässige Sprache, zurückzuweisen, oder eine andere Ebene zu suchen, auf welcher er angenommen werden kann – eine dichterische Ebene. Mit anderen Worten: irgend etwas in unserem Verstand nimmt intuitiv ein Gleichnis, eine Metapher, wahr und kann daraufhin auf dieser Ebene die semantische Vieldeutigkeit akzeptieren.

Hat das Wort »Metapher« in Ihnen etwas ausgelöst? Ich hoffe sehr, denn die Metapher ist der Schlüssel zum eigentlichen Verständnis. Und soeben habe ich eine Metapher verwendet, durch den Ausdruck »die Metapher ist der Schlüssel«. Ich habe zwischen einer umschreibenden Ausdrucksweise, genannt Metapher, und einem kleinen Metallgegenstand, genannt Schlüssel, eine Gleichung gemacht. Was ich da gesagt habe, heißt eigentlich nur: »dies gleicht dem«, obwohl *dies* und *das* zwei voneinander völlig verschiedenen, miteinander unvereinbaren Ordnungen angehören, so wie die Stadt und ihre altgewordenen Bewohner. Mit anderen Worten: ich habe eine semantische Regelwidrigkeit begangen. Aber Metaphern entstehen eben nur aufgrund von Regelwidrigkeiten, durch Fehlverhalten im Sinne der Sprachlehre. »Julia ist die Sonne«: hier haben Sie ein klassisches Beispiel für »dies ist das«, für eine Gleichung zwischen zwei unverträglichen Ordnungen – die eine irdisch, die andere überirdisch. Julia ist ein Menschenwesen, die Sonne ist ein Gestirn. Wie kann man die beiden miteinander gleichsetzen? (»Ja, wie kann man wirklich?« fragte meine hübsche neue Freundin.)

Nun, Chomsky würde sagen, daß gewisse syntaktische Regeln mit »lexikalischen« Bedeutungen befrachtet sind, das heißt, daß wir alle über ein erlerntes Lexikon voll eigener Regeln und eigener Einteilungen verfügen. Dieses geistige Wörterbuch erlaubt uns zum Beispiel zu sagen: »Freud hielt Vorlesungen über den Oedipus-Komplex«, aber verbietet uns den Satz: »Der Oedipus-Komplex hielt Vorlesungen über Freud.« Unser lexikalisches Wesen über die Begriffe *Oedipus-Komplex* und *Vorlesungen halten* hindert uns an der Feststellung, der Oedipus-Komplex habe über irgend jemanden oder irgend etwas eine Vorlesung gehalten.

Natürlich befaßt sich Chomsky nicht mit Dichtung: seine

Untersuchungen beziehen sich auf das normale menschliche Sprechen. »Julia ist die Sonne« ist abnormales menschliches Sprechen; es ist eigentlich unlogisch. Aber ironischerweise können wir die Logik – die poetische Logik –, die in diesen Worten enthalten ist, durch die Anwendung gerade von Chomskys eigenen Umwandlungsregeln entdecken.

Wie wär's, wenn wir eine logische Weiterführung versuchten, um Shakespeares Metapher zu »normalisieren«? Wir könnten zum Beispiel sagen:

Da ist ein Menschenwesen namens Julia.
Da ist ein Gestirn namens Sonne.
Das Menschenwesen namens Julia ist strahlend.
Das Gestirn namens Sonne ist strahlend.
(also:)

Das Menschenwesen namens Julia gleicht in bezug auf Ausstrahlung dem Gestirn namens Sonne.

Völlig logisch. Nun kommen die Umwandlungen, samt und sonders Verwerfungen, wie Sie geahnt haben werden; wir verwerfen alle diese logischen, aber unnötigen Stufen, die sich in der Tiefenstruktur jedes Vergleiches finden, und landen bei dem endgültigen Gleichnis: *Julia ist wie die Sonne,* welches allerdings nur insoweit stimmt, als beide strahlend sind. Dann machen wir eine letzte, oberste Verwerfung und haben das Gleichnis in eine Metapher verwandelt: Julia ist die Sonne. Dies *ist* das.

Natürlich läßt der letzte metaphorische Sprung diesen Vergleich als »unechte Logik« erscheinen, wie sie auch in jenem ungültigen Vernunftschluß enthalten ist, den wir in der Mittelschule lernen: *Mein Hund ist braun, Dein Hund ist braun,* also ist *mein Hund dein Hund.* Falsch. Mein Hund ist *wie* dein Hund, was die Bräune anlangt, und nur, was die Bräune anlangt. Richtig! – Aber das ist nicht Dichtung. Es ist keine Metapher, sondern ein Gleichnis, welches im Reich der buchstäblichen Vernunftschlüsse beheimatet ist, während die logisch »unechte« Version *Mein Hund ist dein Hund* ihre eigene, nicht buchstabengetreue, metaphorische Logik besitzt. Begreifen Sie, was ich meine? Hier haben Sie, auf die kürzeste Formel gebracht, den Unterschied zwischen Kunst und dem, was wir so leichtfertig »Wirklichkeit« nennen.

Es müßte Ihnen jetzt eigentlich klargeworden sein, daß eine Metapher – ebenso wie jede vergleichende Feststellung, sogar ein Gleichnis – ihre Wirkkraft dem Umstand verdankt, daß die beiden miteinander verglichenen Begriffe mit einem dritten Begriff in Beziehung stehen, der ihnen beiden eigen ist. Das heißt, wir vergleichen A und B – ob sie jetzt mein Hund und dein Hund sind oder Julia und die Sonne – wir vergleichen also A und B, die beide zu einem dritten Begriff in Beziehung stehen müssen, der sich von beiden, von A und von B, ableiten läßt. Wenn A Julia ist und B die Sonne, dann ist X die *Ausstrahlung*. A besitzt X und B besitzt X, also ist A wie B, in bezug auf X. Julia ist *wie* die Sonne. Dann verwerfen wir das »wie« und Julia *ist* die Sonne. Solche Umgestaltungen bringen Metaphern zutage, und solche Metaphern Schönheit.

»Großartig«, sagte meine schöne blonde Fragestellerin, »ich glaube, ich verstehe Sie. Was ich aber nicht verstehe, ist, wie Sie das Ganze mit Musik in Verbindung bringen.«

»Sie werden es verstehen«, sagte ich, »kommen Sie zur nächsten Vorlesung!«

Das wär's, soweit, und ich hoffe, sie ist hier, denn wir haben jetzt den entscheidenden Punkt erreicht.

Sie erinnern sich, daß ich davon sprach, daß der Verstand von selbst eine Reihe von Entscheidungen zu treffen hat, wenn er sich einer semantischen Ungereimtheit gegenübersieht – zuerst sucht er nach einer Rechtfertigung und dann kann er diese Ungereimtheit entweder zurückweisen oder auf einer dichterischen Ebene annehmen. Nun muß der Verstand noch eine Reihe anderer Schritte unternehmen, wie im eben beschriebenen Fall, wo er den Begriff X herausfinden muß, mit dem A und B ein Verhältnis haben. (Mein Hund ist dein Hund, denn beide sind braun. Das kann nicht sein, sagt der Verstand; oh, ich verstehe, es *kann sein in einem poetischen Sinn*.) Nun, dieser ungemein verwickelte Denkvorgang spielt sich in einer Millionstelsekunde ab – solche Wunder

[4] A

Allegro non troppo

[5] B

[6]

große Terz   kleine Sext

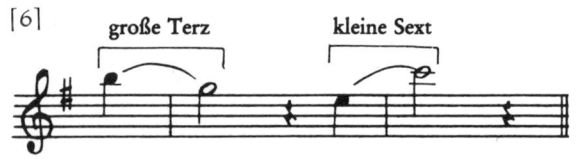

[7]

kleine Terz   große Sext

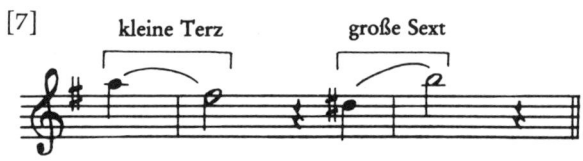

[8]

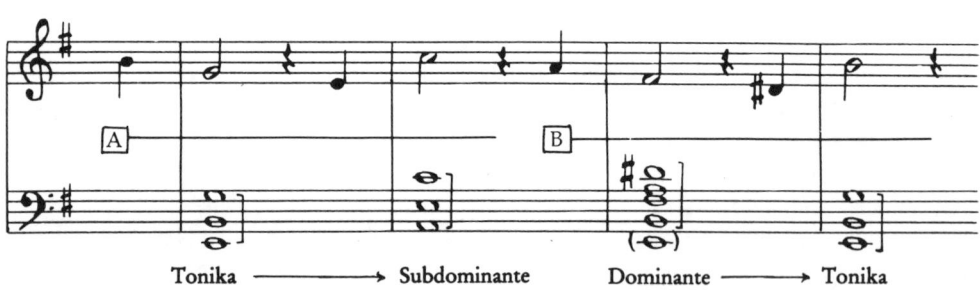

Tonika ⟶ Subdominante   Dominante ⟶ Tonika

130

vollbringt der Computer unseres Gehirns. Aber in dem Augenblick, da wir mit *musikalischen* Metaphern zu tun haben, fällt sogar dieses Sekundenmillionstel weg – in der Musik haben wir keine Probleme mit der Unvereinbarkeit von A und B. Und warum nicht? Weil die A und B in der Musik nicht mit buchstäblichen semantischen Gewichten wie mein Hund und dein Hund oder auch Julia belastet sind. Nennen wir die beiden ersten Takte der vierten Symphonie von Brahms A [4] und die beiden folgenden B [5]; wir nehmen unmittelbar die musikalische Umgestaltung wahr, es bedarf keiner Zeitspanne und keiner Anstrengung, um uns den semantischen Sinn dieser Beziehung begrifflich verständlich zu machen; die einzige Zeit, die hier nötig ist, ist die Zeit, die man braucht, um diese vier Takte zu spielen.

Wenn man die Zahl der Umwandlungen bedenkt, die im kurzen Zeitabschnitt dieser vier Takte von Brahms stattfinden, erscheint es unbegreiflich, daß wir sie alle gleichzeitig wahrnehmen können. Was wir A genannt haben, birgt in sich selbst eine Umgestaltung [6]: die absteigende große Terz wird in ihre genaue Umkehrung, die aufsteigende kleine Sext verwandelt. A enthält also bereits eine Metapher; und B [7] desgleichen. Aber nun ist B selbst eine Metapher von A, eine komparative Umgestaltung von A [4], um eine Stufe in der Tonleiter tiefer [5]. Und schließlich kommt die *harmonische* Metapher hinzu, welche die melodische begleitet [8]; das Fortschreiten in A beruht auf Tonika und Subdominante, das Fortschreiten in B auf Dominante und Tonika; ein wunderschöner Gleichlauf und ein glänzendes Beispiel für unser *Dies* ist *Das*.

In der Musik müssen sich – wie in der Dichtung – das A und das B einer Metapher auf einen Begriff X beziehen, der allerdings nicht Ausstrahlung oder Bräune ist, sondern ein gemeinsamer Faktor, wie Rhythmus (siehe [4] und [5]) oder harmonisches Fortschreiten (siehe [8]). Wir haben also auch hier mit dem Dreiecksverhältnis von A, B und X zu rechnen. Und obwohl all das wahrgenommen werden muß, all diese Metaphern innerhalb von Metaphern – benötigen wir zu dieser Wahrnehmung nicht einmal eine Millionstelsekunde. Hier gibt es kein: »Das kann nicht sein; o, ich verstehe, es kann sein, aber nur in einem poetischen Sinn«, denn *Musik besteht ausschließlich im poetischen Sinn.*

Sie ist Kunst von der ersten Note an. Und hier, mein schönes Fräulein, haben Sie Ihre Einführung in die musikalische Bedeutungslehre.

Aber was ist musikalische Bedeutungslehre in ihrem Verhältnis und in ihrer Gegenüberstellung zur verbalen Bedeutungslehre?

Sehen wir uns einmal die verbale Seite an. Ich glaube, die meisten Sprachwissenschaftler teilen meine Meinung, daß die Semantik, die Lehre von der reinen Bedeutung, immer der schwächste der drei sprachwissenschaftlichen Zweige gewesen ist, weil der am wenigsten erforschte. Wohl deshalb, weil von allen Fächern die Semantik am härtesten den wissenschaftlichen Untersuchungsmethoden Widerstand leistet. Aus diesem Grunde haben die Sprachwissenschaftler die Klärung von Fragen der Bedeutung zumeist an andere Fächer weitergeschoben, an die Philologie, die Etymologie, die Lexikographie, die Ästhetik, die Literaturkritik. Und dieser Umstand hat einige der schärfsten Kritiken Chomskys zur Folge gehabt, vor allem auch seiner Schüler, der Jungtürken, von denen die meisten im Augenblick damit beschäftigt sind, eine Theorie der semantischen Strukturen zu entwickeln, die wissenschaftlich ebenso fundiert ist wie die der syntaktischen. (Übrigens sagt man Chomsky nach, daß er jetzt selbst auf diesem Gebiet arbeite, um sich von den Jungtürken nicht überholen zu lassen; aber für uns Alttürken ist derlei nicht leicht.)

Wissen Sie noch, wie wir in unserer ersten Vorlesung den Versuch der Monogenese gewagt haben, wie wir den Verlauf der Ur-Silbe MA verlängert und in einen musikalischen Ton, MAA, verwandelt haben? Das war ein ziemlich wissenschaftliches Unterfangen, aber, eben, nur ziemlich: denn wir haben nicht eine Sekunde lang den semantischen Widerhall des Begriffes *Mutterschaft* in dieser einen Silbe MA ignorieren können. Auch haben wir in der zweiten Vorlesung aus dem syntaktischen Gewirr von Jack und Jill keineswegs irgendwelche amourösen Folgerungen verbannen können, noch kann Chomsky vergleichbare Folgerungen vermeiden, wenn er von Harry und John und Golf und Überreden spricht. Es gibt einen semantischen Hinterhalt, dem sich kein Sprachwissenschaftler gänzlich entziehen kann.

Und in den gleichen Hinterhalt sind wir geraten, indem wir die musikalischen Entsprechungen dieser linguistischen Phänomene untersuchen. Ohne es zu wollen, haben wir uns die ganze Zeit über mit Bedeutungsfragen befaßt. In unserer ersten Vorlesung über Lautlehre haben wir uns damit beschäftigt, die Klangeinheiten der harmonischen Reihe so zu ordnen, daß sie sinnvolle tonale Beziehungen ergeben: sinnvolle, also *bedeutungsvolle* ergo *semantische.* In der zweiten Vorlesung über Satzlehre waren wir damit beschäftigt, diese tonalen Beziehungen so zu ordnen, daß sie bedeutungsvolle Strukturen ergeben. Jetzt, da wir uns mit der musikalischen Bedeutungslehre im allgemeinen auseinandersetzen – welche Bedeutungen können uns noch beschäftigen? Nun, sichtlich jene musikalischen Bedeutungen, die sich aus der Verbindung beider Gebiete ergeben, aus der Verbindung von Lautbedeutung und gestaltlicher Bedeutung – die sich also aus den verschiedenen Umwandlungsvorgängen ergeben, mit denen wir gespielt haben.

»Gespielt«: das Wort, das mir da entschlüpft ist, ist haargenau das Wort, das ich gebrauchen wollte. Es klingt frivol, ich weiß es, aber anderseits steht es mit unserer semantischen Denkweise in unmittelbarer Beziehung. »Spielen« ist der Gegenstand und die Tätigkeit aller Musik; wir spielen Musik auf unseren Instrumenten, so wie der Komponist mit den Tönen spielt, wenn er sie erfindet. Er *gaukelt* mit Klanggruppen, er *tändelt* mit der Dynamik, er *schlittert* durch Klangfarben, er *gleitet* und *purzelt* und *hüpft* durch die Rhythmen – kurzum, er frönt dem, was Strawinsky »Le Jeu de Notes« nennt. Das Spiel der Noten: eine treffende Beschreibung von dem, was Musik ist.

Und warum nicht? Jede Musik, auch die ernsteste, lebt von Wortspielen und Anagrammen.* Wo wäre Richard Strauss ohne seine musikalischen Wortspiele, wo wären Bach und Beethoven ohne ihre musikalischen Anagramme? Beinahe ließe sich die ganze Musik als ein fortlaufendes Spiel der Anagramme verstehen, in dem mit zwölf »Buchstaben« jongliert wird [9]. Die dauernde Neuordnung und

* Anagramm nennt man die Vertauschung von Buchstaben oder Silben innerhalb eines Wortes, wodurch ein neues Wort entsteht.

[9]

Umgestaltung dieser »Buchstaben« wird durch die kombinierten Möglichkeiten waagrechter und senkrechter Strukturen – melodischer, harmonischer und kontrapunktischer Anagramme – unerhört bereichert; das ist etwas, was die Sprache nicht vermag, auch nicht mit sechsundzwanzig Buchstaben. Zudem wird die Musik durch die Ausdehnung dieser Möglichkeiten in die Nähe der Unendlichkeit bereichert, durch die ungeheure Vielfalt der hohen und tiefen Lagen, der Dauern, Lautstärken, Takte, Rhythmen, Tempi, Färbungen. Es ist, als wäre die ganze Musik ein Superspiel klingender Anagramme.

Aber diese Auffassung Strawinskys von der Musik als Spiel, umfaßt sie wirklich den *ganzen* Gegenstand? Ein Spiel kann vielerlei Zwecken dienen: es kann Energie freisetzen, es kann eine körperliche oder eine geistige Übung sein, es kann Zeit vertreiben. Ein Spiel kann auch gemütsbewegende Wirkungen haben, Funktionen des Wettstreits und des Integrierens erfüllen, aber auch solche, die zu einem Nahverhältnis mit dem Gegenspieler führen. All diese Zwecke und Wirkungen sind auch in der Musik denkbar (und in ihr vorhanden); aber niemand wird behaupten wollen, daß dies schon alles sei. Es muß mehr in ihr sein als bloßer Vergnügungszweck, auch wenn dieser sicherlich eine erfrischende Wirkung auf Geist und Gemüt nicht verfehlt. Aber Musik bewirkt viel mehr, sagt mehr aus und bedeutet mehr.

Bedeutet: hier liegt die Crux. Bedeutet was? Heiter? Düster? »Mondscheinsonate«? »Revolutionsetüde«? Doppelsinnige Mitteilungen? Bestimmte sinnliche Effekte? Kybernetische Hintergrundinformation? Was verstehen wir unter *Bedeutung?*

Die allererste Fernsehsendung für junge Leute, die ich vor etwa 25 Jahren machte, hatte den Titel: »Was bedeutet Musik?« Hier bin ich, stelle diese Frage noch immer, und die Antworten, die ich darauf gebe, haben sich nicht sehr verändert. Aber ich glaube, daß ich sie jetzt etwas anspruchsvoller formulieren kann, besonders hier, wo ich einem anspruchsvolleren Publikum gegenüberstehe.

So präzis wie nur möglich: Musik hat eine ihr eigene, aus ihrem Innern kommende Bedeutung, die man nicht mit bestimmten Gefühlen oder Stimmungen verwechslen darf, und schon gar nicht mit bildlichen Eindrücken oder einer beschreibenden Handlung. Diese aus dem Innern kommende Bedeutung wird durch einen unaufhörlichen Fluß von Metaphern erzeugt; alle diese Metaphern sind Erscheinungsformen poetischer Umwandlungen. Das ist meine These.

Ich glaube, daß sich diese These darstellen läßt – und eigentlich zum Teil bereits dargestellt worden ist –, wenn man sie auch vielleicht nicht wissenschaftlich beweisen kann. Die Problematik der wissenschaftlichen Beweisführung ergibt sich aus dem sehr unwissenschaftlichen Wort »Metapher«, das ich schon vielfach selbst metaphorisch verwendet habe und weiterhin verwenden werde. Deshalb möchte ich die verschiedenen Verwendungsformen dieses Begriffes zumindest insoweit klären, daß wir sie auseinanderhalten können.

Ich möchte den Begriff »Metapher« auf drei ganz bestimmte Arten angewendet wissen. Die erste Form ist die der inneren, der Musik innewohnenden Metaphern, die ausschließlich musikalischer Natur sind und ähnlich wirken wie die Wort- und Anagrammspiele, von denen ich zuvor gesprochen habe. Alle diese Metaphern entspringen Umwandlungen des musikalischen Materials – es sind die gleichen Chomskyschen Umwandlungen, die wir vergangene Woche behandelt haben. Wenn man irgendwelche Materialteile der Musik durch Umwandlung in einen anderen Zustand versetzt – ich habe das vorhin bei Brahms gezeigt –, langt man unwillkürlich bei der Grund-Gleichung jeder Metapher an: Dies ist das. Und Julia die Sonne.

Zweitens müssen wir die *äußerliche* Metapher definieren, die nicht der Musik innewohnt, weil hier der musikalische Sinn auf eine außermusikalische Bedeutung bezogen ist. Genauer: gewisse semantische Bedeutungen, die der sogenannten »wirklichen Welt« zuzuzählen sind, der Außenwelt – ja: der *außer*musikalischen Welt – kann sich die Musik einverleiben; allerdings nur in Form eines buchstäblichen, also außermusikalischen Bedeutungswertes. Diese Form des Dies-gleicht-dem wird in Beethovens »Pastorale« (die wir nach der Pause hören werden) beispielhaft geprägt, in welcher gewisse Noten bedeuten, daß sich beim Hörer gewisse Bilder einstellen sollen, wie fröhliche Landleute; ein Bach; Vögel. Diese Noten *gleichen* also den Vögeln: dies gleicht dem. Eine Variation von dies-ist-das.

Und schließlich haben wir es mit der *analogen* Metapher zu tun, wenn

wir die innerlichen, der Musik innewohnenden Metaphern mit ihren sprachlichen Gegenstücken, den rein verbalen, vergleichen; und dieser Vergleich ist in sich selbst ein metaphorischer Vorgang. Er besagt: Diese musikalische Umgestaltung *ist wie* jene verbale. *Dieses* ist wie *jenes*. Verwerfen Sie das »wie«, und Sie haben die Metapher.

Nun habe ich also meine Verwendungsformen des Begriffes Metapher definiert; ich nehme an, Sie erwarten jetzt von mir, daß ich mich in eine ästhetische Auseinandersetzung stürze. Es ist dies eine Auseinandersetzung, in die ich mich nicht weiter verstricken möchte. So viele hervorragende und feinsinnige Köpfe haben bereits bis zur Erschöpfung mit dem Problem der Bedeutung der Musik gerungen – um vom Problem der Bedeutung der Bedeutung gar nicht erst zu reden: Santayana und Benedetto Croce, Prall und Pratt, I. A. Richards, Suzanne Langer, Bergson, Beardsley, Birkoff, Babbitt – ja, sogar Strawinsky. In einem waren sich alle einig, in dieser oder jener Form: daß es eine musikalische Bedeutung *gibt,* ob sie nun eine verstandesmäßige ist, oder eine gefühlsmäßige, oder beides. Und sosehr sich auch jeder von ihnen bemüht hat, logisch zu bleiben, romantische Verallgemeinerungen ebenso zu vermeiden wie philosophisches Gefasel, sie alle mußten sich der Erkenntnis beugen, daß diese Cis und Fis, so sportlich man auch mit ihnen herumgaukeln und spielen mag, dem Denkvermögen eines Komponisten entspringen und etwas bedeuten, nein, etwas *ausdrücken:* sie drücken etwas aus, was anders vielleicht nie ausgedrückt werden könnte.

Moment: Ist da nicht ein Unterschied zwischen »bedeuten« und »ausdrücken«? Wenn wir ganz genau sein wollen: ja. Wenn ein Musikstück etwas »bedeutet«, wird mir diese Bedeutung durch die erklingenden Noten selbst mitgeteilt – Eduard Hanslick nannte dies, in einer wundervollen Wendung, »tönend bewegte Formen« –, und ich kann sie Ihnen an Hand dieser Formen erklären. Aber wenn die Musik etwas »ausdrückt«, ist das etwas, das ich empfinde – und das gleiche gilt für Sie und jeden anderen Hörer. Wir empfinden Leidenschaft, wir empfinden Ruhm, wir empfinden das Geheimnisvolle, wir *empfinden etwas.* Und hier entsteht Verwirrung, denn wir können über unsere Empfindungen keine wissenschaftlichen Mitteilungen machen, wir

können nur subjektiv über sie berichten. Wenn wir von einem Konzertpublikum »Empfindungsproben« einsammeln und in einem Laboratorium analysieren könnten, und wenn wir sie dann noch untereinander verglichen und übereinstimmend fänden – *dann* würden wir etwas wissen, dann würde sogar die Wissenschaft unsere Bemühungen mit Wohlgefallen betrachten. Aber, leider, »Empfindungen«, was immer sie sein mögen, lassen sich nicht in Reagenzgläser abfüllen, und uns bleibt nichts übrig, als so pseudo-wissenschaftliche Fragen zu stellen, wie: »Wo steckt nun das *Gefühl?* Sind es jetzt die der Musik innewohnenden Bedeutungen, die uns so tief bewegen, oder gibt es, durch die Noten, eine Gefühlsübertragung vom Komponisten zum Ausführenden, vom Ausführenden zum Zuhörer?«

Wenn wir die Eingangsnoten dieser Beethovenschen Klaviersonate hören [10]: empfinden wir, was Beethoven vermutlich empfand, als er sie niederschrieb? Ich könnte versuchen, zur Sprache zu bringen, was ich

empfinde ([11]; Seite 140/141): und so weiter durch den ganzen Satz; da werden Tränen heraufbeschworen, Leidenschaften, Gereiztheit, Bestechung ... ich könnte fortfahren und ein ganzes Drama über Beschwörung und Verweigerung schreiben – keine konkrete Geschichte natürlich, aber ein komplettes Stück, das in den letzten Takten sein Ende

139

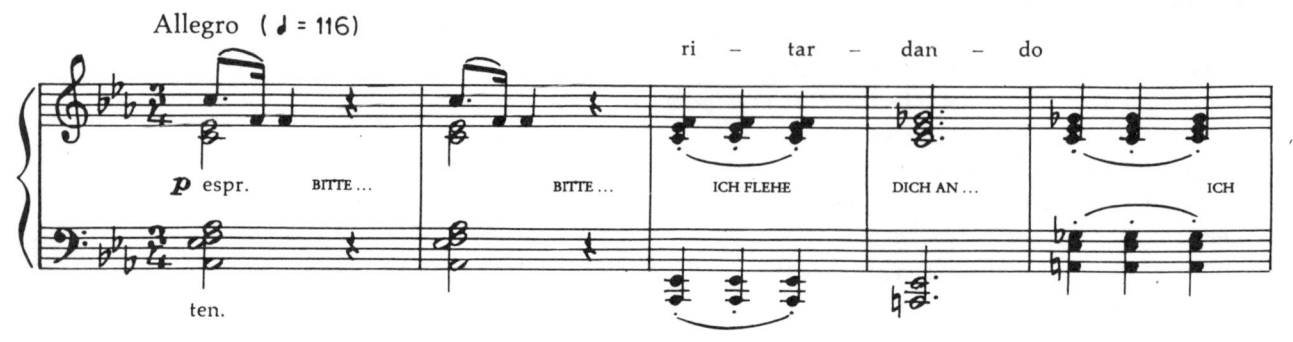

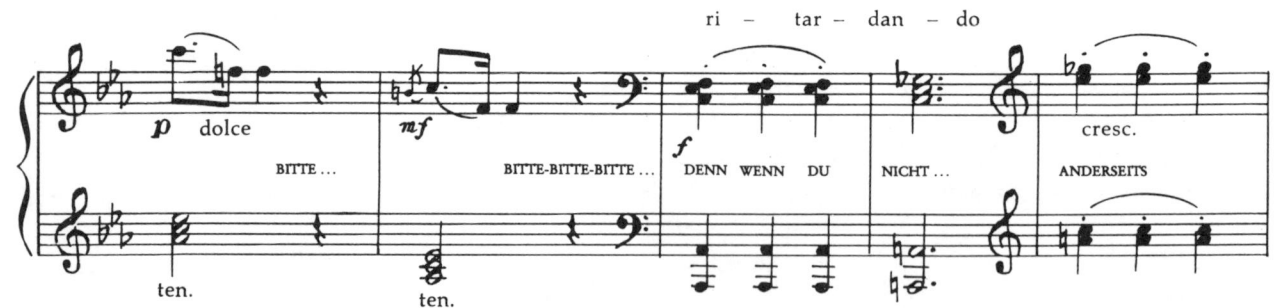

WENN DU DOCH...

(Wir erhalten dieselbe Antwort.)

(Der Bittsteller verlegt sich auf eine andere Methode.)

leggiero

(scheu ...)

(mit Wortschwall ...)

etc.

findet, mit Gewährung, Kompromiß und einer festen Vereinbarung [12].
Abgemacht. Aber hat Beethoven das – oder auch nur Ähnliches –
empfunden? Habe ich mir diese Empfindung aus dem Blauen heraus
gedacht, oder stehen sie doch irgendwo zu jenen Empfindungen in
Beziehung, die Beethoven über seine Noten auf mich übertragen hat?
Wir werden es nie erfahren, wir können ihn nicht anrufen; aber
wahrscheinlich stimmt *beides.* Und wenn das so ist, haben wir soeben
eine weitere wichtige Zweideutigkeit entdeckt: eine wunderschöne neue
Zweideutigkeit in bezug auf Bedeutung.

[12]

Was immer nun wahr sein mag: das wichtigste bleibt doch, daß die Musik die Macht der Ausdrucksfähigkeit besitzt und der Mensch die angeborene Fähigkeit, auf sie zu reagieren. Jedermann schließt sich in irgendeiner Form dieser Meinung an, sogar William James, der behauptet, die menschliche Reaktion auf Musik sei nur ein nervöser Tick. Meinungsverschiedenheiten gibt es über die Unterscheidung, *was* die Musik ausdrückt und *wie* sie es ausdrückt. Das »Was« ist sehr schwer zu fassen, wie wir gesehen haben; aber über das »Wie« wissen wir Bescheid: es ist die Metapher. In allen Hinsichten, in welchen Musik als Sprache betrachtet werden kann (es gibt einige Hinsichten, in denen das unmöglich ist), ist sie eine rein *metaphorische* Sprache. Denken Sie an die Etymologie des Wortes »Metapher«: *meta* = über, darüber hinaus, *pherein* = tragen: das Tragen einer Bedeutung über das Buchstäbliche, über das Faßbare, über das grob Semantische hinaus zum sich selbst genügenden Ding-an-sich der musikalischen Bedeutung. Die Metapher ist der Generator, das Kraftwerk der Musik – wie auch der Dichtung. Aristoteles stellt die Metapher »in die Mitte zwischen dem Unergründlichen und dem Gemeinplatz« – eine wunderbare Bemerkung. »Die Metapher«, sagt er, »zeugt das meiste Wissen.« Der Künstler kann dem nur zustimmen, und wohl auch der Kunstliebhaber. Quintilian sagt, vielleicht noch treffender, die Metapher löse »die ungeheuer schwierige Aufgabe, alles zu benennen«. Mit »allem« meint er unser Innenleben, unsere Seelenlandschaft, Vorgänge, für die uns die Worte fehlen. In diesem Sinne können Dichtung und Musik – aber vor allem die Musik, dank ihrer besonderen und weitreichenden metaphorischen Kraft – das Unnennbare nennen und das Unerfahrbare mitteilen.

Wenn wir uns den Gedanken zu eigen machen, daß Musik eine Meta-Sprache ist – und ich wüßte nicht, was dawider stünde –, und wenn wir ihn auf unsere Untersuchungen der sprachlichen Umwandlungen rückbeziehen, stellt sich eine ebenso bemerkenswerte wie aufregende Frage ganz von selbst: Ist es nicht denkbar, daß es auch eine angeborene, allgemeine Grammatik der musikalischen Metapher gibt? Denken Sie darüber nach und rekapitulieren Sie, was uns zu dieser Frage geführt hat: der ursprüngliche Gedanke der Universalität, daß alle Grammatiken im

Grunde den gleichen Grundsätzen entsprechen; daß die daraus entstehenden Tiefenstrukturen verwandtschaftliche Bande zwischen den einzelnen Sprachen knüpfen; daß die Pfade der Umwandlung diese Tiefenstruktur als normale Sprechweise an die Oberfläche führen und daß durch einen weiteren Umwandlungssprung diese Oberflächenstruktur plötzlich als »Dichtung« zum Vorschein kommen kann. Wenn wir dieser Gedankenkette folgen, hat uns eigentlich alles, was wir in diesen drei Wochen gesagt haben, unausweichlich zur Hypothese führen müssen, daß alle Umwandlungsvorgänge letztlich metaphorische Ergebnisse zeitigen. Das heißt – wenn Sie sich gütigst unsere Doppelleiter aus der Satzlehre (siehe Kapitel „Musikalische Satzlehre“, Beispiel [56]) ins Gedächtnis rufen –, daß solche Vorgänge in der Sprache diese Ergebnisse zeitigen *können,* in der Musik hingegen *müssen.* Mit anderen Worten: Sind nicht alle Metaphern, die der Sprache wie jene der Musik, Ergebnisse von Umwandlungsprozessen? Ich möchte als Antwort auf diese Frage ein überwältigendes Ja vorschlagen.

Beim letzten Mal haben wir gesehen, wie einige dieser Umwandlungsvorgänge bei Shakespeare und bei Mozart gleichlaufen. Es war eine Art Spiel, und ich bin dafür, daß wir dieses Spiel – nur etwas umständlicher – weiterspielen, um musikalische Entsprechungen für kleinere, in noch engerem Sinne metaphorische Sprachvorgänge zu finden – nämlich für einfache Redewendungen wie Gegensatz, Stabreim und dergleichen.

Jetzt wird mich meine hübsche junge Fragestellerin gleich wieder unterbrechen:

»Wie kann man einfache Redewendungen und Metaphern in einem Atem nennen? Sind Redewendungen nicht ganz gewöhnliche rhetorische Hilfsmittel, die der stilistischen Auszierung dienen?« Nun, das sind sie nicht ausschließlich. Sie können sehr wohl das ihre zu metaphorischen Äußerungen beitragen, vor allem wenn sie in Reihen auftreten. Aus der Fortsetzung jedweder Redewendung erwächst eine Reihe von A und B, deren Gemeinsamkeit ist, daß sie sich von einem ästhetischen Ordnungsprinzip herleiten. Und dieses Prinzip dient uns nun als Begriff X.

Nehmen wir zum Beispiel die Redewendung des Gegensatzes, die uns sofort auffällt, wenn wir den folgenden biblischen Psalm lesen:

> Nicht die Toten preisen den Herrn,
> Keiner, der hinabsteigt zur Tiefe.
> Wir aber dürfen ihn preisen
> Heute und immerdar.

Gegensatz. Also Antithese. A versus B. »Sie« im Gegensatz zu »Wir«. In diesen Zeilen erkennen wir weit mehr als nur eine Redewendung: durch diese Redewendung hindurch nehmen wir eine weitgespannte dichterische Bedeutung wahr. Warum die Toten bemühen und sie zu uns, den Lebenden, in Gegensatz setzen? Genügte es nicht, zu sagen: »Wir dürfen ihn preisen«? Nein, das genügt nicht, nicht für diese besondere dichterische Aussage. Diese Verse sind ein Mikrokosmos, eine dichterische Essenz des gesamten Psalms, der zur Gänze antithetisch angelegt ist. Er beginnt mit

> Nicht uns, o Herr, nicht uns –
> Ehre verleih' Deinem Namen

und führt den antithetischen Entwurf weiter mit den Gegenpolen aus Silber und Gold (»Sie haben Augen und sehen nicht«) auf der einen und das »Unser Gott ist im Himmel« auf der anderen Seite, was zu weiteren Gegensätzen führt, bis wir endlich soweit sind, diese letzten Zeilen ganz zu begreifen, den Gegensatz zwischen den Toten, die nicht lobpreisen können, und uns, die es können.

Dank dieser fortwährenden Gegensätze nehmen nämlich wir wahr, daß der Psalmist mit den »Toten« die Götzendiener meint, welche Werke, die sie selbst geschaffen haben, verehren.

Hier haben Sie ein Beispiel, wie eine einfache Redewendung so erweitert werden kann, daß sie eine dichterische Struktur durchdringt und erhöht.

Kann derlei auch in der Musik vorkommen?

Es kann vorkommen und es kommt vor. Beispiele gibt es zuhauf. Ich ziehe eines hervor, Mozarts große Klaviersonate in c-moll, die bereits

mit einem schlagenden Gegensatz anhebt: A wirkt B entgegen [13]. Sie
können jetzt sagen: ja, vielleicht, aber ist das wirklich eine Entsprechung
zur sprachlichen Antithese eines himmlischen Gottes gegenüber einem
Idol von Menschenhand, diesem klaren, faßbaren Gegensatz? Ist das
Mozart-Beispiel nicht eher Kontrast als Antithese? Gewiß, es involviert
Kontraste: laut gegen leise, steigende Intervalle gegen fallende, rauhe
Hammerschläge gegen zartes Flehen, undsoweiter. Hier handelt es sich
aber nicht um eine literarische Redewendung, wie im Psalm, sondern um
eine Figur der Musiksprache; und infolge der abstrakten Natur der
Musik, dieser unbefleckten, nichts stellvertretenden und nichts
vorgebenden Natur, kann uns eine derartige Figur sogar mit größerer
Unmittelbarkeit und Kraft packen als eine Redewendung der Literatur.

Und wie im Psalm, ja mehr noch als im Psalm, erweitert Mozart die
Figur seiner Musiksprache, damit sie den ganzen poetischen Aufbau
bestimmen und charakterisieren kann. Besehen Sie sich dieses
Wunderding aus der Nähe: Dieser viertaktigen Eingangs-Aussage (siehe
[13]), die von antithetischer Bedeutung fast übergeht, wird sofort durch
eine Gegenbehauptung [14] erwidert. Diese ist nicht bloß eine

148

thematische Antwort auf die Eingangs-Aussage, sondern eine *harmonische* Widersetzung, da die Eingangs-Harmonie von der Tonika zur Dominante ausschreitet [15], während die Gegenbehauptung auf der Dominante beginnt [16] und auf der Tonika endet. Wir haben jetzt nicht einen, sondern *drei* Gegensätze – zwei von gleicher Länge, die, zusammengefügt, einen dritten ergeben, der doppelt so lang ist wie jeder von ihnen [17]. Wir könnten so den ganzen Satz hindurchwandern und würden dabei dauernd auf ganze Garnituren von Gegensätzen stoßen – aber lassen wir's dabei bewenden. Ich habe mehr Zeit, als ich vorhatte, für die antithetische Redewendung verwendet; ich wollte bloß, daß Sie verstehen, wie eine Redewendung zu einem strukturierenden Grundprinzip werden kann, zu einem metaphorischen Urquell, der ebenso einen Psalm Davids zu speisen vermag wie eine Sonate von Mozart.

[17]

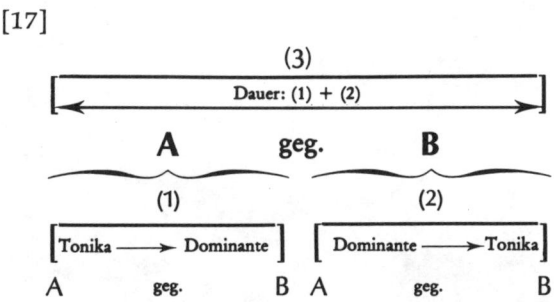

Um die Sache weiterzuführen: Antithese, also Gegensatz, gründet sich auf ein noch tiefer liegendes Prinzip: das der *Wiederholung*. Wo wären diese biblischen oder Mozartschen Gegensätze ohne die vorausgegangene Voraussetzung der Wiederholung, die dann variiert wird, indem man auf sie den Grundsatz der Gegenüberstellung anwendet? Alle Redewendungen und alle Metaphern, in der Sprache wie in der Musik, beruhen im letzten auf der Wiederholung, die selbst noch Variationen unterworfen wird, oder, wie die Sprachwissenschaftler es sagen, Umwandlungen unterliegt.

Ich kann diesen Punkt nicht stark genug betonen. In sehr nachdrücklicher Weise ist die Meinung geäußert worden, daß die Weigerung der Musiktheoretiker, der Wiederholung eine Schlüsselstellung zuzuerkennen, eigentlich der Hauptgrund sei, warum die Theorie der musikalischen Satzlehre so langsam fortschreite. Ich glaube, es war Nicholas Ruwet, ein ebenso ausgezeichneter Musikwissenschaftler wie Sprachwissenschaftler, der dies meinte. Und dieser Schluß gründet sich auf eine Annahme Roman Jakobsons, des großen Sprachdenkers und wahrscheinlich einflußreichsten Lehrers Chomskys. Jakobson sagte über Dichtung – und hier verkürze ich das Zitat: »Nur durch regelmäßige und mehrfache Wiederholung gleichwertiger Einheiten ... kann uns die Dichtung in einer Weise Zeit erfahren lassen ... die mit der musikalischen Zeiterfahrung verglichen werden kann.« Auf den ersten Blick scheint dies eine große Vereinfachung zu sein, vor allem wenn es sich auf die regelmäßige Wiederholung von Takteinheiten bezieht. *Da-dá, da-dá, da-dá, da-dá* kann schwerlich Poetisches hervorbringen; es langt allenfalls zu Knittelversen. Aber wenn wir diese mechanische Regelmäßigkeit verwandeln und variieren, erkennen wir sofort, worauf Jakobson zielt, und können sein Wiederholungsprinzip so weit dehnen, daß es für alle Facetten poetischen Ausdrucks gültig wird, und nicht nur für die Taktzeit.

Die Wiederholung von Grundlauten etwa – Selbstlaute, Mitlaute, Phoneme – erschließt uns den gesamten Bereich der dichterischen Assonanz, vom einfachen Stabreim »Kaiser, König, Edelmann, Bürger, Bauer, Bettelmann« zur anspruchsvoll alliterierenden Lautmalerei Racines: »A qui sont ces serpents qui sifflent sur vos têtes?«; von Miltons geheimnisvollen Nachklängen aus dem »Verlorenen Paradies«: »fragrant the fertile earth after soft showers« bis zu Vergils buchstäblicher Beschwörung des Schreckens: »Et sibila lambebant linguis vibrantibus oris«, um von den das Ohr faszinierenden Wechselbezügen nicht zu reden, welche die Dichtung Dylan Thomas' durchklingen: »And green and golden I was huntsman and herdsman«; oder die sogenannte Prosa von James Joyce, die in Wahrheit Poesie ist: »Beside the rivering waters of, hither and thithering waters of. Night!«

152

Mehr noch, wir können sehen, wie Dichtung aus der Wiederholung einfacher Worte entsteht, denken Sie nur an das fünfmal wiederholte »Niemals!« in Lears Sterbeszene. Wir können diesen Gedanken bis zur Wiederholung ganzer Bilder fortspinnen, wie in T. S. Eliots »Vier Quartette«, oder bis zur Wiederholung ganzer Zeilen, ein Kunstgriff, der in der Bibel ebenso häufig ist wie im Schauspiel: »Denn Brutus ist ein ehrenwerter Mann.« Von Gertrude Stein gar nicht zu reden, die ihre ganze Karriere auf Wiederholungen aufgebaut hat.

Ich hoffe, es ist Ihnen jetzt klar, daß von der Wiederholung – in welcher Abwandlung oder Veränderung auch immer – die musikalischen Eigenschaften der Dichtung herrühren, weil eben die Wiederholung so sehr zum Wesen der Musik gehört. Dies gilt für alle metaphorischen Erscheinungsfiguren, bis hinunter zur unbedeutendsten Redewendung. Beginnen wir von unten, beim Stabreim. Shelley dichtet: »Wild west wind.« Wo finden wir eine derartige Alliteration in der Musik? Überall. In Beethovens Achter [18], in Schuberts »Rosamunde« [19], in Schostakowitschs Fünfter [20], in der Symphonie von César Franck [21], und selbst auch in Rossinis »Wilhelm Tell« [22]. Aber das ist alles zu simpel; spannend wird es erst, wenn wir von identischen Eingangsnoten zu identischen Eingangsnotengruppen übergehen. Hier genügt der Begriff Stabreim (Alliteration) nicht mehr; wir müssen uns den vornehmeren Begriff »Anapher«* zu eigen machen, der dort, wo man sich gerne mit Redekunststücken produziert, den Kunstgriff bezeichnet, Verse oder Strophen mit den gleichen Wörtern oder Wendungen zu beginnen, wie dies Tennyson so wundervoll getan hat:

> Ring out, wild bells, to the wild sky . . .
> Ring out the old, ring in the new . . .
> Ring out the grief that saps the mind . . .

In jeder religiösen Litanei findet man Anaphern, in der lauretanischen wie im Rosenkranz, und sie durchziehen das ganze Alte Testament, wie hier in Jesaja 5: 18–22:

---

* Mit Anapher bezeichnet man die Wiederholung eines Wortes oder mehrerer Wörter zu Beginn aufeinanderfolgender Sätze oder Satzteile.

[23] Stürmisch bewegt Mit grösster Vehemenz

[24] Larghetto (♪ = 92)

[25] Allegro moderato

154

Weh Ihnen, die Schuldstrafe
herbeiziehen an Stricken des Wahns ...
Weh Ihnen, die zum Bösen sprechen gut
und zum Guten böse ...
Weh den Helden, die Wein trinken,
den Männern, tüchtig, rauschhaft zu mischen ...

atte
ite 3
ur 5

Und siehe, wir finden Anaphern in Mahlers Fünfter [23] und in
Beethovens Zweiter [24] und in ... genug. Genug der Anaphern. Weiter.

Was ist, nach Ihrer Meinung, die rhetorische Wendung, welche diese
so unrhetorische Schubert-Melodie bewirkt [25]? Es handelt sich hier
um einen Kunstgriff mit dem stolzen Namen »Chiasmus«, ein
hochtrabendes Wort, das einfach den Vorgang bezeichnet, mitten in
einer Aussage die Reihenfolge ihrer Bestandteile umzukehren: »Was ist
ihm Hekuba, was ist er ihr?« Oder John Kennedys: »Fragt nicht, was
euer Land für euch tun kann, sondern fragt, was ihr für euer Land tun
könnt!« Auch diese Figur beruht – wie alle anderen – auf Wiederholung,
auf einer Wiederholung, die der Vertauschung unterworfen wurde:
AB:BA. Und Schubert, in punkto Chiasmus von seliger
Ahnungslosigkeit, setzte sich hin und schuf diesen [26] in seiner
»Unvollendeten«. Man muß nicht erst darauf hinweisen, wie eindeutig
diese Melodie von der Wiederholung abhängig ist; das Wesentliche ist
die Abwandlung dieser A und B, die er in eine musikalische Metapher
verwandelt hat – AB:BA.

[27]

[28]

Eines Tages hat mich die Entdeckung verblüfft, daß sich in einem so unaufdringlichen Stück wie in Chabriers Rhapsodie »España« ein sogar ganz gewaltiger Chiasmus breitmacht. Dieser Chiasmus enthält zwei verschiedene, aufeinanderfolgende *Weisen* – nicht bloß Takte, ganze Weisen –, deren eine die chiastische Verwandlung der anderen ist. Die erste [27] besteht aus A + B, was wiederholt wird, und dann bricht der Chiasmus aus: B+ A [28]. Eine genaue und vollkommene Vertauschung. AB:BA.

Ich finde das unglaublich; und es ist weit mehr als nur ein unterhaltsames Spiel. Ich habe Rhopalismen[1] in Beethovens Erster entdeckt, Polysyndeta[2] in »Petruschka« und Asyndeta[3] bei Bruckner – aber der Spaß an diesem Spiel ist eben nicht mehr als Spaß am Spiel. Was mich bei diesen Redewendungen so ernsthaft beeindruckt – seien sie nun dichterische oder rhetorische Kunstgriffe –, sind die Umwandlungen im Chomskyschen Sinne. Denn, wie ich schon gesagt habe, jede musikalische Umwandlung zeitigt metaphorische Ergebnisse. Ein Musikstück ist eine dauernde Verwandlung des vorgegebenen Materials durch Umwandlungsvorgänge wie Umkehrung, Vergrößerung, Krebsgang, Verkleinerung, Modulation, Gegenüberstellung von Konsonanz und Dissonanz, Formen der Nachahmung wie Kanon und Fuge, dazu kommen noch die Anwendung verschiedenster Rhythmen und Zeitmaße, harmonischer Fortschreitungen, klanglicher und dynamischer Abschattierungen und die unendlich vielen Wechselbeziehungen von alledem untereinander. Das alles ergibt die Aussage und Bedeutung der Musik. Näher vermag ich die musikalische Semantik, die musikalische Bedeutungslehre, nicht zu bestimmen.

Nach einer kurzen Pause werden wir eine gefilmte Aufführung von Beethovens sechster Symphonie in F-Dur sehen und hören. Warum gerade diese Symphonie in gerade dieser Vorlesung?

---

[1] Mit Rhopalismus bezeichnet man jene Versform, in der jedes Wort eine Silbe mehr hat als das vorhergehende.

[2] Mit Polysyndeton bezeichnet man eine Wort- oder Satzreihe, deren Glieder durch Konjunktionen mehrfach miteinander verbunden sind.

[3] Mit Asyndeton bezeichnet man eine Wort- oder Satzreihe, deren Glieder nicht durch Konjunktionen miteinander verbunden sind.

Beethovens Sechste scheint das allerungeeignetste Musikstück der Welt zu sein, reine musikalische Bedeutung zu veranschaulichen, da es vom Anfang bis zum Ende mit nichtmusikalischen Bedeutungen befrachtet ist. Sie trägt sogar den Untertitel »Pastorale«, was dieses Stück unmittelbar in den Bereich außermusikalischer Bedeutung verweist, nämlich aufs Land. Und als ob das noch nicht genügte, haben die einzelnen Sätze ihre eigenen Untertitel: »Erwachen heiterer Empfindungen bei der Ankunft auf dem Lande«; »Scene am Bach«; »Lustiges Zusammensein der Landleute«; »Gewitter, Sturm«; und schließlich »Hirtengesang: Frohe und dankbare Gefühle nach dem Sturm«. Das allein würde genügen, um die Aufmerksamkeit jedes Zuhörers von Umkehrungen und Subdominanten abzulenken (um von Verwerfungen und Versetzungen nicht erst zu reden) – aber nein, Beethoven geht noch weiter und belebt das Landschaftsbild durch beziehungsvolle Klangnachahmungen: Vogelrufe und Dorfmusik, Blitz und Donner und Hirtenflöte. Nirgendwo ist Beethoven der Programm-Musik näher gekommen. Also: warum die Pastorale in dieser Vorlesung, in der wir uns nicht mit Vögeln und Veilchen befaßt haben, sondern mit F und C, also den Noten selbst, aus denen die aus dem Innern der Musik kommenden Metaphern bestehen? Gerade aus diesem Grunde: um den Unterschied zwischen zwei Arten von Metaphern klarzustellen, den Unterschied zwischen innerlicher und äußerlicher, zwischen musikalischer und verbaler Metapher. Ich werde Ihnen am Klavier einige Hilfen zur Vorbereitung geben, und dann werden wir unser Spiel spielen können: die Probe aufs Exempel zu machen, ob wir imstande sind, dieses Stück als reine Musik anzuhören – nicht als eine Pastoral-Symphonie, sondern als Beethovens Symphonie Nr. 6 in F-Dur, op. 68. Halten Sie das für möglich? Nach der Pause werden wir sehen, ob es möglich ist.

Wo waren wir stehengeblieben? Ach ja, wir standen vor einer höchst komplizierten Frage: Ist es möglich, Beethovens »Pastorale« als reine Musik, also aller äußerlicher, nicht-musikalischer Metaphern entkleidet, zu hören? Nun, es müßte möglich sein, da Beethoven selbst gesagt hat, daß seine Untertitel und Kuckucksrufe und Donnerschläge nur als *Hinweise* – »sie sind nicht Tonmalerei, sondern Empfindungen«, sagte er wörtlich – und nicht buchstäblich zu nehmen seien. Aber diese außermusikalischen Bezüge sind nun einmal da, von Beethovens eigener Hand in diese Symphonie eingebracht; und es ist nicht leicht, sie zu überhören.

Eigentlich bewirken diese Bezüge eine Art sichtbaren und halb durchsichtigen Vorhangs aus nichtmusikalischen Begriffen zwischen dem Hörer und der Musik. Ich möchte nun das Licht, das auf diesen Vorhang fällt, so stark einstellen, daß er völlig durchsichtig wird, gleich einem Schleiervorhang, wie er im Theater verwendet wird; durch ihn können wir nun unmittelbar die Musik einsehen, die Musik in ihrer ganzen inneren Bedeutung, befreit aus der Gefangenschaft der sogenannten Musik-»Betrachtung« und der blumigen Programm-Einführungen, befreit von den Nymphen und Zentauren Walt Disneys, die leider auch auf unserem Schleiervorhang gemalt sind. Weg damit. Ich fordere Sie heraus: verbannen Sie aus Ihren Gedanken alle nichtmusikalischen Begriffe, alle Wiesen und Weiher und ländlichen Freuden und konzentrieren sie sich ausschließlich auf die Musik mit all ihren nur ihr eigenen metaphorischen Freuden. Ich möchte, daß Sie diese Symphonie so anhören, als hörten Sie sie zum ersten Mal.

Fangen wir am Anfang an [29]. Diese vier ersten Takte enthalten das Material, aus dem der ganze erste Satz entstehen wird, und es ist dies nicht nur sein wichtigstes, sondern sein einziges Material. Jeder Takt, jede Phrase, die folgt – und ich meine ausnahmslos jede – ist irgendeine Umwandlung, irgendeine metaphorische Wiedergabe der Grundelemente dieser vier kurzen Takte. Und was sind diese Elemente? Ihre Oberfläche scheint aus einer fröhlichen kleinen Weise in F-Dur zu bestehen, die auf der Tonika beginnt und mit einem Ruhepunkt, oder, wie wir sagen, mit einer *Fermate,* auf der Dominante endet.

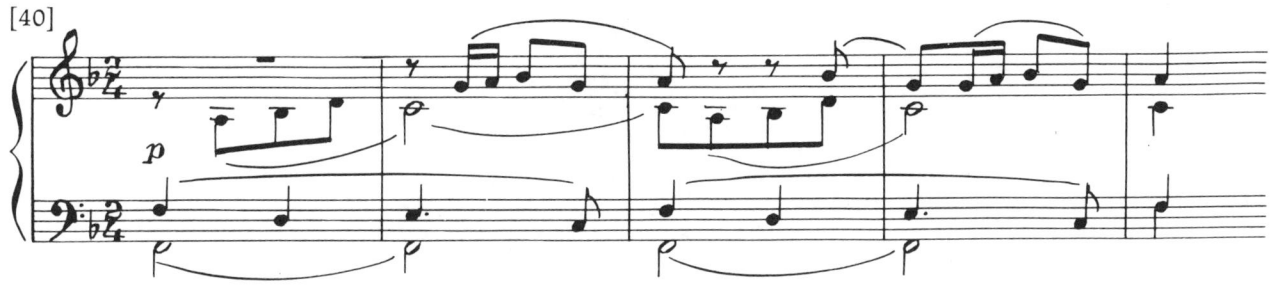

Aber ist das auch alles? Keineswegs. Werfen Sie einen Blick auf die Notenzeile im Baß, die Sie kaum als Zeile erkennen werden, obwohl sie eine ist: Tonika-F zu Dominante-C [30]. Und dieses F-C Motiv [31] erweist sich als das eigentliche Motto des ganzen Satzes (und, durch Erweiterung, der gesamten Symphonie); es ist ebensosehr das Motto von Beethovens Sechster, wie dieses Motiv [32] das Motto seiner Fünften ist. Es wird stets auftauchen, immer und immer wieder, im Baß [33], in der Oberstimme [34], oder dazwischen verborgen [35], oder transponiert [36], oder umgestaltet [37], oder beschleunigt [38] oder wie auch immer, als eine beständige, alles durchdringende Metapher, wie die »Teppichfigur« in Henry James' großartiger Erzählung. Das ganze Stück wirkt wie ein Essay über den Gegenstand F–C.

Aber was wissen wir über die klarer zutage getretenen melodischen Materialteile dieser Eröffnungstakte, über die Weise in der Oberstimme [39]? Beethoven behandelt sie in wahrhaft Beethovenschem Stil, entwickelt sie sofort, verändert sie, verwandelt sie [40]. Schon auf den ersten Blick können wir eine eindeutige Umwandlung feststellen: was *dies* war [41] ist zu *dem* geworden [42]. Und somit haben wir bereits eine Metapher: dies ist das, nur verkleidet. Was abstieg [43], steigt nun auf [44]. Das ist eine grundeinfache Vertauschung, eine Umkehrung; gleichzeitig aber findet hier eine viel spitzfindigere Umwandlung statt, nämlich eine linguistische Verwerfung, wie wir sie das letzte Mal in der Mozart-Symphonie entdeckt haben. Hier noch einmal die viertaktige Eröffnungsphrase, die auf der Dominante endet (siehe [30]). Nun, aufgrund des Verlangens der Tiefenstruktur nach Symmetrie sollte hier eine ergänzende viertaktige Phrase anschließen, die auf der

etc.

[50]

Tonika endet [45]. Wie plump. Die Symphonie wäre eine Totgeburt geworden. Stellen Sie sich bloß vor, wie es dann von hier aus weiterginge [46] – die reinste Pein. Das Heilmittel ist hier, natürlich, Verwerfung: man läßt ganz einfach die zweite, ergänzende Phrase verschwinden, und dahin ist die Pein. Das Eröffnungsmaterial kann sich nun frei entwickeln.

Aber wie entwickeln? Wie hier [47], dann wiederholen [48], dann neues Material [49], wiederholen [50], dann wiederholen [51], dann *wiederholen, wiederholen, wiederholen* ... Wie oft habe ich bis jetzt das Wort Wiederholen wiederholt? Ich habe nicht mitgezählt. Was soll eigentlich diese Wiederholungs-Manie? Vor einem Augenblick noch haben wir lauthals die *Verwerfung* gefeiert, weil sie Wiederholungen vermeidet und so die Leitmetapher der »Pastorale« zuwege bringt. Und jetzt entdecken wir, daß Beethoven wie ein Besessener wiederholt. Was ist das für ein Widersinn? Nun, so widersinnig ist das alles gar nicht; es bedarf nur einiger Worte der Klarstellung. Zunächst: Keine einzige dieser Wiederholungen ist eine getreue oder buchstäbliche Wiederholung. Jede dieser Wiederholungen enthält irgendeine

Veränderung: eine geringfügige Weiterverarbeitung, eine zusätzliche Stimme, eine strukturelle Zweideutigkeit, eine Abwechslung in der Dynamik von laut und leise. Und zweitens: Was ist denn eigentlich Veränderung? Veränderung ist in irgendeiner Weise immer die erfolgte Anwendung jenes gewichtigen dramatischen Prinzips, welches man die Vergewaltigung der Erwartung nennt. Was erwartet wird, ist, natürlich, Wiederholung – entweder im buchstäblichen Sinn, oder in Form einer Antwort, oder als Gegendarstellung, oder als was immer; und wenn diese Erwartungen vergewaltigt werden, ist eine Veränderung da. Die Vergewaltigung ist die Veränderung.

Anders gesagt: Veränderungen kann es ohne vorausgehende Annahme der Wiederholung gar nicht geben. Diese Annahme erklärt die Verwerfung, die wir am Beginn dieser Symphonie gehört haben: was verworfen wurde, war die instinktive Erwartung einer symmetrischen Ergänzung der viertaktigen Eröffnungs-Phrase (siehe [45]), und diese Verwerfung ist selbst schon eine Art Veränderung. Verstehen Sie? Das auffallende Fehlen der erwarteten Wiederholung macht diese betreffende musikalische Oberflächenstruktur zu dem, was sie ist.

Falls es mir gelungen ist, mich hier klar auszudrücken, werden Sie mir auch zum Höhepunkt dieser Überlegungen folgen können: Die *Idee* der Wiederholung ist der Musik selbst dann eigen, wenn die Wiederholung gar nicht stattfindet. Wieder anders gesagt: Das Wiederholungsprinzip sitzt an der Quelle der Tonkunst (und der Dichtkunst), wie wir es ähnlich bereits von Jakobson gehört haben.

Unser Einblick in die Rollen der Wiederholung ermöglicht es uns, Beethovens »Pastorale« (Verzeihung: Beethovens sechste Symphonie in F-Dur; auf metaphorischem Terrain muß man vorsichtig sein) mit erweitertem Verständnis zu betrachten und zu beobachten, wie Beethoven ziergärtnerische Wiederholungen in Metaphern verwandelt. Beziehungsweise, wie er durch die Magie seiner umgestaltenden Phantasie diese ziergärtnerischen Wiederholungen daran hindert, Ziergarten-Langeweile zu erzeugen.

Um der Klarheit willen möchte ich das melodische Material der Eröffnungsmelodie taktweise läutern: den Takt eins können wir als Themenkopf bezeichnen [52]; dann kommt Takt zwei mit seinem

Wandertagsmotiv [53]; dann die Takte drei und vier, die sich an die Tonleiter halten und die wir Tonleitermotiv nennen wollen [54]. Wenn Sie sich noch erinnern, hat Beethoven an diesem Punkt eingesetzt, das melodische Material fortzuentwickeln, und zwar in einer Form, die uns bloße Wiederholung des Themenkopfes und des Wandertagsmotivs zu sein schien [55]. Wir haben sofort die Umwandlung des ursprünglich absteigenden Wandertagsmotivs (siehe [53]) in ein aufsteigendes Motiv entdeckt – eine ganz gewöhnliche – Umkehrung genannte – Redewendung (so wie die Wendung »Die Rosen sind rot« durch Umkehrung zu »Rot sind die Rosen« werden kann, was eine »poetischere« Struktur ergibt). Hier wird noch eine andere Redewendung wirksam, die sogenannte Fragmentation*, welche diese Wiederholung noch weiter umgestaltet. Diese beiden ersten Entwicklungstakte sind in sich geteilt und auf zwei verschiedene Instrumentalstimmen aufgeteilt: die zweiten Geigen spielen den Themenkopf, und die ersten Geigen antworten mit dem bereits

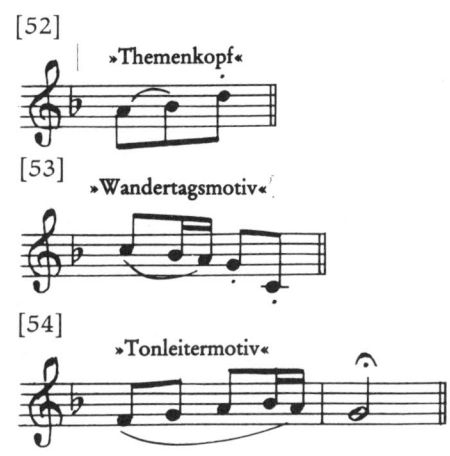

---

* Mit Fragmentation bezeichnet man die Zerlegung eines Ganzen in Bruchteile.

[56]

Violinen

[57]

[58]

»Themenkopf«

»Wandertagsmotiv«

neu

umgestalteten Wandertagsmotiv [56], woraus sich eine doppelte Umwandlung ergibt.

Doch gemach: Beethoven treibt die Fragmentation noch weiter. Die beiden Hälften der in sich geteilten Takte sind nicht einfach nach Themenkopf und Wandertagsmotiv voneinander getrennt worden; das wäre ihm zu simpel gewesen. Es begibt sich vielmehr, daß die zweiten Geigen den Themenkopf plus erste Note des Wandertagsmotivs spielen [57], worauf die ersten Geigen mit dem Rest antworten, nämlich mit dem Wandertagsmotiv minus seiner ersten Note. Das ist nicht bloß eine Grille Beethovens; es erläutert vielmehr die unglaublich ausgreifende Natur seiner Musik, diesen für ihn typischen molekularen Wachstumsprozeß, in welchem die Motive und Motivteile auf unendlich viele Möglichkeiten verbunden und getrennt werden können: durch Überlappung, durch Einbetten und durch Wiedereinrichten. Dieser Prozeß vollzieht sich mit einer solchen inneren Kraft und in einer so weiten Fächerung, daß selbst ein so zerstörerisch scheinendes Kunststück wie die Fragmentation verschwenderisch zum Wachstum dieses lebendigen Organismus beiträgt.

Sie sehen, es schlägt einen in nicht enden wollenden Bann, diese zwei kurzen Takte zu studieren; aber wir müssen zu den zwei folgenden kommen [58], die eine fast buchstäbliche Wiederholung jener beiden sind, die wir gerade untersucht haben. Aber eben nur fast. Haben Sie die beiden dazugekommenen Noten in den ersten Geigen bemerkt? Ein B und ein G – gerade soviel Aufwand wie nötig, um eine buchstabengetreue Wiederholung zu vermeiden. Diese Umwandlung ist ebenfalls eine bekannte Redewendung: sie wird Auxese* genannt und bewirkt ein Zunehmen der Dichte. Aber warum sind gerade diese Noten hinzugekommen, das B und das G [59]? Weil sie eine Terz bilden, ein absteigendes Intervall, welches das aufsteigende Intervall des Themenkopfes, die Terz von B zu D, widerspiegelt [60]. Die Auxese besteht einfach darin, daß diese absteigende Terz der Wiederholung in den Oberstimmen hinzugefügt wird; daraus ergibt sich eine Metapher

[59]

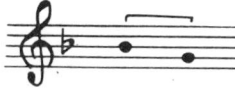

[60]

---

* Mit Auxese bezeichnet man eine bis zur Übertreibung führende Steigerung.

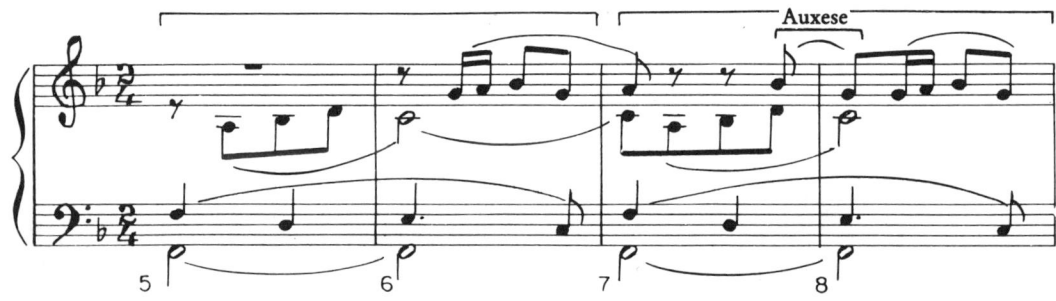

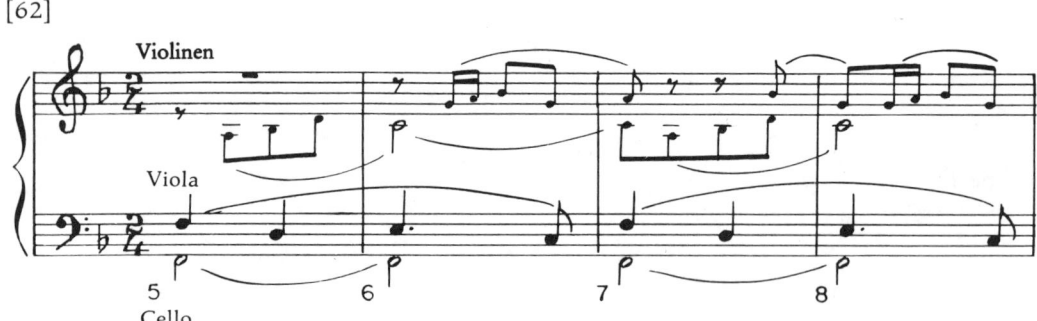

zwischen zwei Paaren *fast* übereinstimmender Entwicklungstakte [61].

Nun: Umkehrung, Fragmentation, Auxese – ein bißchen viel Umwandlung für einen kurzen Abschnitt von vier kleinen Takten, besonders wenn man weiß, daß es sich eigentlich nur um *zwei* Takte handelt, die beinahe buchstäblich wiederholt werden. Das erstaunliche ist, daß wir die verblüffendste und schönste Metapher in eben diesen vier Takten noch gar nicht aufgedeckt haben; wir finden sie in der Bratschen-Stimme. Hatten Sie bemerkt, daß unterhalb dieses Themenkopf- und Wandertag-Hin-und-Hers die Bratschen feierlich diese Weise [62] angestimmt haben? Wenn man nicht ein Hörer mit sehr viel Erfahrung ist, sind diese innenliegenden Stimmen am schwierigsten wahrzunehmen, so eingezwängt werden sie von den Kräften des Oberstimmenhimmels und vom Grundschlamm der Bässe. Vielleicht haben Sie es überhört. Nun aber, da Sie wissen, daß es diese Weise gibt, werden Sie fragen, warum es sie gibt und woher sie gekommen ist – oder fühlen Sie, daß ihr etwas Beziehungsvolles innewohnt? Spüren Sie einen familiären Widerklang oder gar eine Familienähnlichkeit heraus? Wenn das der Fall ist, dann haben Sie die Metapher wahrgenommen, ob Sie diese nun erklären können oder nicht. Aber das ist ja auch nicht Ihre Aufgabe, es ist meine; und ich will diese Erklärung versuchen.

Diese Metapher entspringt *drei* verschiedenen, gleichzeitig stattfindenden Umwandlungen: Umkehrung, Krebsgang und Vergrößerung. Bei der Umkehrung kennen wir uns bereits aus; was hier umgekehrt wird, ist der Augenblick der fragmentarischen Überlappung, wenn sich der Themenkopf die erste Note des Wandertagsmotivs schnappt [63]. Sie können sehen – und hören – wie diese überlappenden Intervalle einer *aufsteigenden* Terz von einer *absteigenden* Sekund [64] gefolgt werden. In unserer metaphorischen Bratschen-Stimme werden nun diese Intervalle einfach umgekehrt, indem auf eine absteigende Terz eine aufsteigende Sekund folgt [65]. Diese Metapher gewinnt noch durch den Umstand, daß ihre Intervalle, eine Terz, auf die eine Sekund folgt, in der verkehrten Reihenfolge die Intervalle des Themenkopfes sind, bei dem auf eine Sekund eine Terz folgt [66]; daher der Name Krebsgang. Und was nun die »Vergrößerung« anlangt, so verstehen wir darunter ganz einfach die Vergrößerung des Notenwertes, also die Verlängerung

[63]

[64]

[65]

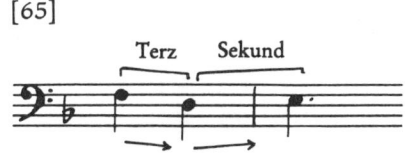

[66]

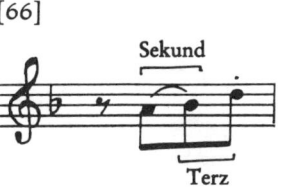

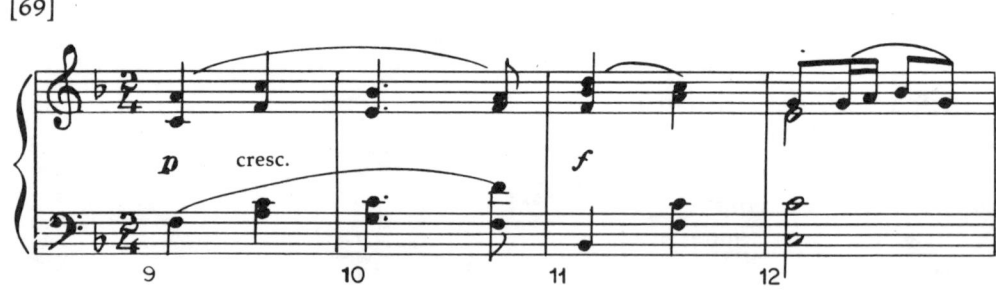

172

der Notendauer. Die Bratschen-Weise also schreitet in Viertelnoten voran, während sich der Themenkopf, von welchem sie sich herleitet, in Achtelnoten, also doppelt so schnell vorwärtsbewegt [67]. Die Bratschen-Weise ist somit doppelt so langsam, ihre Noten wurden auf die doppelte Dauer verlängert. Diesen drei Einfällen, dieser dreifachen Umgestaltung, entspringt eine reiche Metapher, ein besonders treffendes Beispiel für: *dies* ist *das*. Wenn Sie sich die Bratschen-Weise als das »dies« und die Geigen-Musik in der Oberstimme als das »das« denken und sie dann zusammen hören, wird Ihnen die Zusammensetzung dieses Metaphern-Gebäudes völlig klarwerden [68]. Können Sie jetzt heraushören, was in diesen vier Takten vor sich geht? Sie sind ein Musterbeispiel dafür, wie das menschliche Gehirn funktioniert, und ein Beispiel für unsere Denkvorgänge. Aus diesem Grunde versieht uns die Musik (vor allem natürlich die Musik eines Genies wie Beethoven) mit den klarsten Sprachbeispielen, die sich denken lassen. Und dies ist das einmalige Wunder der Musik: daß sie es uns möglich macht, Dies und Das *gleichzeitig* wahrzunehmen; eine stärkere, eine reichhaltigere Ausformung der Metapher ist undenkbar.

Doch nun, in den folgenden vier Takten, entdecken wir aufs neue ein musikalisches Wunder: die Metapher einer Metapher. Dieses neue Material [69] ist keineswegs neues Material, sondern wieder eine Umwandlung, durch Umkehrung derselben Bratschen-Weise, mit der wir uns eben beschäftigt haben [70]. Beethoven stülpt diese drei Noten einfach um [71], und siehe, schon hat er sein »neues« Material (siehe [69]). Es grenzt ans Wunderbare; und natürlich liegt darin das Geheimnis des Unvermeidlichen, das man in Beethovens Musik stets ahnt: es ist ein dauerndes metaphorisches Wachstum, das sich, in seiner eigenen Bahn, stets selbst fortzeugt.

Diese letzten vier Takte des »neuen« Materials zum Beispiel werden unverzüglich wiederholt, doch abermals vermeidet Beethoven Buchstäblichkeit – durch zwei Umwandlungs-Einfälle. Zuerst gibt es eine dynamische Umwandlung, das heißt, die vier Takte stellen sich

[70]

[71]

[72]

[73]

[74]

[75]

174

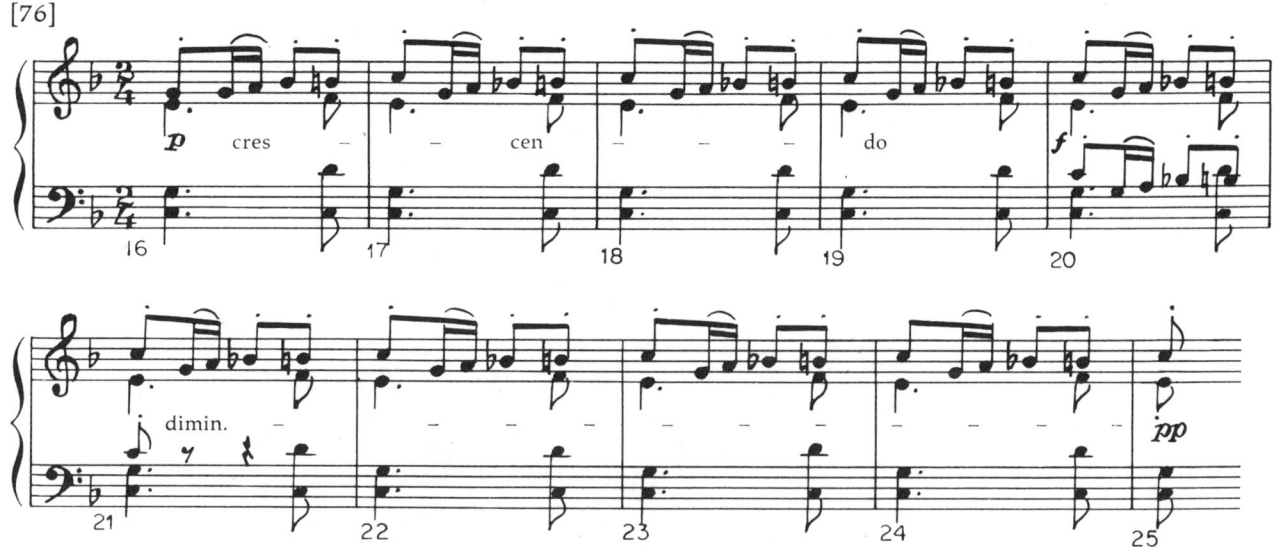

zunächst in Piano, Crescendo und Forte dar [72], aber in der
Wiederholung beginnen sie im Forte, welches im dritten Takt plötzlich
in ein Piano versinkt [73].

Haben Sie diese eigentümliche letzte Note der Melodie gehört [74]?
Diese Note führt die zweite Umwandlung ein, und durch sie stoßen wir
auf eine wundervolle neue Zweideutigkeit – eine strukturelle
Zweideutigkeit. Dieser letzte Takt [75] leitet nämlich eine ganze Serie
von Wiederholungen ein – im ganzen acht –, und noch dazu
buchstäbliche Wiederholungen [76]. Aber sind sie wirklich
buchstäblich? Nicht bei genauerem Besehen. Sie sind ebenfalls einer
dynamischen Umwandlung unterworfen, diesmal Crescendo zu Forte
und Diminuendo zurück zu Pianissimo, was die Metapher der
Annäherung und des Zurückweichens hervorbringt. Aber auch das ist
noch nicht das Hauptereignis; der Meisterstreich Beethovens ist, daß
dieser sechzehnte Takt (der vierte Takt der vorangegangenen
viertaktigen Phrase) [77], der diese Wiederholungsreihe eingefädelt hat,

zugleich der erste Takt dieser Reihe selbst ist. Wir wissen, daß dies so ist, denn Beethoven markiert den Crescendo-Beginn in eben diesem Takt. Was das bedeutet? Daß die viertaktige Phrase in Wirklichkeit eine *drei*taktige Phrase gewesen und daß die achttaktige Wiederholungs-Reihe in Wahrheit neuntaktig ist [78]. Drei plus neun. Aber wir erfahren das erst hinterher, nachdem wir es gehört haben; was wir gehört haben oder zu hören glaubten, waren vier Takte, die von acht Takten gefolgt wurden [79]. Was stimmt also, drei plus neun oder vier plus acht? Die

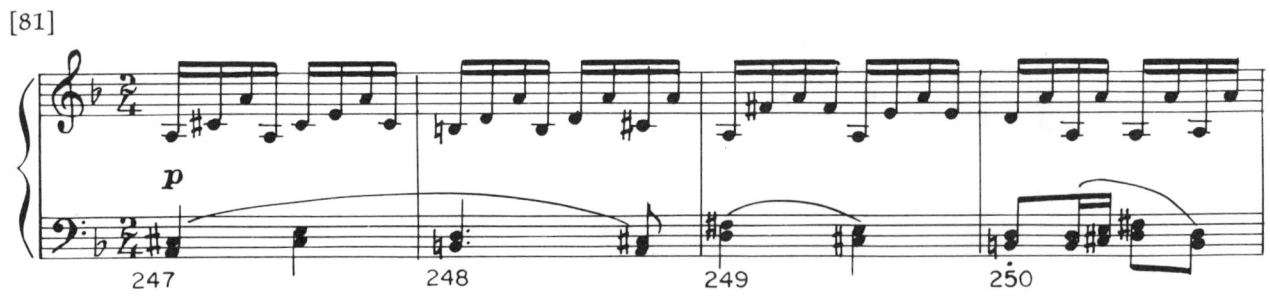

Antwort ist, daß *beides* stimmt: und es ist die Spannung, die sich aus diesem Widerspruch ergibt, die diese Zweideutigkeit so wundervoll und aufregend erscheinen läßt. Und dann, als wären neun Wiederholungen noch nicht genug, tut Beethoven so, als wolle er in den Wiederholungen fortfahren [80], aber er läßt die Begleitung im Takt 25 fallen (eine weitere Umwandlung), erhöht in Takt 26 jede Wiederholung um eine Stufe in der Tonleiter (noch eine Umwandlung) und schickt uns so in seliger Zufriedenheit zu unserem Eingangsthema zurück (Takt 29).

Das wäre also der Anfang der »Pastorale« – der Anfang bloß des ersten Satzes dieser Symphonie. Wir haben uns bisher mit etwa 30 Sekunden einer Musik befaßt, die mehr als 30 Minuten lang weitergehen wird. Und wir haben diese 30 Sekunden Musik keineswegs umfassend analysiert, sondern uns nur mit einem ihrer Aspekte befaßt: mit Entstehung einer metaphorischen Sprache durch Umwandlungen, die selbst nichts anderes sind als mannigfaltige Wiederholungen.

Dieser eine Aspekt allerdings ist wahrscheinlich der fruchtbarste und lohnendste der Musik-Analyse überhaupt. Schauen wir uns zum Beispiel eine andere Art aus dieser Mannigfaltigkeit von Wiederholungen an: die Sequenz. Eine Sequenz ist nichts anderes als eine Reihe von Wiederholungen der gleichen Phrase auf einer jeweils anderen Stufe der Tonleiter. Ein berühmtes Beispiel dafür entstammt dem Entwicklungsteil desselben ersten Satzes [81] und beruht auf einer mehrfachen Umwandlung jenes Materials, dem wir in den Takten 9 bis 12 begegnet sind. Die Sequenz bildet sich aus einer steigenden Wiederholung heraus [82], dann aus einer

zweiten [83], dann – aber was soll dieser neue Einfall? Wir sind plötzlich in Moll – aber nur für einen Augenblick [84]; dann sind wir wieder im sicheren Hafen der heilen Dur.

Was ist da passiert? Warum hat uns dieser kurze Ausflug nach Moll so ungeheuer bewegt? Wissen Sie, daß dies die einzigen Moll-Takte des ganzen Satzes sind? Es war, als hätte mitten in dieser fröhlichen, sonnigen Musik für eine Sekunde eine Wolke die Sonne verdunkelt. Und jetzt habe *ich* eine äußerliche Metapher verwendet. Habe ich mir damit nicht selbst widersprochen? Was hat *Moll* mit Dunkelheit oder Licht, mit Wolken oder der Sonne zu tun?

Eine der Fragen, die mir Nichtmusiker am häufigsten stellen, lautet unweigerlich: »Warum ist Moll ›düster‹ und Dur ›heiter‹? Ist das nicht der Beweis für die ›gefühlsbedingte‹ Theorie des musikalischen Ausdrucks?« Die Antwort ist: Nein – die Dunkelheit, die Schwermut, die Leidenschaft, die man beim Hören von Musik in einer Moll-Tonart empfinden mag, können aus der Lautlehre allein vollständig erklärt werden. Denken Sie an unsere erste Vorlesung zurück, an unsere Überlegungen zur Frage der Obertöne. Wir hatten damals festgestellt, daß einer der frühesten Obertöne jedes Grundtones die große Terz ist [85] – ein starker, mitlautender Oberton, der als Teil des Grundtones klar herausgehört werden kann. Zusammen mit seinem benachbarten Oberton, der Quint, bildet er den Grundakkord [86]. Hingegen ist die *kleine* Terz, die diesen Akkord in Moll verwandeln würde [87], ein sehr später, in der Obertonreihe weit abgelegener Oberton [88] – um genau zu sein, der achtzehnte. Wenn er nun eingesetzt wird, um Musik in einer Moll-Tonart entstehen zu lassen, liegt er in Zwist mit der großen Terz, die im Grundton verdeckt vorhanden ist. Daraus ergibt sich das Phänomen, das die Akustiker Interferenz oder Überlagerung nennen; es

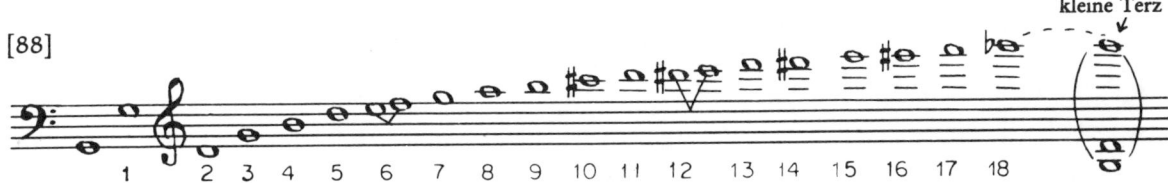

[89]

[90]

Moderato

p

[91]

p

1 2 3 4

bewirkt, daß wir die große und die kleine Terz gewissermaßen auf einmal hören [89].

Diese Überlagerung der beiden Schwingungen, oder Frequenzen, verursacht eine phonologische Störung, die wir als »gestörte« Beschaffenheit, als einen getrübten, unruhigen Klang wahrnehmen. Deshalb bezeichnen wir Musik in Moll als düster, schwermütig, unstet, nachdenklich, leidenschaftlich, als was immer. Wir legen also eine phonologische Störung als eine solche des Gefühles aus. Wir werden von ihr *ergriffen,* wie in dieser Chopin-Ballade [90]. Wenn wir über die persönlichen Empfindungen, die sie in uns weckt, Rechenschaft geben müßten, würden wir sie irgendwo im Bereich des Leidenschaftlichen, Dunklen, Verlangenden, Unbefriedigten ansiedeln – und das ist das genaue Gegenteil unserer Beethoven-Symphonie [91] mit ihrer Dur-Seligkeit.

Wir können diesen Gegensatz jetzt endlich mit den klaren Begriffen der Lautlehre darstellen. So begreifen wir, daß diese »berührende« Eigenschaft der Moll-Tonarten nicht auf einen äußerlichen metaphorischen Vorgang zurückgeht, sondern daß sie der Musik innewohnt und ihre Bedeutung daher rein musikalisch ist. Wie wir es am Beispiel der Beethovenschen Sequenz gesehen haben, handelt es sich letztlich um eine weitere Form der Veränderung von Wiederholungen. Natürlich ist es eine besonders ausdrucksvolle Form, die uns seltsam beeindruckt; aber ihre *Bedeutung* – haben Sie sich den Unterschied gemerkt, den ich vorhin zwischen Bedeutung und Ausdruck gemacht habe? – ihre Bedeutung ist eine rein und ausschließlich musikalische.

Aber was läßt sich jetzt über die langen Reihen *unveränderter* Wiederholungen in diesem Entwicklungsteil sagen? Wie diese zum Beispiel, die kein Ende zu nehmen scheint? ([92]; auf Seite 184). Beinahe nicht zu glauben in ihrer eigensinnigen Beharrlichkeit. Und doch ist es eine der aufregendsten Stellen der Musik überhaupt. Wieso es aufregend sein kann bei soviel wörtlicher Wiederholung? Warum wird in dieser Symphonie überhaupt so vieles und so oft wiederholt? – Auch wenn wir zugeben, daß die Wiederholung eines der Grundprinzipien der Musik ist – und vielleicht der Schlüssel zu ihrer Syntax – auch dann: warum eine solche Wiederholungsbesessenheit gerade hier? Es ließen sich die fast

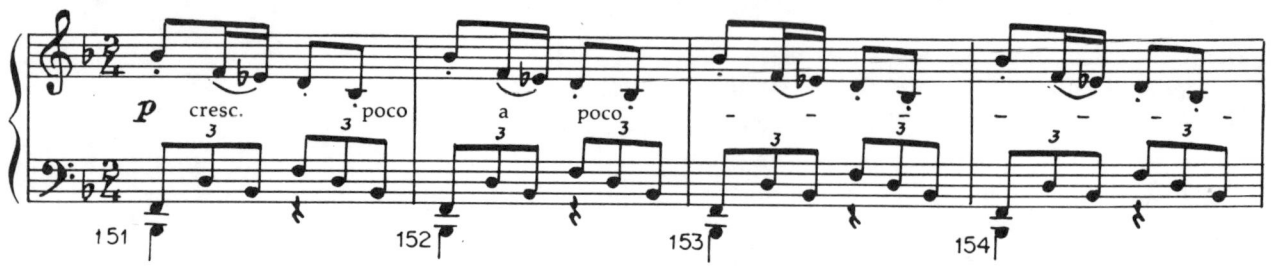

zwanghaften Wiederholungen Beethovens aus der programmatischen Natur dieses pastoralen Stückes ableiten, es könnte dieses verschwenderische Wiederholen eine Metapher auf den Wiederholungskreislauf der Natur sein, der kein Ende nehmenden Fortpflanzung der Art, der Narzissen und der Gänseblümchen, der Spatzen, der Pappelbäume und der Gelsen. Um vom Gleichmaß der Bewegungen von Sonne, Mond und Sternen gar nicht zu reden. Aber dies sind nicht die Metaphern, denen wir auf die Spur kommen wollen; sie wären wieder äußerlich und außermusikalisch, und uns interessieren nur rein musikalische Bedeutungen. Was also ist die *musikalische* Metapher, die in dieser berühmten und langen und wörtlichen Wiederholungsreihe zu entdecken wäre?

Sie ist im großen Überbau zu finden, der sich aus diesen Takt-für-Takt-Wiederholungen ergibt. Bis jetzt hatten wir zumeist mit kleinen Einheiten, mit zweitaktigen und viertaktigen Phrasen, zu tun, nur selten mit achttaktigen oder neuntaktigen. Jetzt stehen wir vor einem Überbau von 92 Takten [93], der als ein einziges, unermeßliches Metaphern-Gebäude gesehen werden muß: 24 plus 22 ergibt 46, dann wieder 24 plus 22 – abermals 46 – allein die Taktzahlen enthüllen innere Wiederholungsvorgänge. Aber keine Angst: wir werden uns nicht durch alle diese 92 Takte hindurchkämpfen, wir werden nur einen kurzen Blick auf das Entwurfs-Schema der ersten 24 werfen. Woraus bestehen sie und was ist ihre metaphorische Bedeutung – nicht in Begriffen von Narzissen und Gänseblümchen, sondern von Noten und Rhythmen?

[93]

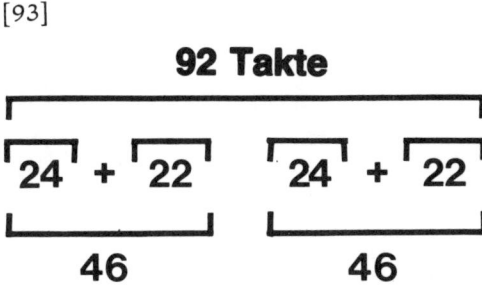

185

Zunächst wissen wir, daß sich diese Noten von unserem
wohlbekannten Wandertags-Motiv herleiten [94], das nun verwandelt
und nach B-Dur transponiert wurde [95] und viermal von den ersten
Geigen gespielt wird [96]. Das wird dann wörtlich von den zweiten
Geigen wiederholt, verdoppelt durch einen Holzbläser eine Oktave
höher [97]. Das wären acht Takte. Nun wird dieser achttaktige
Abschnitt selbst wiederholt und dann nochmals wiederholt, zwar mit
geringfügigen Veränderungen, auf die wir jetzt nicht eingehen wollen,
aber stets mit der gleichen Abwechslung der ersten Geigen gegen die
zweiten Geigen plus hohem Holzbläser; insgesamt wird er dreimal
gespielt, und dreimal acht Takte ergeben 24 Takte [98].

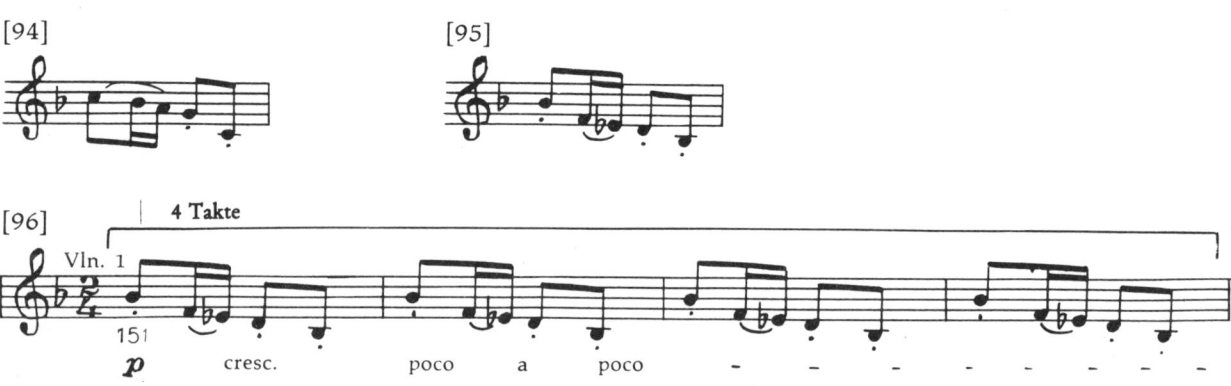

Das ist ein möglicher Standpunkt der Betrachtung, und zwar der orchestrale. Durch Beethovens Instrumentalgewebe können wir *eine* seiner Absichten erkennen, das Abwechseln von hohen und tiefen Stimmlagen, und daß 24 Takte lang ein Crescendo einem Höhepunkt entgegenschwillt. Wenn wir aber dieselben 24 Takte *harmonisch* betrachten, erzählen sie uns eine ganz andere Geschichte. Vier Takte B-Dur in den ersten Geigen wie vorhin [99] werden, wie vorhin, von den zweiten Geigen mit hohem Holzbläser wiederholt, und dann kommen nochmals die ersten Geigen; das wären 12 Takte. Aber jetzt kommt ein unvermittelter Tonartwechsel nach D-Dur (Takt 163); er gilt für die ganzen 12 folgenden Takte. Wir haben selbstverständlich noch immer dasselbe Instrumentalgewebe, nun aber in dieser neuen D-Dur Tonart, und wiederholen zweimal bis zum Höhepunkt des Crescendos. Das ist jetzt eine gänzlich andere Bauweise derselben 24 Takte – zweimal zwölf: zwölf Takte in B-Dur, zwölf Takte in D-Dur. Und nicht dreimal acht, wie zuvor. Es liegen hier also zwei verschiedene Arten der Artikulation vor, zwei verschiedene Substrukturen, die in dieser einen Spanne von vierundzwanzig Takten gleichzeitig tätig sind. Die eine Art [100] verdeutlicht das Instrumentalgewebe im Aufbau von dreimal acht, die

[100]

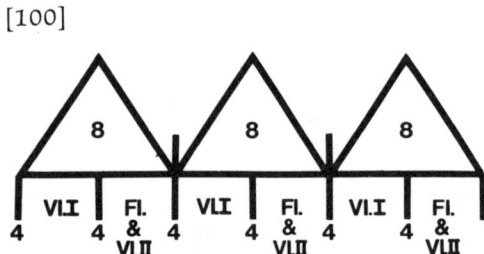

andere [101] verdeutlicht das, was Walter Piston den »harmonischen Rhythmus« nannte, im Aufbau von zweimal zwölf. Die gleichzeitige Widersprüchlichkeit der beiden [102] bringt nun eine herrliche Zweideutigkeit hervor: *dies* ist *das,* in diesem Falle besser: dies *ersetzt* das. Aus 24 bloßen Wiederholungen, über die man nur staunen zu können schien, entstand so eine große, bedeutende musikalische Metapher.

Ich glaube, von hier aus würden uns weitere Untersuchungen in nur noch staunenswertere Wiederholungen verstricken. Es ist höchste Zeit, die Musik gespielt zu hören, aber nicht von mir am Klavier – und in Bruchstücken –, sondern vom Boston Symphony Orchestra. Ich hoffe, jetzt ist der Augenblick gekommen, dieser Musik als bloßer Musik zuzuhören, als einer großartigen Äußerung metaphorischer Sprache, der Sprache schöpferischer Umwandlungen. Ich hoffe, Sie sind darauf vorbereitet und können auf den ganzen pastoralen Krimskrams verzichten, Narzissen und Gänseblümchen inbegriffen. Es ist nicht leicht, aber es ist möglich. Es ist sogar möglich, so anspruchsvolle Hürden wie die Vogelrufe am Ende des zweiten Satzes zu nehmen, die Beethoven in seiner Partitur einzeln vermerkt: Nachtigall, Wachtel und Kuckuck. Betrachten Sie sie lieber als eine kleine Kadenz für die drei Holzbläser vor den Schlußtakten. (In den Symphonien Haydns gibt es dafür viele Beispiele, und Haydn war für Beethoven stets ein großes Vorbild.) Und dann, natürlich, das Gewitter im vierten Satz: sogar dieses verdammte Gewitter kann strukturell als ein gewaltiger Übergang vom Scherzo zum Finale angesehen werden – ähnlich wie die entsprechende Stelle in Beethovens Fünfter, die tatsächlich ein solcher Übergang ist. (Vergessen Sie nicht: Beethoven schrieb seine fünfte und sechste Symphonie so gut wie gleichzeitig.)

Aber selbst wenn es Ihnen gelingt, alle diese programmatischen Bestandteile außer acht zu lassen und durch strukturelle und umgestaltende zu ersetzen, wird es schwer für Sie sein, sich Assoziationen – auch solchen nicht-pastoraler Art – zu entziehen. Die Aufforderung, die ich an Sie richte, bedeutet, daß Sie sich Ihrer Hörgewohnheit entledigen müssen, dieser Gewohnheit, sich von der Musik in angenehme, passive Assoziationen entrücken zu lassen, in

[101]

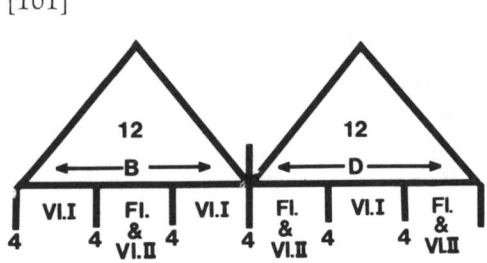

[102]

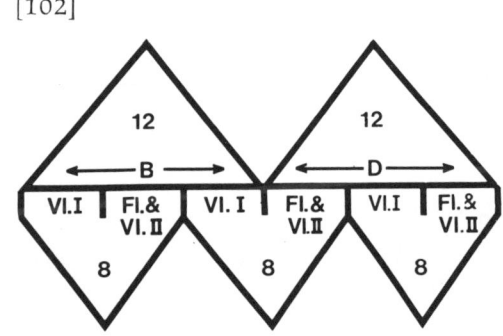

persönliche Erinnerungen voller Bilder, Farben, Gemütsbewegungen – all diese Erlebnisse der Synästhesie*. Ich bin so kühn, Sie aufzufordern, Ihr Hörverhalten auf der Stelle zu ändern, Ihr synästhetisches Gepäck mitsamt den verführerischen Beethovenschen Untertiteln über Bord zu werfen und dieses herrliche Beispiel symphonischer Verwandlungen nur als solches anzuhören.

Ich weiß, wie schwer das ist; auch ich habe oft Schwierigkeiten, außermusikalische Assoziationen abzuschütteln. Es ist wie in dem bekannten Spiel: Denken Sie in den nächsten fünf Sekunden nicht an einen Elefanten: Eins ... zwei ... drei ... vier ... fünf. Ist es Ihnen gelungen? Nun, vielleicht. Mit der »Pastorale« verhält es sich genau so, nur liegt hier die Schwierigkeit darin, nicht an Vögel, an Gewitter und an flötende Hirten zu denken. Einige von Ihnen werden meine Forderung nicht annehmen, einige sogar dagegen rebellieren. Einige werden vielleicht sagen: Ich *liebe* diese Zentauren und Faune und Walt Disney und ich *will* an sie denken, wenn ich diese Musik höre. Geben Sie trotzdem der Sache eine Chance. Schlimmstenfalls wäre es unschätzbare Selbstdisziplin und gut für den Charakter. Und bestenfalls – wenn Ihnen all das gelingt – hören Sie vielleicht ein ganz neues Werk von Beethoven.

(An dieser Stelle erklingt Beethovens Symphonie Nr. 6 in F-Dur, op. 68.)

Ich weiß nicht, in welchem Maße es Ihnen gelungen ist, dem Elefanten – oder den Vögeln und dem Hirten – auszuweichen. Ich bezweifle sehr, daß dies auch nur einem von Ihnen zu hundert Prozent gelungen sein mag, denn – ich hatte sie ja gewarnt – es ist fast unmöglich, Gedanken von Assoziationen abzulösen, die an ihnen kleben. Aber wenn es Ihnen auch nur teilweise gelungen ist – wenn auch nur zu *einem* Prozent –, haben Sie eine Menge zuwege gebracht, denn Sie haben einen ersten Schritt zu neuen Hörgewohnheiten getan. Wenn Sie einmal damit begonnen haben, Musik als reine Musik anzuhören, dann haben Sie die ärgste Hürde bereits genommen, dann haben Sie die Spur zu einem ganz

---

* Mit Synästhesie bezeichnet man die Mitempfindung eines nicht gereizten Sinns bei äußeren Einwirkungen, die dem Empfindungsgebiet eines anderen Sinns angehören.

neuen Weg des Musikhörens gefunden. Und in diesem Sinne beglückwünsche ich Sie.

Dieses herrliche Stück, das wir gerade gehört haben, ist, wie ich schon gesagt habe, Beethovens weitestgehende Annäherung an die Programm-Musik. Dieses Werk stellt ihn mit Recht in die Vorhut der aufbrandenden programmatischen Bewegung, die mit stetig wachsender Kraft während der folgenden hundert Jahre das Vorstellungsvermögen der romantischen und impressionistischen Komponisten gefangengenommen hat. Diese angespannte Beschäftigung mit literarischen und malerischen Assoziationen und die daraus resultierende Unvermeidlichkeit neuer Vieldeutigkeitsformen wird das Untersuchungsfeld unserer kommenden Vorlesung sein. Jetzt, da wir ziemlich umfassend über die drei Hauptrichtungen der Sprachlehre orientiert sind, über Lautlehre, Satzlehre und Bedeutungslehre, müßten wir eigentlich die Nutzanwendung aus diesem Wissen ziehen und uns in den nächsten drei Vorlesungen mehr auf die musikalische als auf die linguistische Theorie der Dichtkunst konzentrieren.

4. Die Wonnen und Wehen der Zweideutigkeit

I.

Als ich das erste Mal den Titel dieser Vorlesung, *Die Wonnen und Wehen der Zweideutigkeit,* niederschrieb, hatte ich nicht die geringste Ahnung, in welchem Maß Wohl und Wehe dieser Welt tatsächlich von Zweideutigkeit mitbestimmt werden. Vor kurzem gab der US-Außenminister nämlich bekannt, die Streitkräfte der Vereinigten Staaten seien in einen weltweiten Alarmzustand versetzt worden, um »die Zweideutigkeit einiger Handlungen und Meldungen« zu parieren – womit sowjetische Truppenbewegungen und Mitteilungen russischer Diplomaten gemeint waren. Dies ist gefahrvolle Zweideutigkeit; sie führt uns dramatisch die Gefahren vor Augen, die stets da sind, wenn es menschlicher Verständigung an Klarheit gebricht. Es handelt sich hier um klar erkennbare, gegenwärtige Gefahren; ein Fehlschlagen der Verständigung kann zu einem völligen Zusammenbruch von Beziehungen und zu verheerenden Folgen führen. Warum also dann diese beharrliche Betonung der »Schönheit der Zweideutigkeit«, wie ich das nenne – und zu deren Erklärung mich in der Vorwoche meine blonde Fragestellerin so stark ins Gebet genommen hat?

Die Antwort ist klar: Zweideutigkeit *kann* ein nützliches Hilfsmittel der Diplomatie sein, genauso wie in der Kunst; aber sie kann katastrophal sein, wenn aus diplomatischen Schachzügen harte Tatsachen werden, so wie sie in einem wirklichen Kunstwerk einfach herrlich sein kann. Im Ästhetischen hat sie ihren Platz, im Politischen hat sie nichts verloren.

Es liegt eine gewisse Gefährlichkeit darin, daß »Zweideutigkeit« an sich schon ein zweideutiges Wort ist – das heißt, es hat mehr als nur eine Bedeutung. Ich glaube, ehe wir fortfahren, sollten wir uns auf eine oder zwei Wörterbuch-Definitionen einigen. *Oder zwei* – hier liegt das

[1]

etc.

[2]

chromatische Stimmführung

diatonischer Baß

Problem. Es gibt zwei verschiedene Auslegungsmöglichkeiten. Die eine impliziert den Begriff »beides« – das heißt, das Wort zweideutig besagt, etwas könne entweder so oder aber so sein. *Beides* ist ein eindeutiges Wort, wie beidbeinig oder beidseitig: es setzt den Begriff der Zweiheit voraus. Die zweite Auslegungsmöglichkeit hingegen impliziert den Begriff »mehr als eins« – das heißt, das Wort zweideutig besagt, etwas könne nicht nur so, sondern auch anders sein. *Zwei* ist hier keine eindeutige numerische Vorsilbe mehr, sie ist zur rein sprachlichen Umschreibung des »mehr als eins« geworden, wie in Zwiespalt, Zwietracht, Zwielicht oder Zweifel. Um diesem Zwiespalt zu entgehen, schlage ich im »Webster«* nach; er definiert zweideutig als 1. »zweifelhaft oder ungewiß« und 2. »kann auf zwei oder mehr mögliche Arten verstanden werden«. Aber dieses »zwei *oder mehr*« ist bereits eine Zweideutigkeit an sich; verwerfen wir das »oder mehr« für unsere momentanen Zwecke, so daß wenigstens *wir* keinen menschlichen Verständigungsschwierigkeiten unterliegen. Unsere Definition lautet also: »kann auf zwei mögliche Arten verstanden werden«. Damit können wir etwas anfangen. Alles was wir von Wortspielen und Gegensätzen gehört haben, von Zeugma, Symmetrie und Chiasmus, Yang und Yin, Lingham und Yoni, Auftakt und Niederschlag, schwerem und leichtem Takt – all das hat Zweiheit vorausgesetzt, und Sie erinnern sich sicher noch, daß wir irgendwann immer wieder auf Zweideutigkeiten gestoßen sind, die dem Grundbegriff des Zwei-Seins entsprungen waren.

   Die Vorstellung von einer auf Zweiheit beruhenden Zweideutigkeit war in den letzten drei Vorlesungen stets vorhanden, obwohl ich diesen Teil des Grundgefüges nur leicht gestreift und nur hie und da verwendet habe. In unserer ersten Vorlesung etwa haben wir die Fährte des Anwachsens der Chromatik durch die Musikgeschichte verfolgt, haben gesehen, wie sie auf der Einbeziehung immer entfernter liegender Obertöne beruht und wir davon Schritt für Schritt in der Musikausübung Gebrauch gemacht haben [1]. Dieses Anwachsen der Chromatik hat zu einem entsprechenden Anwachsen der Zweideutigkeit geführt und zur Notwendigkeit, diese Chromatik durch die Grundkräfte der Diatonik in Schranken zu setzen [2], sie mit Hilfe der Tonika-

* »Webster«: amerikanisches Standard-Lexikon

[3] Sehr langsam   molto rit.   a tempo

espress.

[4]   [5]

Appogiatur Auflösung

Dominante → Tonika

[6]

Harfe

[7]

← fehlende Wurzel

200

Dominante-Struktur der tonalen Musik unter Kontrolle zu halten. Wir haben entdeckt, daß dieses In-Schranken-Setzen der Chromatik innerhalb der Diatonik in der Musik von Bach den Zustand vollkommener Ausgewogenheit erreicht und ein Goldenes Zeitalter von etwa hundertjähriger Dauer eingeleitet hat, das Zeitalter unerschütterlicher tonaler Stabilität. Aber wir haben erkannt, daß diese vollkommene Ausgewogenheit eine Zweideutigkeit in sich birgt, denn sie eröffnet gleichzeitig zwei Möglichkeiten, Musik zu hören: über die in Schranken gehaltene Chromatik und über die in Schranken haltende Diatonik.

Ähnlich haben wir, falls Sie es noch wissen, in unserer zweiten Vorlesung über Bedeutungslehre neue Zweideutigkeiten in Mozarts g-moll-Symphonie gefunden, die der Vergewaltigung der Symmetrie entsprangen; es waren hier Tiefenstruktur-Symmetrien mit Hilfe sprachlicher Umwandlungsvorgänge in wundervoll zweideutige Oberflächenstrukturen verwandelt worden. Von diesem Punkt an konnten wir gewisse musikalische Erscheinungsformen erkennen – und sogar erklären –, deren Schönheit von zweideutigen Vorgängen *abhängt*. Zum Beispiel: Erkennen Sie diese drei Takte [3]? Seitdem der »Tod in Venedig« die Filmleinwand erobert hat, sinkt die ganze Welt dahin, wenn das Adagietto aus Mahlers fünfter Symphonie ertönt. Warum sinkt sie dahin? Eigentlich geschieht doch nichts anderes, als daß eine Dominante zu einer Tonika führt – drei konventionelle Auftakte in F-Dur [4] führen zu einem betonten Vorhalt, der sich auflöst [5], und auch das auf höchst konventionelle Art und Weise. (Können Sie sich an die Vorhalte aus unserer Mozart-Analyse erinnern – an diese »anlehnungsbedürftigen« Noten, dissonante Töne mit ganz eigenem Gewicht, ganz eigener Spannung, die aufgelöst werden mußten durch die Note, an die sie sich anlehnten? Hier haben Sie eine davon; und sie löst sich genauso auf wie bei Mozart.) Worin besteht dann das magische Geheimnis? In der Zweideutigkeit, Sie wissen's ohnehin – und in mehr als nur dualistischer Zweideutigkeit. Sehen Sie: Zunächst einmal ist diese ganze Harfen-Einleitung [6] *syntaktisch* unbestimmt – wir haben keine Ahnung, in welchem Takt wir sind oder welches Zeitmaß wir haben. Noch dazu gibt uns die Harfe die Tonart des Stückes an, F-Dur, indem sie uns deren Tonika-Dreiklang [7] ahnen läßt, aber eben nur *ahnen,*

[8]

Nya Nya Nya Nya

[9]

[10] [11] [12] [13]

a-moll

[14]

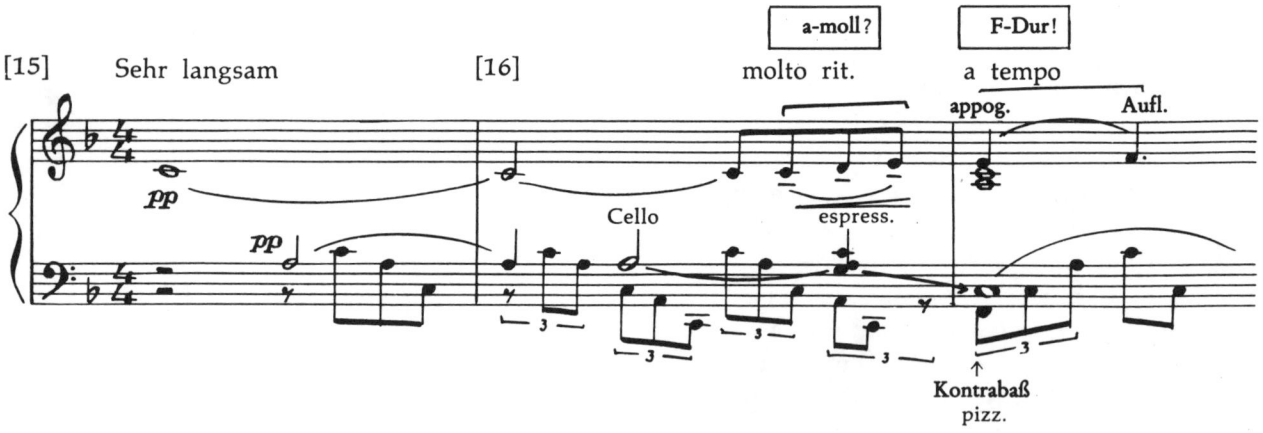

[15] Sehr langsam [16] a-moll? F-Dur!

molto rit. a tempo

appog. Aufl.

pp

Cello

espress.

pp

Kontrabaß
pizz.

denn der Grundton, die Wurzel dieses Dreiklangs, das F, fehlt. Wir bekommen nur zwei Drittel dieses Dreiklangs zu hören, das A und das C, gewiß in verschiedenen Oktaven wiederholt, aber es sind doch nur *zwei* verschiedene Noten. Deshalb sind wir auch noch nicht *ganz* sicher, daß unsere Tonart F-Dur sein wird. Es ist so wie bei dem Hänsellied der Kinder, das wir in unserer ersten Vorlesung auf seine Allgemein-gültigkeit hin untersucht haben.

Sie erinnern sich [8]? Die gleichen zwei Noten. Und erinnern Sie sich auch, wie wir herausgefunden haben, daß das Tonika-Fundament dieser zwei Obertöne [9] nicht gesungen wird, sondern nur durch stillschweigende Unterstellung vorhanden ist? Nun, dieses Ausbleiben, dieses Fehlen des Tonika-Fundaments gibt uns – bei Mahler wie im Hänsellied – nur die *Möglichkeit* von F-Dur zu verstehen, denn die beiden Noten, die wir hören [10], *könnten* sich als zwei Drittel eines ganz anderen Dreiklangs, nämlich des a-moll-Dreiklangs [11], herausstellen. Automatisch stehen wir einer neuen Zweideutigkeit gegenüber: In welcher der zwei möglichen Tonarten befinden wir uns, in a-moll [12] oder in F-Dur [13]? Bei der Hänselweise hat diese Zweideutigkeit etwas Durchdringendes, sogar Verletzendes, weil es etwas impliziert [14], das höchst garstig sein könnte. Natürlich ist Mahler nicht garstig; ganz im Gegenteil. Aber das Prinzip ist dasselbe, auch hier wieder: In welcher der beiden Tonarten sind wir [15]? Am Beginn der drei Auftakte würden wir eher auf a-moll tippen [16], denn da ist dieses A in den Celli, das die Oberhand zu gewinnen scheint; aber nein, hinterhältig steigt es zum G hinunter, und dann, wenn die Bässe den Abstieg zum F bestätigen – oh, wie wohl das tut. Wir sind zu Hause, in F-Dur; aber da ist noch immer ein unaufgelöstes Herzflimmern in dieser Vorhalt-Note oben in der Melodie, und wenn *die* sich auflöst, schmelzen wir dahin in den Wonnen der Erfüllung.

Sind wir jetzt am Ende der Zweideutigkeiten? Wir haben kaum begonnen. Denn vorige Woche waren wir einer neuen Zweideutigkeit begegnet, die weder phonologischer noch syntaktischer Natur war, sondern von einer dritten Sorte: einer *semantischen* Zweideutigkeit, einem richtigen *Bedeutungs*problem. Wir befanden uns damals, erinnern

Sie sich, Aug' in Aug' mit Beethovens »Pastorale«; ein Musikstück, randvoll von nichtmusikalischen Veilchen und Vögeln und jedem trotzend, der ihnen eine andere Bedeutung zumißt als die, die den musikalischen Metaphern des Stückes innewohnt. In welchem Maß es uns immer gelungen ist, den Landleuten und den Kuckucken aus dem Weg zu gehen, eines war glasklar unzweideutig: daß dieses Beethovensche Experiment semantischen Widerspruchs, Programm-Musik nämlich, noch immer und in vollendeter Weise unter meisterhafter Kontrolle war: alle seine Zweideutigkeiten – die chromatischen, die strukturellen und die metaphorischen – waren auf geradezu erhabene Art in Schranken gesetzt worden.

Denken Sie daran, daß Beethoven selbst gesagt hatte, er wolle nur Empfindungen des Landlebens hervorrufen; er gab sich nicht zur »Tonmalerei« her, wie er das nannte. Die »Pastorale« ist nach wie vor ein Denkmal des Goldenen Zeitalters.

Wenn wir aber durchs XIX. Jahrhundert weiterwandern, werden wir entdecken, wie sehr diese drei Arten der Zweideutigkeit an Vielfalt und Stärke zunehmen. Wenn das Jahrhundert zu Ende ist, wird uns dieses ansteckende Wachstum zu jener anderen Definition des Wortes zweideutig geführt haben – zur schieren Ungewißheit. Und an diesem Punkt werden die ästhetischen Wonnen der Zweideutigkeit beginnen, sich in Gefahren zu verwandeln.

Die Ironie des Schicksals will es, daß Beethoven höchstpersönlich mit dieser Zweideutigkeits-Inflation begonnen hat. Er war selber die verkörperte Zweideutigkeit – der letzte große Klassiker und der erste große Romantiker zugleich.

Sehen wir uns das Scherzo seiner »Hammerklavier«-Sonate an, das auf einer höchst unschuldigen kleinen Melodie in B-Dur basiert [17]. Und jetzt hören wir uns an, wie dieser Satz endet [18]. Wohin haben wir uns verirrt? Weit, weit, irgendwohin, wo es nach h-moll klingt [19]. Aber mit diesen zwei letzten Noten verkündet Beethoven willkürlich und herrschsüchtig abermals B-Dur.

Haben wir zurückgefunden? Ja [20]; aber wir sind gerade noch einmal davongekommen.

Und wie verhält es sich mit dieser geheimnisvollen Passage, etwas später in derselben Sonate, mit diesem Übergang vom langsamen Satz in die Schlußfuge [21]? Wildgewordene Mehrdeutigkeit. Anfangs glauben wir, wir seien in A-Dur, dann irren wir umher, weltverloren, bis wir plötzlich in B-Dur wieder zu uns kommen. Aber, glauben Sie mir: dieses blinde Umherirren war gar nicht so blind; all das war nur eine genau bestimmte Abfolge von Tonika-Dominante-Wechseln durch den

[21 Forts.]

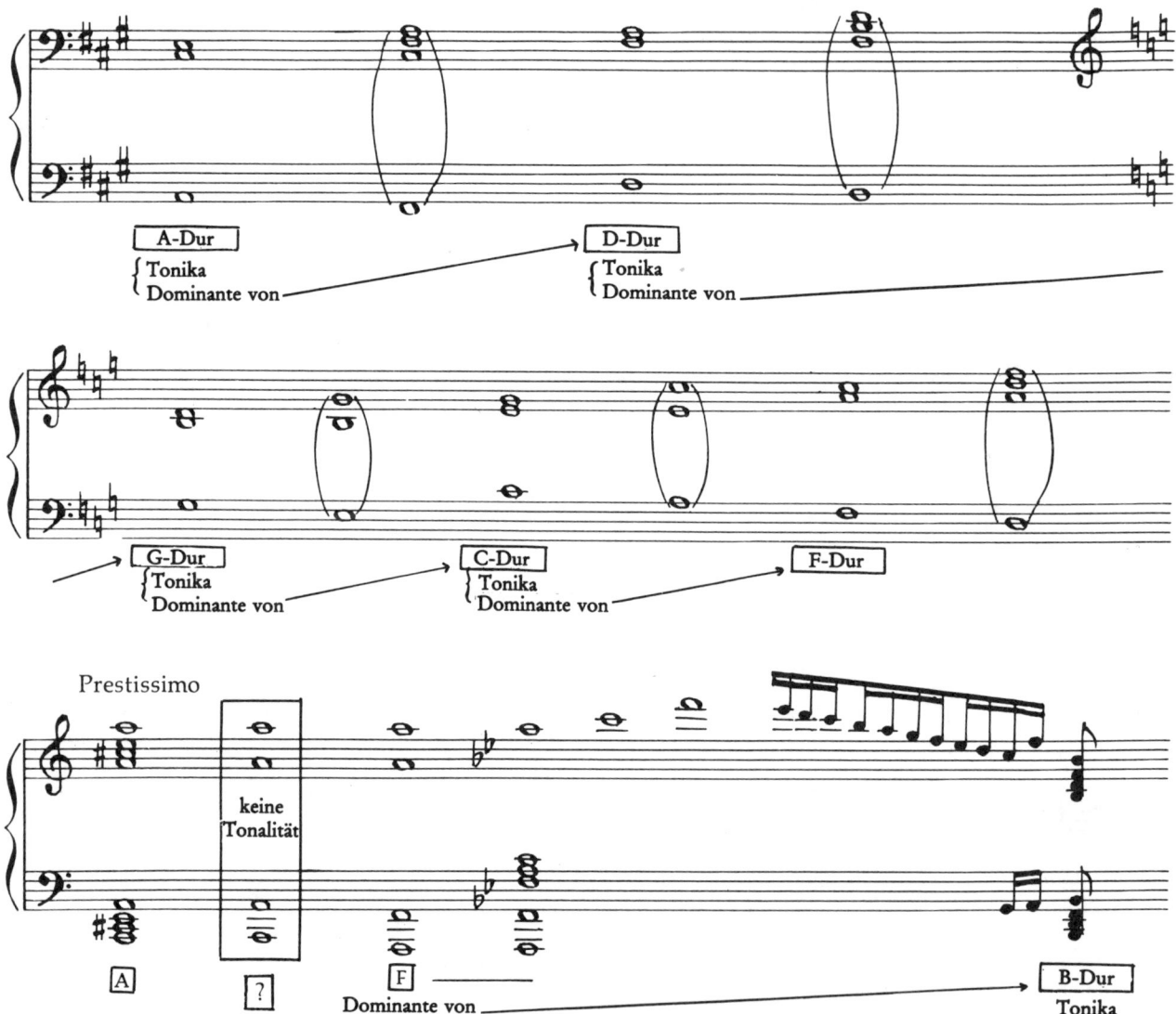

wohlbekannten Quinten-Zirkel [22], hinauf ins *Prestissimo,* wo es aussieht, als würden wir in A-Dur hängenbleiben; aber plötzlich ist jede Tonalität aufgehoben und, siehe da, wir sind in F, der Dominante von B-Dur; und so kehren wir zur Schlußfuge zurück. Mehrdeutigkeit durch Gaukelei. Ich hoffe, ich muß nicht auch noch die sichtbaren strukturellen Mehrdeutigkeiten dieser unglaublichen Passage erwähnen – das Ausweichende im Rhythmus, die fast barbarische Heftigkeit der Beschleunigung – und das alles ohne Taktstriche geschrieben, die als Wegweiser dienen könnten (siehe [21]).

Es ist klar: mit Beethoven hatte die Revolution der Romantik bereits begonnen und einen neuen Künstler, den Künstler als Priester und Propheten, hervorgebracht. Dieser neue Schöpfer hatte einen neuen Begriff von sich selbst: er fühlte sich im Besitz göttlicher Rechte von beinahe napoleonischer Machtfülle und Freizügigkeit – vor allem der Freiheit, Gesetze zu brechen und neue aufzustellen, neue Formen und Begriffe zu erfinden, und das alles im Namen größerer Ausdrucksfähigkeit. Seine Sendung war es, den Weg in eine neue ästhetische Welt zu bahnen, und er vertraute darauf, daß die Geschichte den Eingebungen seiner Führungskunst folgen werde. In diesem Selbstverständnis traten, nein: stürmten Byron, Jean Paul, Delacroix, Victor Hugo, E. T. A. Hoffmann, Schumann, Chopin, Berlioz auf den Plan – und jeder von ihnen verkündete neue Freiheiten.

Soweit die Musik davon betroffen war, bezogen sich die neuen Freiheiten auf formale Gefüge, harmonische Vorgänge, Instrumentalfarben, Melodien, Rhythmen – und sie alle waren Teile eines neuen, sich ausdehnenden Universums, dessen Zentrum des Künstlers eigene Leidenschaften bildeten. Vom Standpunkt der reinen Lautlehre aus war die auffälligste Freiheit jene der neuen Chromatik, die nun über eine viel reichere Palette verfügte, was zwingend zu einer weit größeren Vielfalt von Zweideutigkeiten führte. Die Luft war von vulkanischen, chromatischen Funken erfüllt. Die höherliegenden Partialtöne der Obertonreihe gewannen mehr und mehr Unabhängigkeit und spielten mit ihren ehrbaren diatonischen Vorläufern Verstecken, der trotzigen Jugend beim Lodern eines Aufruhrs vergleichbar.

Die Komponisten selber hatten nun etwas von trotzigen Kindern an

sich, gemeinsam mit ihrer Priester- und Propheten-Rolle. Es wäre schön, wenn wir die Zeit hätten, ihre syntaktischen Abenteuer zur Gänze – und so, daß wir sie verstehen können – auszukundschaften – von der sehr persönlichen Zärtlichkeit der enharmonischen* Modulationen Schuberts bis zu den beinahe diabolischen Possen von Berlioz. Das ist für eine Vorlesung zuviel, aber wir können an ein paar herausragende Gipfel streifen – an Schumann zum Beispiel, den herrlich verrückten Schumann, den Meister der Vieldeutigkeit. Denken Sie bloß an eines der Lieder Schumanns, wie *Zwielicht* etwa, mit seinem zwielichtigen Vorspiel, oder an die faszinierenden Wortspielereien und Buchstabenversetzungen, die in einem Klavierstück wie »Karneval« vor sich gehen. Aber Schumanns aufregendste Ausbrüche in Vieldeutigkeit sind rhythmischer Natur, wie etwa jenes Fest an Asymmetrie am Schluß des »Karneval« [23]. All diese Musik ist grundsätzlich im Dreivierteltakt geschrieben, aber Sie würden nie draufkommen, denn dieser Dreivierteltakt ist durch zweiviertel- und viervierteltaktige Überlagerungen und einen aufgesetzten Dreihalbetakt wunderschön entstellt. Der Verstand taumelt durch diese eingebauten Zweideutigkeiten, diese metrischen Widersprüche. Ein anderer für Schumann typischer Kunstgriff besteht darin, eine Reihe von Synkopen als eine Abfolge schwerer Taktteile auszugeben, wie hier in dieser Variation seiner »Symphonischer Etüden« [24]. Es ist kaum zu glauben,

---

* Mit Enharmonik bezeichnet man die Ablösung eines Tones durch seinen enharmonisch verwandten (z.B.: cis = des, fis = ges, etc.)

daß jede dieser akzentuierten melodischen Noten in Wahrheit im leichten Taktteil steht und nicht im schweren. Und abermals taumelt der Verstand.

Ein weiterer leuchtender Gipfel ist Chopin, mit seiner eigenen, kostbaren Gattung der chromatischen Zweideutigkeit, die eigentlich mehr ein harmonisches Flirten ist, sinnlich und verführerisch. Wie zum Beispiel in dieser seiner »Terzenetüde« – stellen Sie sich vor: in einer Etüde verführerisch zu sein . . . [25]. Können Sie diese angedeutete harmonische Pracht heraushören? Und alle diese Andeutungen entspringen Mehrdeutigkeiten. Sind wir in Dur oder in Moll? Oder im phrygischen Modus? Ist diese Musik tonal oder modal? Sollen wir auf Nonen-Akkorde schließen oder auf verminderte Septimen [26]? Vielleicht verstehen Sie kein Wort von dem, was ich sage, aber das macht nichts, wenn Sie nur empfinden, daß diese Musik zwischen irgend etwas und irgend etwas anderem hin- und herschwebt. Es genügt, daß Sie die Eigentümlichkeit ihrer Mehrdeutigkeit spüren.

Vielleicht kann *dieses* Stückchen Chopin den springenden Punkt der Vieldeutigkeit klarstellen (falls dieser Satz sprachlich statthaft ist). Dies ist eine von schätzungsweise fünfzig Mazurken Chopins – und Schätze sind sie in der Tat, erlesene kleine Meisterwerke, jede einzelne von ihnen. Dies ist Mazurka Nr. 4, und sie beginnt so [27]. Wüßten Sie, ohne die Noten anzuschauen, ob sie mit einem Niederschlag oder mit einem Auftakt oder sonstwie begann? Und überhaupt, in welcher Tonart steht sie? Genau wissen wir es nicht: es ist so um F-Dur herum; es könnte die

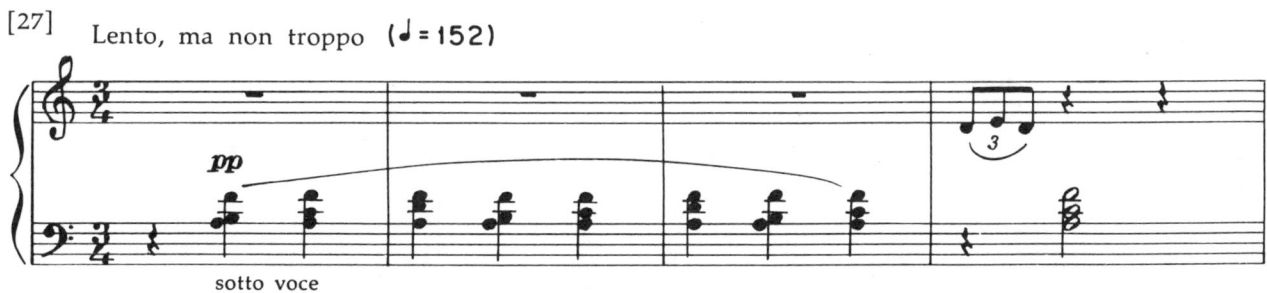

213

Subdominante von C-Dur sein; es könnte die Tonikaparallele von
a-moll sein; es könnte im lydischen Modus stehen; egal, es ist erst die
Einleitung. Jetzt kommt das Thema [28]. Ah, e-moll – das wäre möglich.
Aber nein: chromatisches Seitwärtsgleiten; kleine ersterbende Seufzer;
wieder F-Dur oder so um F-Dur herum; wieder e-moll, noch einmal
chromatisches Herumstreunen ... wir sind nirgendwo. Ha, endlich eine

Kadenz in a-moll. Es war also die ganze Zeit a-moll! Was sagt man zu
diesen Feinheiten, diesen Ausweichmanövern, dieser Verführungskunst
... und dann, wenn alles scheinbar vorüber ist, vollführt Chopin in
dieser kleinen Mazurka eine letzte zweideutige Wendung: wieder ist er
in a-moll angelangt – diesmal gibt es keinen Zweifel, daß es a-moll ist [29].
Aber dann kommen die vier Schlußakte, die genauso wie die
Eröffnungstakte sind. Das Stück ist vorüber; aber in welcher Tonart sind
wir? Um F-Dur herum? Lydischer Modus? In a-moll sind wir sicher
nicht. Hin- und herschwankend bleiben wir zurück, in einer
Glückseligkeit von Zweideutigkeiten.

Ich habe von der Zweideutigkeit als einer ästhetischen Kraft
gesprochen; und scheinbar unterstelle ich damit, daß die Musik, je
mehrdeutiger sie wird, um so ausdrucksvoller wird. Aber bedeutet das
zum Beispiel auch, daß die zweideutige Chromatik besser ist als die
eindeutige Ausdrucksweise der Diatonik? Ist die Chromatik als ein
Gewinn in der Fortentwicklung der Musik zu veranschlagen? Ist Chopin
besser als Mozart, weil er chromatischer ist als dieser? Wenn ja, müßte
dann nicht Bartok besser sein als Beethoven? Und die Beatles besser als
Bessie Smith? Ist Keats chromatischer als Shakespeare? Und Swinburne
chromatischer als Keats? Und daher *besser* als Keats?

Idiotische Fragen natürlich. Ich brauche wohl nicht zu betonen, daß es hier keineswegs um die Frage von »besser« geht; diese Fragen beziehen sich nicht auf die qualitativen, sondern auf die quantitativen Veränderungen der Kunst. Natürlich ist Chopin chromatischer als Mozart, aber das macht ihn nicht zu einem größeren Komponisten. Und natürlich ist Swinburne chromatischer als Keats. Aber in welcher Hinsicht ist Swinburne denn eigentlich chromatisch? Was verstehe ich unter Chromatik in dichterischen Belangen? Was ist Chromatik in der Poesie? Ich möchte diese Begriffe so einengen, daß wir einen einzigen phonologischen Aspekt ungehindert verfolgen können – den Laut selbst, um seiner selbst willen umworben. Ein chromatischer Dichter sucht nach neuen Lautbeziehungen, die subtiler und feiner gesponnen sind und die Möglichkeiten des Alphabets bis an dessen Lautgrenzen aus- schöpfen. Ein solcher Dichter konzentriert Vokal- und Stabreime, dunkle und helle Selbstlaute, sanftlippige Dauerlaute, abgehackte Sprenglaute – jede nur denkbare Form lautlicher Kunstgriffe; und indem er dies tut, verlagert er seinen Nachdruck zur Phonetik hin, weg von der Syntax, weg von der Semantik, selbst auf Kosten der Klarheit der Struktur. All dies, natürlich, zieht eine ständig zunehmende Mehrdeutigkeit nach sich, und stets im Namen immer größerer Ausdrucksfähigkeit.

Zwei Verse aus Gerard Manley Hopkins' Gedicht »Das bleierne Echo« werden Ihnen zeigen, was ich meine:

Wie nur halten wir – ist denn irgend irgendeine, ist denn keine
   solche, ist nirgend bekannt welche, Schleife oder
   Spange oder Schnur oder Litze, Spitze, Riegel
oder Haken oder Schlüssel, fest-
zuhalten Schönheit, sie zu halten, Schönheit, Schönheit, Schönheit, . . .
   daß sie nicht schwindet?*

---

* Die deutsche Übersetzung dieses Gedichtes („The Leaden Echo") stammt von Ursula Clemen und Friedhelm Kemp; das englische Original lautet:

How to kéep – is there ány, any, is there none such, nowhere
   known some, bow or brooch or braid or brace,
   láce, latch or catch or key to keep
Black beauty, keep it, beauty, beauty, beauty, . . . from vanishing away?

Worte, Worte, großartige Worte. Manche sagen Mist, Mist, großartiger Mist. Ich kann diese Ansicht nicht teilen. Wüßten wir nicht, daß es Hopkins ist, könnten wir denken, es sei Joyce. Aber es ist lange her, daß diese Worte geschrieben wurden – 1880: . . . »ist denn irgend irgendeine, ist denn keine solche, ist nirgend bekannt welche . . .« Es ist *beinahe* Musik, und chromatische Musik noch dazu. Hopkins aalt sich in prachtvollen Klängen, und wir, seine Leser, tun's auch. Aber was ist damit gewonnen, was verloren? Was verlorenging, ist leicht festzustellen: die Klarheit der Struktur, die Unmittelbarkeit der Bedeutung. Von einem rein semantischen Standpunkt aus gesehen, ist die Bedeutung dieser Verse nichts anderes als: *Wie nur halten wir Schönheit, daß sie nicht schwindet?* Aber von »wie nur halten wir« führt ein langer, langer Weg zu »daß sie nicht schwindet«, ein gewundener Pfad im Joyce'schen Stil: ein Pfad von dichter klanglicher Schönheit. Was andrerseits gewonnen wurde, ist eine spannungsvolle Ausdruckskraft, die aus reinem Klang entstand, aus reichem, vielschichtigem, chromatischem Klang, der sich verdoppelt und wiederverdoppelt, ihm eigene Bedeutungen erschafft, Klangbedeutungen – sozusagen nichtsemantische Bedeutungen. Hören Sie, wie das Gedicht endet:

Da doch was wir freiwillig aufgeben, gehütet ist mit zärtlicher einer
    Sorge,
Zärtlicher einer Sorge behütet, als wir's hätten hüten können,
    behütet
Weit mit zärtlicher einer Sorgfalt . . .[1]

Und das könnte ohne weiteres »Finnegan's Traum« sein:
    . . . zarter, zärtlicher
Einer Sorge gehütet. – Wo gehütet? Sagt uns doch, wo behütet, wo? –
Drüben. – So hoch, so fern! Wir folgen, nun folgen wir. – Drüben, ja
    drüben, drüben,
Drüben.[2]
Dieses verzückte Lyrik hat eine Chromatik, die das Ohr weit ablenkt
von der klaren, C-Dur-artigen Bedeutung des »Wie kann man

[1] Das englische Original lautet:

When the thing we freely fórfeit is
    kept with fonder a care,
Fonder a care kept than we could
    have kept it, kept
Far with a fonder a care . . .

[2] Das englische Original lautet:

    . . . finer, fonder
A care kept. – Where kept? Do but tell
    us where kept, where. –
Yonder. What high as that! We follow, now
    we follow. – Yonder, yes, yonder, yonder.
Yonder.

verhindern, daß Schönheit entschwindet?« oder »Sah ein Knab' ein Röslein stehn«. Statt dessen wird das Ohr zu neuen Freuden reiner Klanglichkeit gelenkt und weiter zu noch größeren und stärkeren Mehrdeutigkeiten – zu Ezra Pound, zu Dylan Thomas, zu James Joyce, bis zur äußersten Reduktion der Gertrude Stein: »Let Lucy Lily Lily Lucy Lucy let Lucy Lucy Lily Lily Lily Lily Lily . . .« Die Phonologie hat die Macht so gut wie übernommen. Die Syntax ist so gut wie verschwunden und hat ein semantisches Vakuum zurückgelassen.

Es mag Ihnen vorkommen, als wäre ich mit meinem Gerede von der chromatischen Dichtung vom eigentlichen Thema abgekommen: von der Musik. Aber meine Verrücktheit hat Methode, denn die Revolution der Romantik, über die wir sprechen, führte zu einem neuen Nahverhältnis von Dichtung und Musik, ja eigentlich aller Künste. Es war, als würden sich die Künste mit einem Mal füreinander interessieren, so wie es bei den Künstlern selbst der Fall war. Die Künste begannen, sich zu untermischen; die verschiedenen Medien, einander beeinflussend, zogen einander an. Die Künstler wurden zu Wortmalern, Bildkompositeuren, Tondichtern. Jede ästhetische Neufindung – die erhöhte Chromatik in der Musik etwa – mußte sofort ihre Entsprechung in der Malerei finden oder einen sichtlichen Einfluß auf die Dichtung ausüben. Die chromatischen Ergüsse Berlioz' spiegeln sich in der peitschenden Ausdruckskraft Delacroix' ebenso wieder wie in den vielfarbigen Visionen Shelleys. Wir sehen, daß eine *Bewegung* um sich greift, die Bewegung der Romantik. Künstler finden sich in untereinander verwandten Gruppen: Berlioz mit Byron, Chopin mit Georges Sand und Delacroix, Schumann mit E. T. A. Hoffmann und Jean Paul. Stendhal schrieb über Mozart und Rossini; Schubert und Schumann setzten ihre Lieblingsdichter in Töne, vor allem Heinrich Heine. Tondichter wie Liszt und Wagner waren unersättliche Alleser. Und sie haben nicht nur gelesen, sie haben auch *geschrieben* – Worte! – Kritiken, Erinnerungen, Gedichte und manchmal auch ihre eigenen Operntexte. Das war ein Durchbruch der Romantik: man stelle sich nur einmal Bach oder Haydn als Literaturbessene vor. *Ausgeschlossen.*

Der Angelpunkt dieser interdisziplinären Bewegung war, wie wir wissen, Beethoven. Da stand er, der Großmeister der klassischen Wiener Schule, und doch entwarf er bereits die ersten Skizzen für die musikalischen und außermusikalischen Schmelzvorgänge, die folgen sollten. Eine ausführlich erzählende, programmatische Symphonie, eine andere mit tatsächlich gesungenen Worten – das waren echt romantische Neuschöpfungen. So etwas wie sie hatte es zuvor nie gegeben. Aber es blieb Berlioz vorbehalten – jenem Berlioz, der Beethoven vergötterte –, die außermusikalische Idee, diese neue semantische Zweideutigkeit, aufzugreifen und an seine Fahne zu heften. Sein erstes bedeutendes Werk, die »Symphonie fantastique«, kaum drei Jahre nach Beethovens Tod geschrieben (nicht auszudenken!), war eine Art »Pastorale« zur xten Potenz, wenn man den programmatischen Gehalt betrachtet. Und von da an ließ die literarische Bindung nicht nach, ob nun zu Shakespeare oder zu Byron, oder zu Vergil, aus dessen »Aeneis« er das Libretto zu seiner Oper »Die Trojaner« zimmerte. Wußten Sie, daß es in Berlioz' Gesamtwerk nur ein einziges kleines Stück ohne bestimmte dichterische Assoziationen gibt? Ein kleines Violinstück – nach einem Menschenalter des Komponierens – mit dem Titel »Rêverie et caprice pour violon et orchestre«. Alle seine anderen Kompositionen waren entweder Opern, Oratorien, Kantaten und Lieder oder ganz ausdrückliche Programm-Musiken.

Wir sehen also eine dramatische Veränderung von Beethovens Programmatik zu jener von Berlioz – eine qualitative Veränderung. Literarische Ideen sind nun unauflöslich mit der Musik verknüpft. Berlioz will, daß wir bestimmter außermusikalischer Bedeutungen gewahr werden und nicht nur hervorgerufener Empfindungen, wie in Beethovens »Pastorale«. Die Narzissen und Gänseblümchen, die Beethoven bloß andeutete, leuchten nun in der Pracht ihrer Farben, und die Gelsen stechen wirklich. Diese Veränderung zwingt den Hörer zu einer neuen Hörgewohnheit: nun muß er auf zwei Ebenen gleichzeitig zuhören – auf einer rein musikalischen und auf einer außermusikalischen Ebene. Wenn wir Berlioz anhören, müssen wir uns notgedrungen dieser neuen semantischen Zweideutigkeit hingeben: es ist uns nicht erlaubt, uns unwissend zu stellen, wie wir es vorige Woche bei Beethovens

[30]   Andante malinconico e sostenuto ♩ = 66

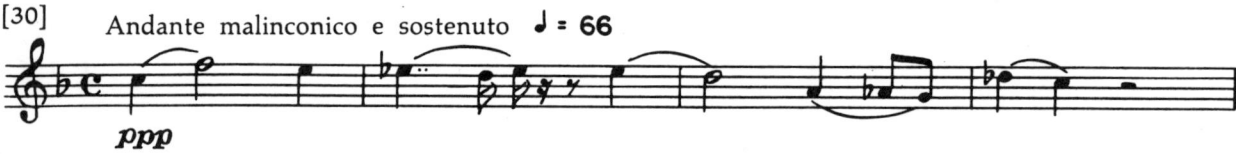

ppp

»Pastorale« getan – oder zumindest versucht – haben.

Berlioz ist der Erzromantiker; und es überrascht einen immer höchst eigenartig, wenn man sich vor Augen führt, in welchem Nahverhältnis er zu Beethoven stand – nicht nur zeitlich, sondern auch stilistisch und formal. Wir neigen dazu, uns Berlioz als den eigentlichen romantischen Rasenden vorzustellen und Beethoven als den klassischen Titan: Welten trennen sie. In Wirklichkeit berühren sich ihre Welten, sie überlappen einander sogar: und im stilistischen Nachlaß Beethovens, den Berlioz erbte, finden sich, höchst auffällig, genau jene chromatischen Zweideutigkeiten, die uns vorhin in der »Hammerklavier«-Sonate aufgefallen sind. Und abermals war es Berlioz' historische Aufgabe, diese Zweideutigkeiten aufzugreifen und ins Riesenhafte zu vergrößern.

Es ist also im Grunde gar nicht so erstaunlich, daß im Jahrzehnt nach Beethovens Tod Berlioz eine so außerordentliche Tonfolge wie diese ausspann [30]. Dieser feingefärbte Notenfaden, in seiner Art ebenso modern wie eine zeitgenössische Tonreihe, ist die Eröffnungs-Phrase eines Satzes aus Berlioz' »Romeo und Julia«, vom Komponisten als »dramatische Symphonie« bezeichnet. Unter »dramatisch« verstand er die musikalische Nacherzählung des Shakespeareschen Trauerspiels mit hinzutretenden Chor- und Solostimmen. Doch die Höhepunkte spielen sich im Orchester ab, Schlüsselszenen wie der Kampf auf der Straße, Mercutios Erzählung von der Königin Mab, der Ball im Hause Capulet, die Balkon-Szene und der Auftritt im Grab – sie werden vom Orchester allein geschildert, in höchst anschaulichen Tonbildern. Wir werden sogleich einen dieser symphonischen Sätze auf Band hören – gespielt von den Bostoner Symphonikern –, und ich möchte Sie auf einige der zweideutigen Schönheiten vorbereiten, denen wir begegnen werden, und nicht die geringste darunter ist die semantische Zweideutigkeit, derzufolge wir dieser Musik auf zwei Ebenen werden lauschen müssen. Der Zehn-Minuten-Ausschnitt, den ich vorspielen werde, schildert jenen Auftritt am Anfang des Stückes, in dem Romeo vor seiner Begegnung mit Julia auf dem Ball der Capulets steht. Er ist allein, liebessüchtig, im ungewissen, rastlos, in Erwartung seines unmittelbaren Schicksals. Und Berlioz fängt diesen vieldeutigen Dunstkreis der Gefühle in der feingesponnen Melodienlinie ein, die ich Ihnen eben vorspielte – eine

221

einsame Melodienlinie ohne die geringste harmonische Stütze [31]. Die Harmonien werden alle angedeutet – aber welche Harmonien? Was deutet dieses Es an, was dieses As, was dieses Des? Alles undiatonische, chromatische Töne aus den Randbezirken von F-Dur. Oder ist es f-moll? Beide Tonarten werden angedeutet, und das ist bereits eine grundlegende Zweideutigkeit.

Sie werden bemerkt haben, daß die drei zweifelhaften Noten, auf die ich Sie aufmerksam gemacht habe, in Form von kleinen, chromatischen Absenkungen auftreten: »ersterbendes Hinsinken« – die Nachahmung liebeskranker Seufzer. Tonmalerei – haargenau das, was Beethoven behauptete, *nicht* getan zu haben. Aber Berlioz erinnert uns dennoch daran, daß er Beethovens Schüler ist, indem er diese ungewisse Eingangsphrase mit einem klassischen Satzzeichen versieht – mit einem ganz leicht angezupften dominanten Dreiklang [32]. Sie sehen, seine Vieldeutigkeit ist nach wie vor in einem tonalen Rahmengeflecht in klassischer Manier in Schranken gehalten. Aber kaum hat er uns darauf aufmerksam gemacht, stürzt er sich in neue Zweideutigkeiten. Hier ist die zweite Phrase: [33] – in einer gänzlich unpassenden Tonart, e-moll, und diesmal mit *aufsteigenden* chromatischen Seufzern. Wir scheinen auf E-*Dur* anzusteuern – aber nein, neue chromatische Umgewißheiten, und wir sind wieder in F-Dur. Auch hier: korrektes (gerade noch korrektes) klassisches In-Schranken-Halten – aber nicht auf lange: denn hier gibt's fis-moll! Nein, es ist doch F-Dur.

Während diese Musik launisch und wankelmütig herumirrt, hat sie Mühe, die Grundtonart F-Dur zu fixieren. Und gerade dann, wenn sie schließlich (nach drei oder vier Minuten Spielzeit) [34] eine solide

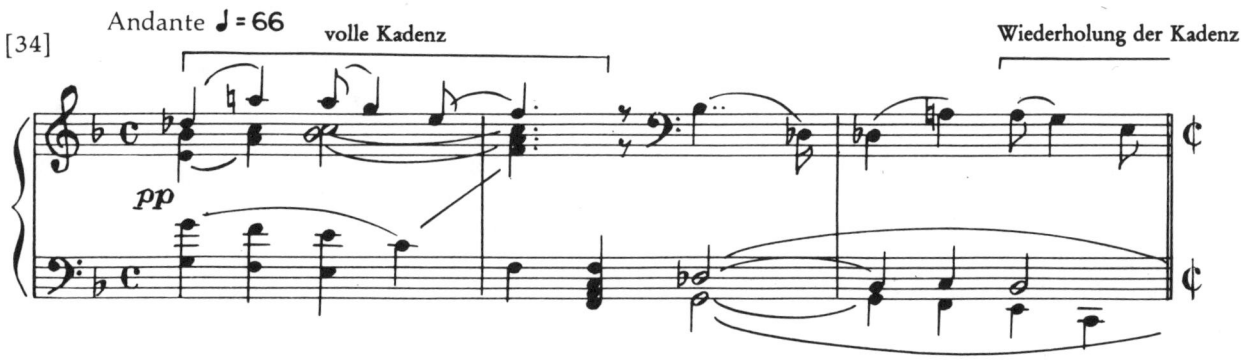

[34] Andante ♩= 66   volle Kadenz   Wiederholung der Kadenz

pp

F-Dur-Kadenz erreicht, wird sie plötzlich unterbrochen [35], denn ganz sacht dringen aus der Ferne die Rhythmen vom Ball der Capulets in Romeos Bewußtsein – und hier ist eine neue Zweideutigkeit, alarmierend wie ein Wecker. Beachten Sie: Romeos Träumerei erreicht gerade ihre Schlußkadenz in F, wenn sie von der Tanzmusik in Des-Dur unterbrochen wird, welche in Wahrheit nicht nur unterbricht, sondern mit dem Schluß der Kadenz *zusammenfällt.* Anders gesagt: das Schluß-F der Kadenz, die Tonika, ist mit einem Mal *nicht* die Tonika, sondern die dritte Note einer ganz anderen Tonleiter, die dritte Note von Des-Dur. Diese plötzliche Modulation gründet sich auf den wohltemperierten Umstand, daß dieses F in beiden Tonarten, in F-Dur [36] und in Des-Dur [37], aufscheint. Dieser Augenblick im musikalischen Zeitbegriff – in dem man die eine Harmonie erwartet und eine ganz andere bekommt: dieser allmächtige Grundsatz der Vergewaltigung der Erwartung – ist eigentlich ein doppelter Augenblick, eine Millionstelsekunde der Zweideutigkeit, hervorgerufen durch jenes Phänomen, das die Musiker »Trugschluß« nennen. In diesem trügerischen Augenblick hören wir beide Tonarten gemeinsam, wir »hören« F-Dur (siehe [36]) mit unserem geistigen Ohr, denn wir erwarten diese Tonart; aber in Wirklichkeit hören wir Des-Dur, die Tonart, die gespielt wird und unsere Erwartungen vergewaltigt (siehe [37]). Voilà die Anatomie einer kleinen Zweideutigkeit.

Aber nur einer. Die Tanzweise über dem Des-Dur-Rhythmus [38] entstammt direkt jenem seufzenden, chromatischen Niedersinken, das wir in Romeos Träumerei gehört haben (siehe [31]). Welch eine

Verwandlung: von liebeskranken Seufzern zu höchst rhythmischer Tanzmusik! Es ist nur ein kurzes Aufblitzen, eine Phrase, die ein Lufthauch vom Haus der Capulets verweht hat; aber genug, um neue Zweideutigkeiten in Romeo wachwerden zu lassen: ein unstetes chromatisches Beben [39] – *Soll ich auf den Ball gehen? Soll ich nicht? Immerhin bin ich ein Montague, ein Feind. Aber durch den Rhythmus dieser Tanzmusik bin ich seltsam bewegt, doch hinzugehen.* (Sehen Sie jetzt, wie genau Berlioz es mit seiner Bedeutung nimmt, mit seiner außermusikalischen Semantik?) Und Romeo singt (vielmehr: die Oboe singt) ein eindeutiges, diatonisches Liebeslied [40] – ein diatonisches,

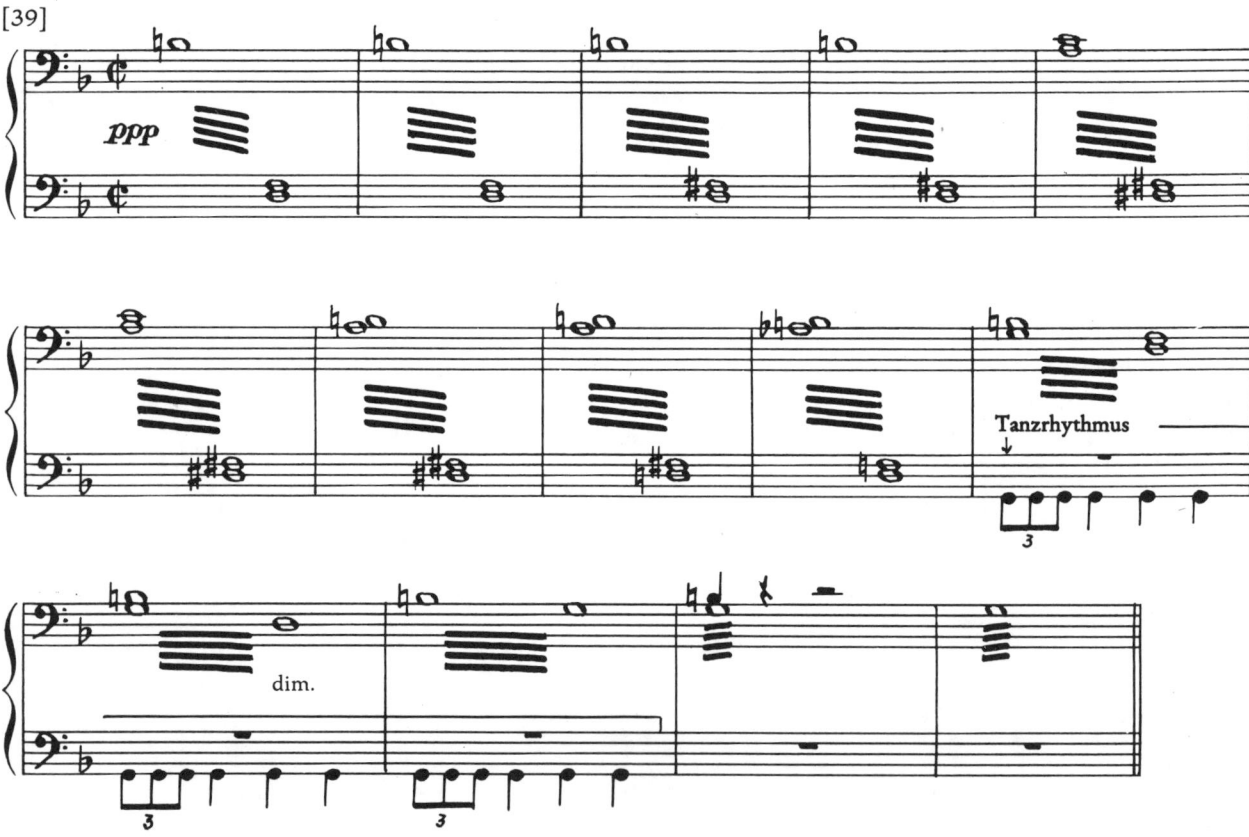

228

unchromatisches Liebeslied, denn es ist eindeutig entschieden, daß er das Fest der Capulets besuchen wird, komme was da wolle. Und dieses Lied wird vom fernen, magnetischen Tanzrhythmus durchlaufend punktiert ([41]; auf Seite 227) – eine weitere Zweideutigkeit: aber eine glasklare, nur der Musikkunst eigene. Romeos Liebeslied *und* die Ballmusik erklingen gemeinsam. Nur in der Musik können zwei so unvereinbare Botschaften Hand in Hand einhergehen und nicht nur als eindeutiger Kontrapunkt wahrgenommen werden, sondern auch als gegenseitige Verstärkung. Der bestechendste Augenblick dieser musikalischen Gleichzeitigkeit – eigentlich ein *double entendre,* wörtlich übersetzbar mit doppelt hören – ereignet sich im Höhepunkt dieses Satzes, da Romeo den Ballsaal betreten hat. Die Tanzmusik erklingt in voller Pracht und voller Lautstärke; er sieht Julia, er tanzt mit ihr, in klarem, freudigem F-Dur. Und in diesem Moment hören wir wirklich zwei Musikstücke zugleich: die Hälfte des Orchesters schlägt den Takt der Tanzmusik [42], während die andere Hälfte Romeos Liebeslied hinausschmettert [43]. Dies ist, erinnern Sie sich nur, ein klarer Fall von kontrapunktischer Syntax – ein Zweideutigkeits-Mechanismus, der nur in der Musik möglich ist. Und dieses Doppelereignis wird andauernd unterstrichen durch die gleichzeitige Widersprüchlichkeit zwischen den hellen diatonischen Klängen und der Chromatik von Romeos Verlangen, das sich in den Bässen durch die gesamte Tanzszene hindurchzieht [44], bis zum letzten Augenblick. Dieses Stück ist ein Triumph der Vieldeutigkeit, eine brillante Illustration für wohlbedachte Ausbeutung der Zweideutigkeit zum Zwecke erhöhter Ausdruckskraft.

(Hier wird die Ballszene aus Berlioz, »Romeo und Julia« eingeblendet.)

[45]

[46]

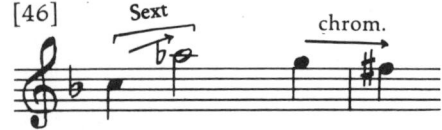

[47]

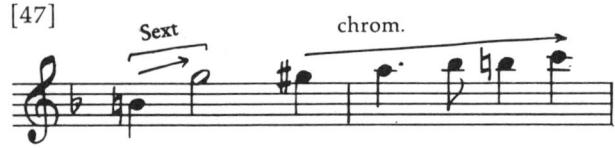

[48]

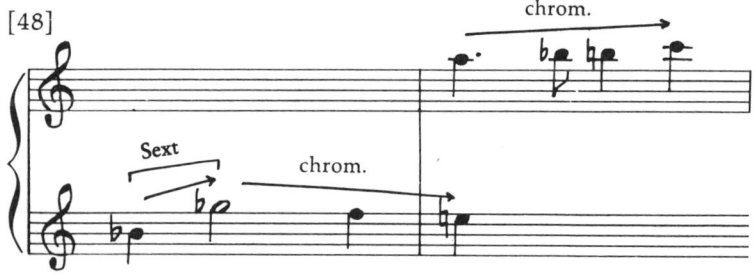

[49]

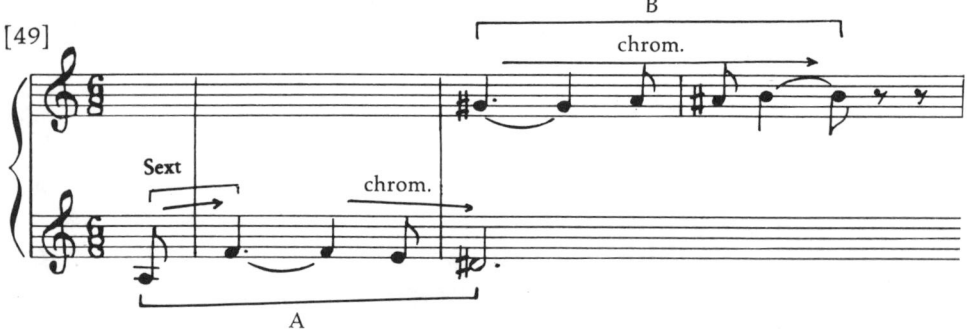

II

So vieldeutig und herrlich diese »Romeo«-Musik auch ist, sie ist nur eine Andeutung dessen, was zwei Jahrzehnte später folgen wird. Nehmen wir diese einsame, seufzende Phrase, mit der sie beginnt, mit ihrer aufsteigenden Quart und ihrem ersterbenden chromatischen Absinken [45]; erweitern wir die Quart zu einer kleinen Sext mit dem gleichen ersterbenden Absinken [46], und was haben wir? Tristan, natürlich. Nun nehmen wir Berlioz' zweite Phrase, die tatsächlich mit einer aufsteigenden Sext beginnt und sich in einer chromatischen Aufwärtsbewegung fortsetzt [47], und wir haben Isolde. Jetzt fügen wir die beiden zusammen [48]. Und was haben wir jetzt? Tristan *und* Isolde. Die Abkunft dieser Wagner-Musik von jener Berlioz' scheint sonnenklar; denn die epochemachende Eröffnungsphrase von Wagners »Tristan« ist in Wahrheit die Überlappung zweier zurechtgestutzter Sub-Phrasen der »Romeo«-Symphonie [49]. Es sieht so aus, als wäre dies ein klarer Fall von Diebstahl oder, wenn wir höflich sein wollen, von Anleihe; aber die Sache ist viel subtiler. Es handelt sich hier eher um ein Phänomen der Umwandlungsgrammatik, um reinsten Chomsky: eine Oberflächenstruktur, nämlich die Berlioz', wurde zur Tiefenstruktur einer neuen Oberflächenstruktur, nämlich derjenigen Wagners [50]. Die Umwandlungen sind völlig klar: die Ausdehnung des Einleitungsintervalls, die Erweiterung der Quart zur Sext, worauf die Überlappung der beiden Gefügeteile folgt. Es handelt sich hier selbstverständlich um eine unbewußte Anleihe, auch wenn wir wissen, wie beinahe neidvoll Wagner Berlioz' »Romeo« bewundert hat. Wir

[50]   Langsam und schmachtend

könnten – in den semantischen Begriffen der letzten Vorlesung –
eigentlich sagen, »Tristan und Isolde« sei eine riesige Metapher von
»Romeo und Julia«. Eine kühne, aber unwiderstehliche

Behauptung: die ganze Oper hindurch gibt es einfach zu viele Anhaltspunkte für diese Romeo-in-Tristan-Metapher. Sie brauchen sich nur an die Tanzmusik von Berlioz' Ball-Szene erinnern [51] und sie mit Isoldes bebender Erwartung im zweiten Akt des »Tristan« vergleichen [52]: Romeo, der liebt [53]; durch die bloße Erweiterung einer Terz zu einer Quart wird daraus Tristan, der liebt [54]. Und wir haben uns noch gar nicht zu Berlioz' großartiger Balkonszene vorgewagt, mit ihrem pochenden, leidenschaftlichen Höhepunkt [55]. Ich brauche Ihnen Wagners Metapher darauf gar nicht erst vorzuspielen. Aber ich spiele sie trotzdem [56].

233

234

Ich möchte hier nicht Wagner als Plagiator herausstellen, sondern als Verwandlungs-Magier. Ich möchte zeigen, in welchem Maße eine Tonsprache sich an Ausdrucksfähigkeit und an Bedeutung zu entwickeln vermag – von Komponist zu Komponist – in einem Zeitraum von bloß zwanzig Jahren, so wie sie sich von Haydn zu Beethoven, von Skrjabin zu Strawinsky entwickelt hat. Die Musikgeschichte ist voll derartiger Beispiele; aber dieses ist ein besonders treffendes. Und Hand in Hand mit dieser Entwicklung vollzieht sich das Anwachsen der Zweideutigkeiten. »Tristan« ist der Gipfelpunkt der Vieldeutigkeit, ein Wendepunkt – nachher konnte Musik nie wieder dieselbe sein; »Tristan« weist die Musikgeschichte direkt in die Krise des zwanzigsten Jahrhunderts.

»Tristan« nützt die Möglichkeiten der Vieldeutigkeit bis zum letzten aus, in jeder der drei sprachlichen Hinsichten, die wir besprochen haben. Die hochchromatischen Einleitungstakte des Vorspiels zum Beispiel haben analytische Geister mehr als ein Jahrhundert lang in phonologischer Hinsicht fasziniert [57]. In welcher Tonart sind wir? Oder sind wir am Ende in gar keiner? [58]. Hat diese Kadenz auf dem Dominantseptakkord a-moll angezeigt? [59]. Aber die Dominante löst sich nie in der a-moll-Tonika auf. Statt dessen folgt eine lange Pause, die Phrase wird wiederholt, höher und eindringlicher, die aufsteigende kleine Sext wird gedehnt und in eine große Sext verwandelt [60], und da ist wieder eine Dominante, aber in einer anderen Tonart. Und wieder eine Pause. Und wieder das gleiche, noch höher [61], nun auch zeitlich gedehnt, und noch eine andere Dominante. Und die Kadenz wird um eine Oktave höher wiederholt [62], andeutend: »Diese Tonart könnte es sein.« – »Könnte sie's?« fragt Wagner und wiederholt fragmentarisch die beiden letzten Noten [63]. Aber die Harmonie ist weggelassen, so daß die Zweideutigkeit dieser Frage noch intensiver wird. Und nochmals die bruchstückhafte Wiederholung, eine Oktave höher [64]. Ist es die? Dann endlich [65] sagt Wagner: »*Die* ist es«, die ursprüngliche Dominante in a-moll – doch halt [66], die Auflösung ist ein Trugschluß. Keine Spur von a-moll. Mit anderen Worten: die Auflösung dieser ganzen Zweideutigkeiten ist selber mehrdeutig. Ist das tonal, ist das eine Spiel mit der Tonalität, oder ganz einfach nichttonal? Wagner läßt uns im

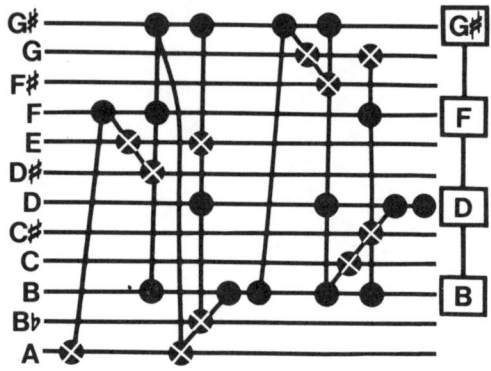

ungewissen. Es ist, als könnte die äußerste Chromatik dieser Musik mit ihrem ungestüm unbesänftigten, sinnlichen Sehnen nicht länger durch ein tonales Rahmengeflecht in Schranken gehalten werden. Und deshalb ist »Tristan« das Krisen-Werk des neunzehnten Jahrhunderts.

Während ich unlängst in der Nacht über all dies nachdachte, machte ich – aus reiner Neugierde – ein Diagramm, um genau festzuhalten, mit welcher Häufigkeit die zwölf chromatischen Töne in den beiden ersten Phrasen dieses Vorspiels aufscheinen [67]. Das Ergebnis war merkwürdig interessant: alle zwölf Töne kommen zumindest einmal vor – im Licht der im folgenden Jahrhundert auftretenden Zwölftonmusik an sich schon bezeichnend –, aber vier Töne herrschen vor, indem sie mehr als *zweimal* aufscheinen. Und diese vier Töne, Gis, F, D und H, ergeben zusammen den verminderten Septakkord [68]. Keine Angst, ich werde das nicht erklären. Aber es steht dafür, zu wissen, daß der verminderte Septakkord die vieldeutigste aller tonalen Konstruktionen ist und aus diesem Grunde zur beliebtesten harmonischen Zweideutigkeitsform der Komponisten der Romantik wurde. Aber vielleicht sollte ich das doch erklären, wenigstens ein bißchen.

Jeder verminderte Septakkord kann auf vier verschiedene Arten aufgelöst werden, so daß dieser Akkord zumindest vierdeutig ist. Nehmen wir zum Beispiel diesen hier [69]. Er kann sich in vier

[68]

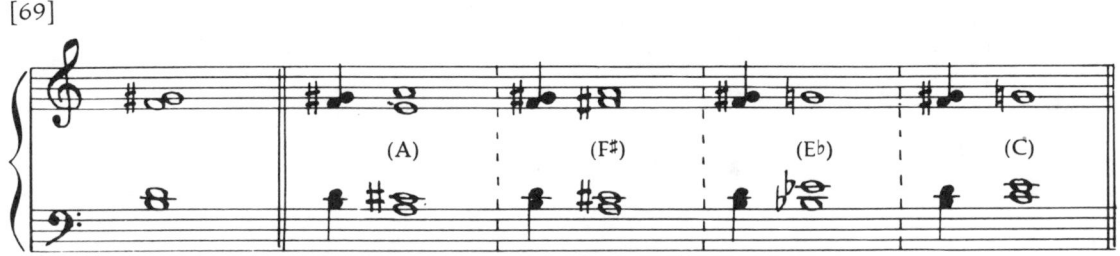

verschiedene Tonikas auflösen: in A, in Fis, in Es und in C. Dazu
kommt, daß jede dieser vier Tonikas in Dur oder in Moll stehen kann.
(Es gibt auch noch weitere Auflösungsmöglichkeiten, aber die möchte
ich übergehen.) Kein Wunder, daß sich die Romantiker auf diesen
Akkord stürzten; in allen mehrdeutigen Situationen ist er von
wunderbarem Nutzen: bei schwermütiger Ziellosigkeit [70] (wo wäre

238

Tschaikowsky ohne sie?), bei geräuschvoller Verwirrung [71] (wo wäre Liszt ohne sie?), oder bei jäher, dramatischer Ungewißheit, wie hier in »Carmen« [72]. Ungewißheit. Spannung. Mehrdeutigkeit.

Bemerkenswert wird die Angelegenheit dadurch, daß in den ersten zwei Phrasen des »Tristan«-Vorspiels in Wirklichkeit gar kein verminderter Septakkord vorkommt; dieser Akkord wird durch die Gewichtigkeit der vier Töne Gis, F, H und D nur angedeutet, sie werfen einen vieldeutigen Schatten. Ihre Gegenwärtigkeit ist zu spüren, sie lastet als verminderter Septakkord über der Musik, auch wenn ein solcher nicht angeschlagen wird. Stellen wir uns also die Frage, ob die Vorherrschaft, die Gewichtigkeit dieser vier Töne das Ergebnis einer bewußten Berechnung Richard Wagners ist. Alle meine Gefühle sagen mir: nein! Es muß sich hier um einen unbewußten Vorgang handeln. Für mich ist es ein Schulbeispiel für das Ablaufen sprachlicher Umwandlung, indem diese versteckte Tiefenstruktur [73] in eine umgestaltete Oberflächenstruktur verwandelt wird, in welcher der bewußte Akkord nicht mehr wahrgenommen werden kann.

Diese ganze chromatische Vieldeutigkeit wird durch die syntaktische Ungewißheit der musikalischen *Struktur* in hohem Maße verstärkt. In Wirklichkeit hat dieses Vorspiel alles andere als eine ungewisse Struktur. Sie ist sehr engmaschig geknüpft. Aber Wagner erlegt ihr mit Absicht syntaktische Zweideutigkeiten auf, um das Vorspiel verzehrend, geheimnisvoll und zeitlos erscheinen zu lassen. Zeitlos – das ist das Wort. Die alleräußerste *Langsamkeit* von alledem [74]; »langsam und schmachtend«, schreibt Wagner ... und dann die endlosen, ausgeschriebenen Stillen zwischen den Phrasen ... und dann die Zweideutigkeit der Frage, ob diese erste Note ein Auftakt ist oder nicht? Kein Impuls, der uns einen Hinweis gäbe. (Und überhaupt: woher wußten wir, daß die korrespondierende Phrase in Berlioz' »Romeo« [75] auf einem schweren Taktteil begann? Was sie im übrigen tat.)

[75] ♩ = 66

239

All diese Zweideutigkeiten, und viele andere dazu, lassen uns durch ihr Zusammenwirken in eine neue Dimension der Zeit einsinken, die ganz anders ist als alles, was sich bisher in der Musik abgespielt hat. Es ist eine Zeit, die nicht mehr verrinnt oder dahinstürmt oder verstreicht: diese Zeit bewegt sich unmerklich, unwahrnehmbar – so wie sich der Mond bewegt, so wie die Blätter ihre Farbe ändern.

Und das ist es, worin die wahren semantischen Eigenschaften dieses »Tristan« liegen – abgesehen von der Bedeutsamkeit des Textes, Wagners eigener Dichtung; abgesehen vom Rittertum, vom Liebestrank und vom Betrug; abgesehen von den Leitmotiven, die Sehnen oder Tod bedeuten. Ich spreche von der musikalischen Bedeutung, die wir kennengelernt haben, als der Summe von phonologischen und syntaktischen Umwandlungen, deren Ergebnis eine hochpoetische, metaphorische Sprache ist. In diesem Sinne ist »Tristan« unübertrefflich: er besteht aus einer langen Reihe unendlich langsamer Verwandlungen, Metapher auf Metapher, von der geheimnisvollen ersten Phrase durch die Höhepunkte der Leidenschaft und der Verklärung hindurch, bis hin zu seinem Ende. Ich könnte sogar eine Tiefenstruktur für die Eröffnungsphrase aufstellen, die Ihnen zeigen würde, daß schon hier der schließliche »Liebestod« in seinem Kern vorhanden ist. Wenn wir, wie es gewöhnlich getan wird, a-moll als Tonart der Eröffnungsphrase akzeptieren, können wir zwei Vorhalte – oder »anlehnungsbedürftige« Noten – innerhalb dieser Phrase ausmachen [76]. Beide lösen sich in der üblichen Art und Weise auf. Indem wir diese dissonanten Noten einfach verwerfen, erhalten wir diese Reihe [77]. Das ist ein möglicher Tiefenstruktur-Kern, durch das Verwerfen zweier Vorhalte entstanden. Jetzt wandeln wir diesen Kern um, mittels Versetzung und anderer Regeln, auf die ich hier nicht eingehen will, und wir erhalten diese neue Reihe [78]. Durch weitere Umgestaltungen, darunter auch metrischer Art, bekommen wir diese melodische Phrase [79]. Und wenn wir diese Melodienlinie mit reinen, diatonischen Terzen stützen, von allen chromatischen Windungen und quälenden Fesseln befreit, erreichen wir die Verklärung des Endes [80]. In meinem Ende liegt mein Anfang, sagte T. S. Eliot. Wir wollen uns beides anhören, den Beginn und das Ende von »Tristan und Isolde«. *(An dieser Stelle wird das Vorspiel und der Liebestod aus Richard Wagners »Tristan und Isolde« aufgeführt.)*

III

Musik kann also nie wieder das sein, was sie war. Die Tore der
Chromatik sind aufgerissen – diese goldenen Tore des Goldenen
Zeitalters, die als äußerste Grenzpfähle der Zweideutigkeit eisern
standhielten in diatonischer Majestät. Aber nun, da sie offenstehen, da
sie von Berlioz und Chopin und Schumann und Wagner aufgerissen
worden sind, nun befinden wir uns in neuen Klanggebieten, und diese
sind anscheinend grenzenlos. Wir eilen, wir springen von einer
Zweideutigkeit zur anderen, von Berlioz zu Wagner zu Bruckner und
Mahler, zu Debussy und Skrjabin und zu Strawinsky. Diese romantische
Ausgelassenheit ist ein schwindelndes Abenteuer, sie läßt eine
Hemmung nach der anderen fallen, sie frönt immer neuerer und immer
unerlaubterer Zweideutigkeiten, häuft sie auf, reiht sie aneinander,
fordert sie heraus – fast ein Jahrhundert lang. Aber wie vieldeutig kann
man sein, ehe die Klarheit der musikalischen Bedeutung völlig erlischt?
Und wie weit kann die Musik in diesem chromatischen Neuland
herumwildern, ohne sich in ein unmarkiertes Gebiet zu begeben, in ein
Dickicht von Versetzungs- und Auflösungszeichen? Existieren keine
anderen achtunggebietenden, Schranken setzende Tore – vielleicht nicht
goldene, vielleicht nur Wälle aus Stein oder rohe Zäune? Natürlich gibt
es welche – *gab* es welche, ehe sie unter der Attacke eines neuen
Jahrhunderts zusammenbrachen. Diesen tonalen Zäunen, diesen
Ordnungs-Mauern gelang es irgendwie noch immer, die
Auswucherungen der Chromatik in Schranken zu halten, sogar durch
die Krisen von »Tristan und Isolde«, von »Pelleas und Melisande«, vom
»Sacre du printemps« hindurch. Aber letztlich kam eine totale Krise,
eine Krise, die bis heute keine Auflösung gefunden hat – und das ist
mehr als ein halbes Jahrhundert her. Wie ich schon in unserer ersten
Vorlesung sagte: wenn wir je Aug' in Aug' mit Ives' »offener Frage«
stehen sollen, wenn wir je diese Krise verstehen sollen, müssen wir zuvor
verstehen lernen, was sie herbeigeführt hat. In dem mir verbleibenden
Teil dieser Vorlesung werde ich versuchen, Ihnen ein Gefühl für diese
krisenhafte Wendung zu geben; wir werden ein kurzes Stück, das sehr
bezeichnend für einen besonders gewichtigen Augenblick der

Musikgeschichte ist, zunächst analysieren und dann anhören: Debussys
»Prélude à l'après-midi d'un faune«, einen der allerletzten Schlachttürme
tonalen und syntaktischen In-Schranken-Haltens, gleich Mallarmés
Gedicht, auf dem es beruht.

Dieser verzückte »Faun« entstand knapp vor der Jahrhundertwende,
in einem Augenblick, da alle Künste am Rande eines radikalen Wechsels
standen: damit meine ich nicht bloß eine stilistische Veränderung, ich
meine einen radikalen Wechsel. Die Kräfte und Säfte, die die
gegenständliche Malerei zersetzten, hatten bereits den Impressionismus
auf den Plan gerufen; der darzustellende Gegenstand verschwand rasch
in farbigen Fluten, bloß angedeuteten Formen, chromatischen,
pointillistischen Trugbildern. Kubismus wartete um die Ecke, abstrakte
Malerei lag in der Luft. In der Dichtung begab sich ein bemerkenswerter
Zersetzungsprozeß der Syntax, eine Auffächerung von
Bedeutungsinhalten und logischen Zusammenhängen, die den Verstand
berauschten. Das Herz schmerzt ein bißchen zu willig. Schlaftrunkene
Betäubung quält die Sinne. Ein dekadenter Ästhetizismus färbt den
Horizont violett. Und in diesem letzten violetten Jahrzehnt warten
Salome, Des Esseintes und Dorian Grey auf ihren Auftritt. Überall
schwebt eine angenehme Unbestimmtheit, eine überfrachtete
Vieldeutigkeit an Träumen, Bildern und Symbolen. Baudelaire treibt
sich in den „Blumen des Bösen" herum, Rimbaud im »Trunkenen
Schiff«. Mallarmé übersteigert sich mit Hilfe antisemantischer
Wunderkräuter, steigert sich in eine Art Faun hinein, irgendwie
Vergangenheiten erinnernd, vielleicht durch Träumerei, vielleicht durch
Tändelei mit irgendwas wie Nymphen, vielleicht mit einem Paar,
vielleicht ist er gar ein Teil davon, war's in Sizilien, wo und wann und
wer? – alles taucht ins Wie, ins allgegenwärtige Wie hinein. (Um Gottes
willen, jetzt tu ich's selber.) Die Lautlehre übernimmt die Zügel, die
Satzlehre ist eine unbestimmte Erinnerung an etwas einst Gelerntes.
Wenn alle Künste, wie Walter Pater* sagte, den Ehrgeiz haben, zu Musik
zu werden, dann kommt Mallarmés Gedicht dem sicherlich sehr nahe.

* Walter Pater, englischer Schriftsteller und Kulturphilosoph (1839–1894), dessen
  ästhetische Weltanschauung zur Grundlage der englischen Dichtung des ausgehenden
  XIX. Jahrhunderts wurde.

Und wenn Debussy den Faun in Musik setzt, wird Mallarmés Traum zur Wirklichkeit. Schlaftrunkene Betäubung durchdringt tatsächlich diesen Eröffnungstakt [81]. Wo sind wir? In welcher Tonart hören wir diese Panflöte? In gar keiner Tonart – das heißt, vielleicht in E-Dur [82]. O ja, sicher sogar in E-Dur; aber nein, da wird's wieder ungewiß [83] und löst sich in den unwahrscheinlichsten aller Akkorde auf [84], in den Dominantseptakkord von Es-Dur. *Es*-Dur? Vor einer Sekunde waren wir doch noch in E-Dur, nein? Nun, E, Es, wie leicht verwechselt das ein träumender Faun. Und jetzt – wo – was? Nirgendwo. Nichts [85]. Ein ganzer Takt Schweigen. Sechs langsame, schweigende Taktschläge ohne Musik, ganz wie in Wagners »Tristan«-Vorspiel. Aber wissen wir, daß es sechs Taktschläge sind? Wie zählen wir die Stille? Und kümmert es uns? Nein, wir träumen weiter. Wieder diese angenehme Flut von Unbestimmtheit [86], und wieder wird der Dominantseptakkord [87] verlängert und nochmals verlängert . . .

Es ist herrlich, mit Debussy entlangzuträumen, aber Musik läßt sich auf diese Art nicht analysieren. Wir wollen diese Unbestimmtheit verstehen lernen und nicht uns in ihr räkeln; wir müssen aufwachen und uns genau besehen, was wir eben gehört haben. Was ist da mit der Eröffnungsphrase der Panflöte? Das erste, was uns auffällt, ist die hochchromatische Natur dieser Phrase, wie sie sehnsüchtig zwischen den Polen Cis und G auf- und niedertaucht [88]. Aber diese beiden melodischen Pole teilen uns etwas höchst Wichtiges über das ganze Stück mit; sie bilden das Intervall der übermäßigen Quart [89], ein Intervall, das auch unter dem Namen Tritonus bekannt ist, weil es die Spanne von drei Ganztonschritten umfaßt [90]. Dieses Triton-Intervall hat in der Musikgeschichte immer eine ganz besondere Bedeutung gehabt, da es trotzig den Grundregeln der diatonischen Tonalität

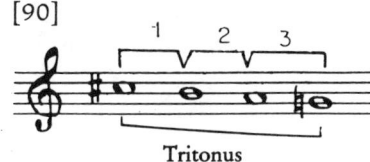

[91]

reine Quart   etc.

[92]

übermäßige Quart

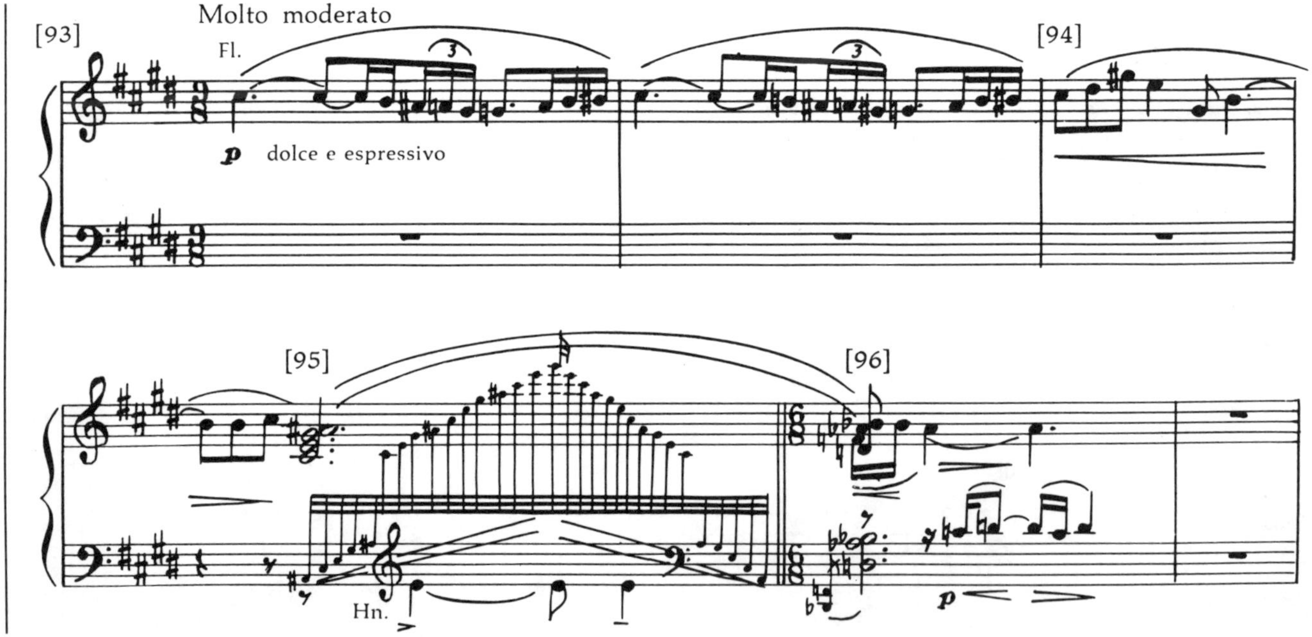

Molto moderato

[93] Fl.

p dolce e espressivo

[94]

[95]

[96]

Hn.

p

zuwiderhandelt, jenem Tonika-Dominante-Verhältnis, das wir in unserer ersten Vorlesung als dem Herzen der Obertonreihe entsprungen kennengelernt haben. Erinnern Sie sich noch dieser frühen Obertöne [91] und der diatonischen Stabilität dieser Intervalle? G zu C ist eine reine Quart; Dominante-Tonika, die Urwurzel jeglicher Tonalität, wie wir es vorige Woche an Beethovens »Pastorale« erkennen konnten – und auch in der Szene aus Berlioz' »Romeo und Julia«, die wir vorhin gehört haben – wenn auch in diesem Fall mehrdeutig verwendet.

Aber in Debussys »Faun« wird dieses so wesentliche Intervall der reinen Quart zu einer übermäßigen Quart (G zu Cis) [92], die ein Tritonus ist, das unstabilste Intervall, das existiert – die vollständige Verneinung der Tonalität. Und dieses Intervall – so zerrüttet und zerrüttend, daß die alten Kirchenväter es für unstatthaft und ungesetzlich erklärten und den *diabolus in musica* nannten – just dieses Triton-Intervall erwählt sich Debussy zu seinem grundlegenden Strukturprinzip. Dieses Intervall ist unser Leitfaden bei der Durchdringung der Unbestimmtheit und der Vieldeutigkeit des Stückes insgesamt, das alle harmonischen Folgerungen, die sich aus dem Eingangs-Tritonus ergeben, bis zur letzten Konsequenz durchführt.

Erinnern Sie sich noch, als wir mit Debussy entlangträumten [93], wie nach diesen ersten beiden unbestimmten Eröffnungstakten die erste Anspielung auf eine Tonart erfolgte [94] – E-Dur? Und wie diese kurz angedeutete Tonart augenblicklich hinwegglitt, in einer Flut von Klängen entglitt [95], die uns in ferne Gewässer treiben ließ [96], in diesen Dominantseptakkord? Jetzt können wir begreifen, *warum* Debussy aus allen denkbaren Akkorden diesen einen auswählte: die Wurzel dieses Akkords ist ein B [97], und B ist genau einen Triton-Schritt vom E entfernt [98], und beim E glaubten wir ja auch zu sein. Der Tritonus [99]. Der Teufel. Und dann schweben wir im folgenden Takt

[101]

E-Dur   H-Dur   A-Dur   Fis-Dur   etc.

des Schweigens in wonnevoller Unentschiedenheit zwischen zwei
Möglichkeiten [100], E-Dur-Tonika und B-Dur-Dominante. Dann
Schweigen.

[100]

Beginnen Sie zu verstehen, was ich damit meine, daß Debussy die
harmonischen Folgerungen aus dem Tritonus durchgeführt hat? Wenn
ja, werden Sie begreifen, daß diese Musik durchaus nicht schlaftrunken
improvisiert, sondern sorgfältig komponiert ist, absichtsvoll danach
ausgerichtet, bestimmte vieldeutige Wirkungen hervorzurufen –
himmelweit verschieden vom gängigen Hollywood-Klischee des
stimmungsunterworfenen Komponisten, der einen unbestimmten
Traum improvisiert, in dem alles überall jederzeit passieren kann. Ganz
im Gegenteil: der Faun ist ein Meisterwerk an Struktur.

Der Schluß des Stückes bestätigt schließlich, daß es zur Gänze in
E-Dur konzipiert war, gleich von Anfang an, wo diese Tonart erst
versuchsweise angedeutet wird. Mit anderen Worten: es endet nicht nur
in E-Dur, sondern während seines ganzen Verlaufes bezieht es sich
darauf, kehrt dahin zurück, liebäugelt damit – oder zumindest mit einem
seiner diatonischen Verwandten [101]. Diese klaren diatonischen
Bezugnahmen erfolgen bei jedem Ruhepunkt, bei jedem Kadenzschluß
einer zu Ende geführten und bei jedem Eintreten einer neuen Episode.
Vieldeutigkeit entsteht dadurch, daß Debussy uns zwischen diesen
Punkten tonaler Artikulation dauernd auf die falsche Fährte lockt (etwa
wie Gerard Manley Hopkins), indem er unsere Ohren absichtsvoll weit
von den diatonischen Grenzpfählen ablenkt, indem er alle möglichen

phonologischen Manöver und superchromatischen Ausbrüche vollführt, die aber zumeist im grundlegenden Triton-Prinzip wurzeln, das in den Eröffnungstakten verkündet worden war.

Ich möchte Ihnen kurz zeigen, wie ich das meine. Hier sind wir in unserem B-Dur-Septakkord [102] und tritonisch jenem E [103] entfremdet, das uns mit Tonalität geknechtet hat. Jetzt gehen wir zu unserer Eingangsmelodie zurück – genau die gleichen Noten [104], nur jetzt harmonisiert. Aber wie harmonisiert? Durch D-Dur; wir sind wieder überlistet. Das E-Dur-Versprechen ist gebrochen. Aber Achtung, was ist das? [105] – wir sind *doch* in E-Dur. Aber nur einen verführerischen Wimpernschlag lang; wir kehren zu unserem B-Dur-Septakkord zurück [106], verbünden uns mit ihm und verlassen ihn gleich wieder. Ein weiteres chromatisches Seitwärtsgleiten [107] führt uns zu – nicht schon wieder! – dem gleichen B-Dur-Septakkord, nur wird er jetzt anders notiert, nämlich mit Versetzungszeichen [108]. Und noch einmal [109]! Warum dieses Beharren? Warum schlägt uns Debussy dieses B (oder Ais) mit solchem Nachdruck um die Ohren? Weil das E-Dur-Versprechen gleich eingelöst werden wird und er nicht will, daß wir dessen gewahr werden: er will uns so vieldeutig und so entfernt davon wie nur möglich darauf vorbereiten, also – durch den Tritonus, B-Dur [110]. Und wenn die glückliche Ankunft endlich vollzogen wird [111], hören wir die Eingangsmelodie zum dritten Mal, aber diesmal klar und unzweifelhaft in unserer langversprochenen, sehnsüchtig erwarteten Tonart E-Dur. Endlich. Das verstehe ich unter einem Ruhepunkt, einer Ankunft.

[110]

[111]

252

Diese neue Episode schreitet ganz durchschaubar in der friedvollen E-Dur-Tonart zu ihrem Höhepunkt fort, der dann in die erste wirkliche und eindeutige Kadenz des Stückes übergeht; und, Wunder über Wunder, dieser Kadenz-Ruhepunkt ist in H-Dur [112], der Dominante von E-Dur, genau wie es nach der klassischen Tradition der Fall sein soll. Wo bleibt da die Zweideutigkeit? Wo ist das Unbestimmte hin, die wichtigste Eigenschaft dieses Stückes? Aber darum geht es ja gerade: die allgemeine, die umfassende Vieldeutigkeit entsteht aus dem Hin und Her von all diesen chromatischen Fahrten ins Blaue und den sorgfältig verteilten Grenzpfählen der tonalen Artikulation. Wir haben dieses Phänomen bei Mozart entdeckt und dann bei Berlioz und bei Wagner: Chromatik durch Diatonik in Schranken gehalten, bloß ist hier die Chromatik übermäßig vergrößert und – wenn ich auf meine frühere, deftige Metapher zurückkommen darf – da stehen immer noch die Zäune, sie zurückzuhalten. Sie sind zwar etwas wackelig, aber sie stehen.

atte ite 4 ur 5
Zum Beispiel: Kaum nehmen wir uns die Zeit, uns an der klassischen Dominant-Kadenz in H-Dur [113] auszuruhen, bricht ein neuer Widerspruch auf [114], der auf dem ursprünglichen Tritonus von G und Cis [115] beruht, jetzt aber zu einer neuen Tonbildung ausgefeilt wurde, der Ganztonleiter [116]. Spüren Sie diese neue, diese besondere Mehrdeutigkeit? Es ist der Klang der Ganztonleiter, einer einzigartigen Erfindung Debussys, vom ursprünglichen Tritonus direkt abgeleitet. Es ist nicht schwer zu verstehen, wie diese Tonleiter entstanden ist, wenn man sich vor Augen hält, daß das Triton-Intervall die Spanne von drei ganzen Tönen umfaßt. Beginnen wir zum Beispiel bei Cis und steigen wir in Ganztonschritten aufwärts [117]; eins, zwei, drei und wir sind beim G angekommen, dem tritonischen Gegenpol. Nun geben Sie acht: Wenn wir diesen Vorgang ganz einfach wiederholen, beim G beginnen,

[117]

253

bei dem wir gerade ankamen, und abermals drei Ganztonschritte machen [118], sind wir – oh Wunder – wieder beim Cis angelangt, bloß um eine Oktave höher. Kurzum, wir haben eine Tonleiter, eine Ganztonleiter [119]. Folgendes hat sich begeben: Der Oktavraum, Cis zu Cis, ist nicht mehr diatonisch [120] (das wären fünf Ganz- und zwei Halbtöne) oder chromatisch [121] (das wären zwölf Halbtöne) aufgeteilt, sondern in sechs gleich große Ganztonschritte unterteilt [122], in deren Mittelpunkt, zwischen den beiden Cis, das tritonische G steht. Was daran so besonders wichtig ist, ist der Umstand, daß wir zwar eine Tonleiter haben, aber daß sie nicht *tonal* wirksam werden kann – sie kann weder eine Tonika- noch eine Dominante-Beziehung herstellen. Und warum? Weil diese Tonleiter von Natur aus weder das Intervall der Quint noch das Intervall der Quart besitzt [123], die, wie wir genau wissen, die ersten und stärksten Töne in der Obertonreihe sind, also das Um und Auf der Tonalität. Daher: keine Quinten, keine Quarten [124], keine Tonika, keine Dominante, kein Um und Auf und kein Zarathustra. Und – folgen wir diesem Gedanken – natürlich auch kein Quintenzirkel. Und daher sind auch keine herkömmlichen Modulationen möglich. Diese Tonleiter ist selbstbeschränkend, autistisch, sozusagen; sie ist *atonal* – die ersten geordneten atonalen Bausteine, die je in der Geschichte der Musik zum Vorschein kamen. Und infolge ihrer atonalen Natur bringt diese Tonleiter plötzlich die vieldeutigsten Klänge hervor, die je in der Musik gehört wurden. Aber im »Faun« werden sie von tonalen Grenzpfählen überwacht; gerade dann, wenn wir uns in Debussys atonalem Dickicht völlig verloren wähnen [125], erreicht die

255

Animato

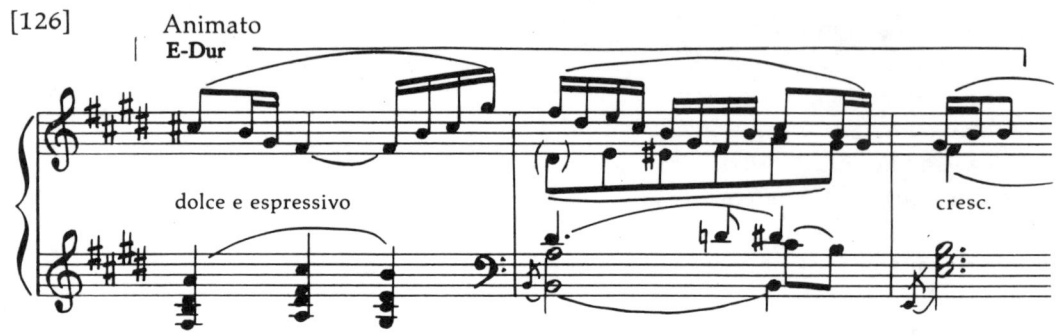

Musik einen ihrer Ruhepunkte [126], und wir sind wieder daheim – in diesem Fall in E-Dur. Vom Zaun gerettet. Aber einen Augenblick lang standen wir am Rand des Abgrunds; auf Kosten der Klarheit der Bedeutung hatten sich die Töne plötzlich zu wichtig genommen und waren an ihrer eigenen Chromatik allzu interessiert.

Fast das gleiche begibt sich in Mallarmés Gedicht. Die Bilder und Symbole häufen sich in so beziehungsvoller Verschwendung, in so sichtlicher Zweck- und Sinnlosigkeit, daß wir uns beim Lesen oft wie weggespült fühlen vom Klang – vom natürlich hinreißenden Klang –, aber wir fühlen uns in bezug auf das Verstehen auch auf hoher See. In literarischen Begriffen ausgedrückt: es drohen die Laute auf Kosten der Bedeutung das Heft in die Hand zu nehmen – und in der Tat eine ihnen eigene Semantik zu erschaffen.

Das ist eine sehr subtile Materie, sie enthält die Geheimnisse des Schöpfungsaktes an sich und ist äußerst schwierig festzunageln; aber lassen Sie mich wenigstens *einen* Nagel einschlagen. In Mallarmés Gedicht ruft sich der Faun ein Traumbild zurück: am Gestade eines stillen sizilianischen Teiches hat er „die hohlen Schilfrohre, die vom Talent bezwungen werden«, geschnitten (les creux roseaux domptés par le talent) – ein Bild, in anderen Worten, der Geburt der Musik. Und in diesem Augenblick (et qu'au prélude lent) – ein Augenblick, den er »langsames Vorspiel« nennt, hat er die Vision von einem Schwarm von Schwänen (nein, Najaden!), die davoneilen (oder davontauchen) – eine Zweideutigkeit nach der anderen. Und an diesem Punkt setzen die folgenden zwei Verse ein, die Rückerinnerung des Traumes:

> Sans marquer par quel art ensemble détala
> Trop d'Hymen souhaité de qui cherche le *la*.

Wollte man die zwei Verse wörtlich übersetzen und dadurch noch schwindliger in ihrer Bedeutung machen, müßte man sagen: »Ohne zu merken, mit welcher Kunst gemeinsam entkam/zuviel Hymen ersehnt von dem, der sucht das A.«

Ich will erst gar nicht weiter zu interpretieren versuchen; ich möchte nur ihre Aufmerksamkeit auf das Wort *la* lenken – es bedeutet die Note A –, das am Ende eines Verses

257

steht, wo es einen reinen Reim mit dem letzten Wort der vorhergehenden Zeile bildet, mit *détala* (détaler: entkommen, fortlaufen). Und ich frage Sie jetzt, ob es nicht möglich wäre, daß das symbolische Wort »la« eher phonologisch als syntaktisch geboren worden ist, auf Grund seines Innewohnens im früheren Wort »détala«, das seinerseits, in unmittelbarer Nähe zum musikalischen Begriff des »Prélude«, die musikalische Assoziation des »la« hervorgerufen haben mochte.

Ich möchte noch deutlicher fragen: Könnte es nicht sein, daß das Bild des »la« *keineswegs deshalb* geschaffen wurde, weil der Dichter beabsichtigt hatte, es hervorzurufen – weil er einen bedeutungsschweren Gedanken hatte und versuchte, ihn in strukturierter Art und Weise auszudrücken – sondern daß es *phonologisch* von der vorhergehenden Zeile eingegeben wurde? Ich möchte behaupten, daß dies nur einer von Hunderten von schöpferischen Mechanismen dieses Gedichtes ist, und sie alle sind Beispiele für phonologische Anstöße, die auf Kosten syntaktischer und semantischer Klarheit wirksam werden.

Aber bedenken Sie bitte auch, daß das eben angeführte Beispiel einen Reim enthält, genauer: ein Reim-Paar; auf diese Weise wird Ihnen plötzlich klarwerden, daß auch Mallarmé seine Zäune hat – seine strukturellen und tonalen Zäune, gewissermaßen. Und ebenso wie Debussys Unbestimmtheiten durch klare Kadenzauflösungen behütet werden, durch klassisch stabile, untereinander verwandte Tonarten, ist auch Mallarmés Traum innerhalb eines Traumes in klassische Strukturformen gefaßt, in vollendet gereimte alexandrinische Strophen. Es ist fast ein Schock, wenn man erkennt, daß dieses verschwimmendste aller Gedichte mit seinen ausweichenden, wenn auch sehr sprechenden Bildern von Anfang bis zum Ende in strengen Rhythmen gedichtet ist. Mehr noch: Mallarmé weist auf bestimmte Episoden innerhalb des Gedichtes ausdrücklich hin, indem er sie kursiv und in Anführungszeichen setzen läßt; und merkwürdigerweise stimmen diese Episoden mit ähnlichen Episoden in Debussys musikalischem Gegenstück überein.

Trotz aller Unbestimmtheiten bewahren also Gedicht und Musik die Klarheit des Ausdrucksgefüges. Das Gedicht und die Musik sind »high«, beide haben Laut-Pillen genommen, aber in beiden Fällen wird dieser ihr Zustand oder ihre erhöhte Bewußtseinslage, oder welchen psychedelischen Begriff Sie immer anwenden wollen, durch die Vernunft in Schranken gehalten. Beide Werke zum Beispiel haben genaue Anfänge und Schlüsse und schaffen so einen Rahmen, der die Wahrnehmbarkeit stark unterstützt. Mallarmé beginnt mit einer unumwundenen Aussage: »Ich will diese Nymphen verewigen« – wenn auch, wie könnte es anders sein, mit einem kleinen Kunstgriff, einer Versetzung in der Wortreihenfolge: »Ces nymphes, je veux les pérpetuer«. In der gleichen Art ist Debussys Beginn eine klare Flötenmelodie [127], aber mit *seinem* kleinen Kunstgriff, unserem bereits wohlbekannten Tritonus. Und Mallarmés Schluß ist ebenfalls klar in seinem Endzweck: »il faut dormir«, wir müssen schlafen gehen; »couple, adieu«, Lebewohl, Paar, ein klarer Abschied; wenngleich mit dem verträumten (wieder ein Kunstgriff!)

Zusatz: »je vais voir l'ombre que tu devins«, ich werde den Schatten besehen, zu dem du wurdest. In ähnlicher Weise ist auch Debussys Schluß ein klares Lebewohl, wenn auch angekränkelt vom bleichen Hauch des Tritonus.

Dieses Ende ist erstaunlich, denn es ist so bestimmt und gleichzeitig so unbestimmt. Es ist, Sie wissen es, in E-Dur, und die Schlußtakte bilden ebenso deutlich ein Ende wie ein Amen – sie sagen tatsächlich *Amen*, zweimal. Hören Sie zu, wenn ich jetzt diese letzten Takte spiele; ich werde eine Note verändern – dieses Ais [128], den Tritonus in unserer E-Dur-Tonart [129]. Diese Note ist der Störenfried, die »falsche« Note, sozusagen. Ich entferne das Vorzeichen und verwandle sie in ein A, das zu E-Dur gehört [130]; dank dieser kleinen Veränderung werden Sie ganz deutlich zweimal Amen hören – man nennt das Plagalschlüsse – wie in der Kirche, am Ende der Lobgesänge [131]. Amen, Amen. Aber natürlich sitzt in Debussys Version ein Störenfried, das tritonische Ais, und so sind seine Amen trüber und vieldeutig. Aber es sind dennoch Amen, in voller Übereinstimmung mit dem tritonischen Prinzip, das vom ersten Takt an gewaltet hat.

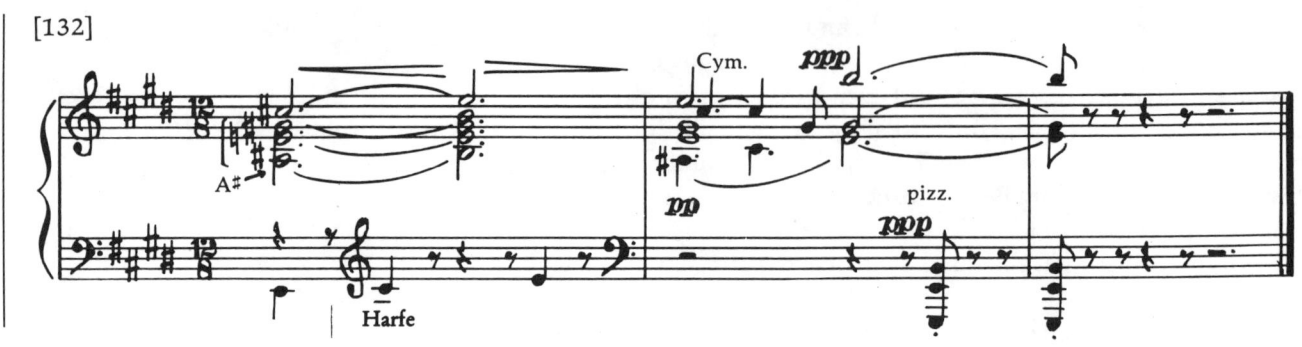

Und sie klingen so [132].

So endet unser »Faun«. Wir wollen ihn jetzt anhören und wollen dabei nicht vergessen, daß anläßlich seiner amerikanischen Erstaufführung, vor über fünfundsiebzig Jahren in Boston, der Großteil des Publikums mit dunklen Verwünschungen dieser »verrückten modernen Musik« den Konzertsaal verließ. Sie wissen jetzt, warum.

(An dieser Stelle wird Debussys Prélude à l'après-midi d'un faune *gespielt)*

Verrückte moderne Musik? In Wirklichkeit ist es ein Essay über E-Dur, so wie die »Pastorale« ein Essay über die Tonika und die Dominante von F-Dur ist. Aber die Leute, die vor über fünfundsiebzig Jahren dunkle Verwünschungen ausstießen – sie spürten etwas. Sie spürten, daß dieser Faun der totalen Vieldeutigkeit den Weg weist – noch ein Schritt, und man ist verloren, verloren in hemmungsloser Chromatik. Es dauerte nur eine kurze Dekade, bis die Krise tatsächlich eintrat; und ich hoffe, daß diese analytische Vorlesung Sie einigermaßen darauf vorbereitet hat, diese Krise, der wir in der nächsten Vorlesung ins Auge blicken werden, zu verstehen.

5. Die Krise des zwanzigsten Jahrhunderts

I

(Die Vorlesung beginnt mit einer Aufführung des vierten Satzes aus Ravels »Rhapsodie Espagnole«)

Was für ein Entree ins 20. Jahrhundert! Diese spanische Rhapsodie von Ravel strotzt von Selbstvertrauen, sie ist sich der Krise um Leben und Tod der Bedeutung der Musik, die um die Ecke lauert, überhaupt nicht bewußt – oder zumindest von ihr ungerührt. Diese Musik kennt keine Zukunftssorgen; sie ist unbekümmert und selbstgefällig; sie besitzt den kindlichen Glauben, die Tonalität, von der sie lebt, sei grenzenlos; sei unsterblich, solange sie fortlaufend durch größere und bessere Zweideutigkeiten phonologischer und syntaktischer, chromatischer und metrischer Art erneuert und bereichert wird. Sie alle finden sich in dieser Musik, diese ausweichenden, verführerischen Entweder-Oder, die wir zuletzt bei Berlioz und Wagner und Debussy gefunden haben; sie sind alle hier, und noch viel mehr.

Bis jetzt haben sich die herumirrenden Chromatiken, die wir betrachtet haben, stets in einem tonalen Rahmen abgespielt, und Ravel teilt uns in seiner Musik mit, daß er keinen Grund sieht, warum es nicht so weitergehen könne, umzäunt und in Schranken gehalten, bis ans Ende der Zeitrechnung. Dasselbe gilt für all die rhythmischen Zweideutigkeiten, von denen dieses wundervolle Stück überquillt; wie irreführend sie auch immer sein mögen, zuletzt können sie stets in syntaktischen Grundbegriffen menschlicher Symmetrie gehört und verstanden werden. Anders gesagt: die Musik scheint in Sicherheit zu sein – es ist erst 1908, und der »Rosenkavalier«, einige Puccini-Opern, der »Feuervogel« und ähnliche Herrlichkeiten müssen erst geschrieben werden.

Aber 1908 ist, wenn wir bei der Wahrheit bleiben wollen, in seinen tonalen Festungen keineswegs so sicher. Ganz im Gegenteil: es liegt etwas anderes in der Luft, eine Beunruhigung, eine Vorahnung, daß dieser selbstgefällige Optimismus nicht von Dauer sein kann – auch nicht die Tonalität, die gegenständliche Malerei, die syntaktische Poesie, und schon gar nicht das unbegrenzte Wachstum der Bourgeoisie, des kolonialen Reichtums, der kaiserlichen Macht. Feinfühlige Gemüter wittern einen Zusammenbruch der Gesellschaft, einen monströsen Weltkrieg. Ein vorzeitiges faschistisches Flackern ist bereits wahrnehmbar: Marinettis berühmtes futuristisches Manifest ist im Begriff zu erscheinen und verherrlicht den Krieg, die Maschine, die Geschwindigkeit, die Gefahr und fordert Zerstörung der Vergangenheit mit allen ihren Traditionen, Musik inbegriffen. Auf der anderen Seite des Musikmondes komponiert Gustav Mahler zur selben Zeit seine neunte Symphonie, qualvoll und widerstrebend seinen Abschied von der Tonalität hinauszögernd. Skrjabin wagt in seinem »Prometheus« eine verlorene Schlacht um die Eindämmung seiner eigenen, mystischen Chromatik. Und selbst Sibelius schreibt eine vierte Symphonie voll unaufgelöster Zweifel und Ängste. Auch das ist 1908.

Diese beunruhigenden Vorgefühle waren in und um Wien besonders stark spürbar; die Dekadenz und Heuchelei der österreich-ungarischen Monarchie sieht der Wiener Polemiker Karl Kraus im Niedergang der Sprache widergespiegelt und stellt sie in seinen kritischen Schriften schonungslos bloß. Er weiß, was kommen wird. Mahler weiß es auch, aber er schickt sich an, gemeinsam mit seiner geliebten tonalen Musik ins Grab zu sinken. Und da ist ein neuer Komponist, noch in den Dreißigern, der es ebenfalls weiß, aber entschlossen ist, etwas dagegen zu unternehmen. Es ist Arnold Schönberg, der bereits ein imponierendes Werk, die »Verklärte Nacht«, geschrieben hat, in welchem er die wohlbekannten tonalen Vieldeutigkeiten Richard Wagners bis zum Zerreißen anspannte. Die von »Tristan und Isolde« aufgeworfenen Probleme haben nun einen Punkt erreicht, der eine radikale Lösung verlangt. Die Werke sind nicht nur chromatisch unlenkbar geworden, sondern ungefüge in ihrem schieren Umfang. Wie die Dinosaurier sind sie ins Ungeheuerliche gewachsen. Komponisten wie Reger und Pfitzner liegen im Kampf um eine Art teutonischen »Grand Prix« für das längste, schwerfälligste und verwickeltste Musikstück der Welt. Auch Schönberg hat da mitgehalten, mit einem über-wagnerischen Ungeheuer namens »Gurrelieder«. Sie alle, Mahler mit inbegriffen, waren von der gewaltigen »Zukunftswoge« erfaßt worden, die Wagner, in seiner hyperromantischen Ich-Besessenheit, vorausgesagt und in Gang gesetzt hatte. Aber wieviel Wachstum, wieviel chromatische Vieldeutigkeit, wieviel semantische Überfütterung kann man verkraften, ohne unter seinem eigenen Gewicht zusammenzubrechen? Da waren ganz einfach zu viele Noten, zu viele innere Stimmen, zu viele Bedeutungen. Und dies war die Krise der Vieldeutigkeit.

1908 also gibt Schönberg den Kampf um die Bewahrung der Tonalität auf, den Kampf um die Bändigung der nach-wagnerischen Chromatik.

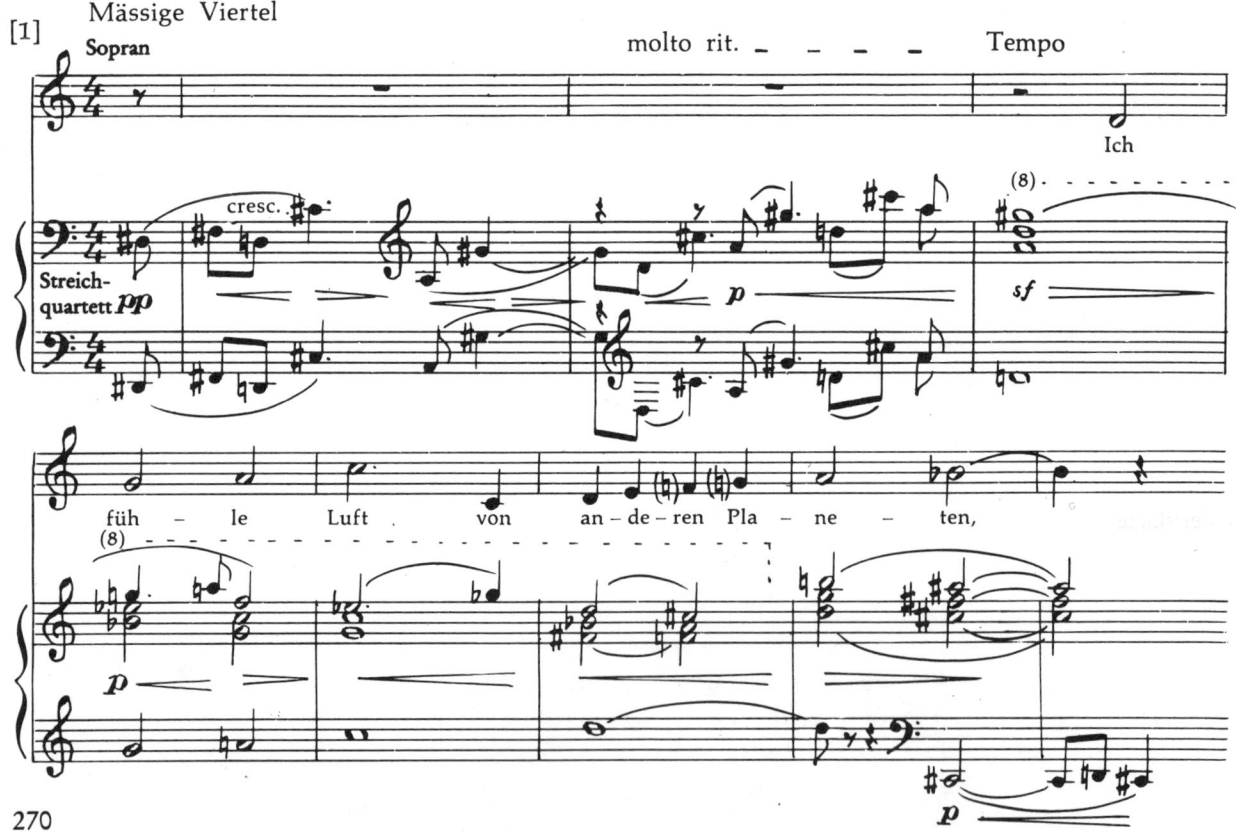

Im selben Jahr schreibt er sein zweites Streichquartett, das offen die
Auflehnung verkündet, die Absage an die Tonalität. Im letzten
Satz dieses Quartettes greift er auf die menschliche Stimme zurück, einen
Sopran, der Stefan Georges prophetische Worte singt: »Ich fühle Luft
von anderen Planeten.« Es hört sich so an [1]. Schönberg fühlte diese
Luft tatsächlich, und wir fühlen sie auch. Dieses Opus 10 wird für lange
Zeit sein letztes tonales Werk sein; in Opus 11 (Drei Klavierstücke)
atmen wir bereits diese neue Luft [2]. Das ist Atonalität (um dieses

271

gräßliche und häufig mißverstandene Wort zu verwenden); nicht die Atonalität der Ganztonleiter Debussys, die, wie wir vorige Woche gesehen haben, stets in tonalen Schranken war. Diese Atonalität kennt keine Schranken mehr, weder diatonische noch andere: auf Gedeih und Verderb hat nichttonale Musik das Licht der Welt erblickt. Die Musikgeschichte ist einem Gezeitenwechsel unterworfen worden.

Aber im selben entscheidenden Jahr 1908 wurde weit weg von alledem – einen Kontinent und einen Ozean entfernt, ausgerechnet in Connecticut – die schonungsloseste Bemerkung, der schärfste Kommentar zur Krise der Tonalität von einem ungehörten, ungeehrten und ungespielten Sonntagskomponisten namens Charles Ives gemacht. Auch er war ein Wissender; auch wenn er keine Ahnung von Schönberg oder irgendeiner Auflehnung in Wien hatte, wußte er, daß etwas im Kommen war, und verkündete es auf seine halb scherzhafte, mystische, eigenartige Weise in einem wundervollen kleinen Stück, das er »Die offene Frage« nannte. Diese Musik sagt alles und mehr, als tausend Worte vermöchten; deshalb will ich, daß Sie sie jetzt hören; sie ist eine beinahe graphische Darstellung dieser Auseinandersetzung. Natürlich ist die Frage, die Ives im Titel des Stückes anführt, nach seinen eigenen Worten keine im engeren Sinn musikalische, sondern eine übersinnliche. Ich möchte aus einem erklärenden Vorwort zitieren:

»Die Streicher spielen ohne Tempowechsel durchlaufend pianissimo. Sie stellen das ›Schweigen der Druiden‹ dar, die ›nichts wissen, nichts sehen und nichts hören‹. Die Trompete intoniert ›Die ewige Frage des Seins‹ und stellt sie jedes Mal im selben Ton, mit gleicher Stimme. Aber die Jagd nach der ›unsichtbaren Antwort‹ wird von Flöten und anderen Menschenwesen (typisch für Ives' kauzigen Humor) bestritten, sie wird immer drängender, schneller und lauter ... (Diese) kämpfenden Beantworter spüren allmählich ... eine Sinnlosigkeit heraus und fangen an, ›die Frage‹ zu verspotten – der Kampf ist vorläufig beendet. Nach ihrem Verschwinden wird ›die Frage‹ ein letztes Mal gestellt, und darüber ist das ›Schweigen‹ in ›regungsloser Einsamkeit‹ zu hören.«

Ein reizender Einfall, einfältig und tief zugleich. Aber ich habe Ives' »offene Frage« weniger als eine übersinnliche aufgefaßt denn als eine im engen Sinn musikalische. Musik – wohin – in unserem Jahrhundert? Ich möchte Ihnen das Stück noch einmal erklären, diesmal in auschließlich musikalischen Begriffen. Es gibt drei Elemente im Orchester: die Streicher, die Solotrompete und ein Holzbläser-Quartett.* Die Streicher spielen tatsächlich »ohne Tempowechsel durchlaufend pianissimo«, wie Ives es beschreibt, aber wichtiger als alles über die Druiden ist, daß sie in reinen *tonalen Dreiklängen* spielen. Und vor diesem langsamen, gehaltenen, rein diatonischen Hintergrund stellt die Trompete von Zeit zu Zeit ihre Frage – eine unbestimmte, nicht-tonale Phrase; und jedes Mal antwortet die Holzbläser-Gruppe in ähnlich unbestimmter, gestaltloser Art. Die Wiederholung der Frage ist mehr oder weniger stets gleich, aber die Antworten werden immer vieldeutiger und hektischer, bis die letzte Antwort in einem totalen Kauderwelsch endet. Aber die Streicher haben durchlaufend und unbeirrbar ihre diatonische Gelassenheit beibehalten; und wenn die Trompete ihre Frage »Musik – wohin?« zum letzten Mal stellt, erklingt keine weitere Antwort, nur die Streicher verlängern in aller Ruhe ihren G-Dur-Dreiklang in die Ewigkeit.

Ist dieser strahlende Schluß-Dreiklang die Antwort? Ist Tonalität ewig, unsterblich? Viele haben es geglaubt, und manche glauben es noch immer. Und dennoch hängt die Frage der Trompete in der Luft, unaufgelöst und unsere Ruhe störend. Sehen Sie, wie klar dieses Stück das Dilemma des neuen Jahrhunderts schildert – die Zweiteilung, die die Form des Musiklebens von damals bis heute bestimmt? Auf der einen Seite Tonalität und syntaktische Klarheit; auf der anderen Atonalität und syntaktische Verwirrung. So einfach scheint es zu sein; aber ganz so einfach, werden wir sehen, ist es nicht. Tonale Komponisten werden der Versuchung erliegen, mit Nichttonalität zu liebäugeln, und umgekehrt. Und um die Sache noch undurchschaubarer zu machen, werden alle Komponisten des zwanzigsten Jahrhunderts die Musik, die sie schreiben, aus dem gleichen Bedürfnis nach neuer und größerer

---

* Von hier bis zum Ende des Absatzes wird Ives' »Die offene Frage« zur Gänze gespielt.

Reichhaltigkeit an Bedeutung schreiben; sie alle, die tonalen wie die nicht-tonalen, sind vom gleichen Trieb motiviert, von der Macht des Ausdrucks, vom Trieb, die metaphorische Sprache der Musik auszuweiten; auch wenn sie dies in entgegengesetzten Richtungen versuchen und die Musik entzweien.

Wir sehen, daß dieser Bruch, der im zwanzigsten Jahrhundert stattgefunden hat, eine gemeinsame Triebkraft hatte, so wie ein Fluß, der sich gabelt. Auf der einen Seite standen die tonalen Komponisten unter der Führung von Igor Strawinsky, die versuchten, durch immer neue Umwandlungsformen die musikalischen Vieldeutigkeiten so stark wie möglich auszuweiten, immer aber irgendwie innerhalb der Grenzen des tonalen Systems; während auf der anderen Seite die um Arnold Schönberg gescharten Komponisten zu *ihrer* neuen metaphorischen Sprache durch eine gewaltige, konvulsivische Umwandlung zu gelangen suchten – nämlich durch die Umgestaltung des gesamten tonalen Systems in eine neue und andersartige poetische Sprache. Aber diese beiden anscheinend feindlichen Lager hatten, trotz all ihrer Gegensätze und Auseinandersetzungen darüber, welche Seite nun *wirklich* die »moderne Musik« vertrete, im Grunde die gleiche Triebfeder: erhöhte Macht des Ausdrucks.

Kürzlich habe ich ein faszinierendes, gehässiges und schwülstiges Buch gelesen, *»Die Philosophie der modernen Musik«* des deutschen Soziologen und Kunstwissenschaftlers Theodor Adorno. Es ist seltsam, daß ein Buch, das diesen Titel trägt, sich als zweifacher Essay über just Schönberg und Strawinsky entpuppt und so das Problem der modernen Musik auf diese bestimmte Zweiteilung zurückführt. Dieser zweifache Essay ist allerdings alles andere als ausgewogen: Schönberg verkörpert alles Wahre und Schöne, Strawinsky alles Schlechte. Aber Adorno bestätigt mich, wenn er in seiner hegelianischen Art darauf hinweist, daß der große Bruch dialektisch begriffen werden muß, oder, um seine Sprache zu gebrauchen, als logischer Widerspruch ein und derselben kulturellen Krise.

Um es einfacher auszudrücken: Strawinsky und Schönberg suchten dasselbe auf zwei verschiedenen Wegen. Strawinsky versuchte, den musikalischen Fortschritt in Gang zu halten, indem er die tonalen und strukturellen Vieldeutigkeiten bis zu jenem Punkt vorantrieb, von dem es kein Zurück mehr gibt; aber das werden wir nächste Woche sehen. Schönberg, der diesen Punkt ohne Wiederkehr vorhersah, nahm ein Stichwort der expressionistischen Bewegung in den anderen Künsten auf und führte den harten, vollständigen Bruch mit der Tonalität überhaupt wie mit den auf dem Prinzip der Symmetrie beruhenden syntaktischen Strukturen herbei. Es ist übrigens interessant, festzustellen, daß Schönberg auch ein begabter Maler war (das ist eines seiner Selbstbildnisse) [3] und zu Beginn dieses Jahrhunderts auf der Leinwand die gleichen Versuche unternahm wie auf dem Notenpapier.

Wir haben einige dieser frühen Experimente schon erwähnt, die Opera 10 und 11 zum Beispiel, durch die der Bruch vollzogen wurde und freie Atonalität entstand. Aber der Tiefschlag war opus 21, dieses wilde, einem kalt über den Rücken laufende Meisterwerk des Expressionismus, der »Pierrot Lunaire«. Dieses Werk, ein Zyklus von einundzwanzig unheimlichen Gedichten Albert Girauds, wurde auf deutsch für eine weibliche Stimme und eine kleine Instrumentalgruppe vertont. Schönberg springt in diesem Werk nicht nur tonal in den Abgrund, er zeigt auch einen neuen Kunstgriff der Zweideutigkeit, den er »Sprechstimmen« nennt: Die Sängerin singt nicht wirklich. Das heißt, jede Note der Gesangstimme ist klar ausgeschrieben, aber die Sängerin muß sie, sobald sie sie angesungen hat, wie beim Sprechen sofort fallen oder steigen lassen und dadurch ein Mittelding zwischen Sprache und Gesang hervorbringen. Wenn Sie sich noch an die erste Vorlesung erinnern, in der wir über überhöhtes Sprechen gesprochen haben, wird also der Akzent einer Silbe wie MA nicht zu einer Note verlängert, sondern er darf gleiten, feststellend nach unten, fragend nach oben (Ma ↘ oder Ma ↗). Diese »Sprechstimme« führt natürlich einen weiteren Schlag gegen die Tonalität, versieht die Musik mit einer neuen Spukhaftigkeit. Hier ist zum Beispiel eines dieser Lieder, »Der kranke Mond«, für Stimme und Flöte allein komponiert ([4]; auf Seite 276). Beachten Sie, wie die »Sprechstimme« bezeichnet ist: durch ein Kreuz auf jedem Notenhals der Gesangslinie. Und beachten Sie auch, wie »Tristan«-artig der Anfang der Flötenmelodie ist. Vor allem aber beachten Sie den Gesamteindruck: nicht geheuer, ziellos, wurzellos, psychotisch.

[3]

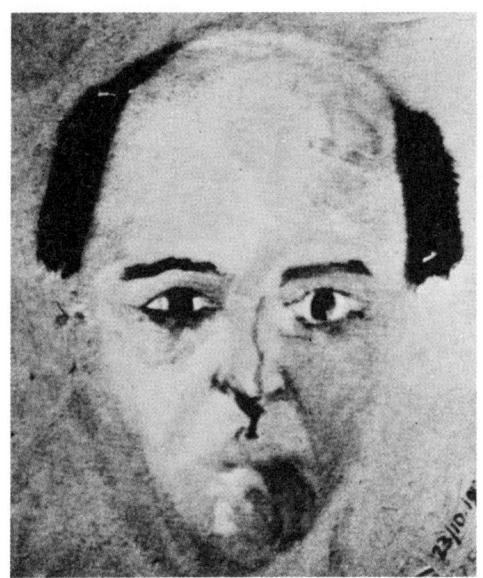

Es stellte sich jedenfalls sehr bald heraus, daß freie Atonalität an sich
einen Punkt darstellt, von dem aus es kein Zurück mehr gibt. Sie *schien*
die Bedingungen für einen musikalischen Fortschritt zu erfüllen; sie
schien die Linie der romantischen Ausdruckskraft fortzusetzen, die von
Wagner und Brahms zu Bruckner und Mahler geführt hatte;
Expressionismus schien logisch, Atonalität unvermeidlich. Dennoch:
eine Sackgasse. Wohin ging es weiter, nach Abschaffung aller Regeln?
Zunächst brachten das Fehlen von Zwängen und die daraus entstehende
ungezügelte Freiheit eine Musik hervor, welcher der Zuhörer sowohl
formal als auch inhaltlich nur äußerst schwer folgen konnte. Das blieb
auch so, trotz all der brillanten und verschwenderischen inneren
Strukturen, von denen ein Stück wie »Pierrot Lunaire« überquillt –
kanonische Fortschreitungen, Phrasenumkehrungen, Krebsgänge.
Darüber hinaus war es für den Komponisten, infolge des uns allen
innewohnenden Triebes nach Tonalität, nicht leicht, in der Atonalität zu
verharren. Das traf besonders auf Schönberg zu, derart begabt in seiner
eigenen, angeborenen Musikalität. Selbst das letzte Lied aus dem
»Pierrot Lunaire« muß die alte Dreiklangs-Harmonie gewähren lassen,
wenn der Pierrot – oder Schönberg – »O alter Duft aus Märchenzeit«
singt [5]. Dieses Begehren der Vergangenheit ist ein bewegender,

277

278

tiefberührender Augenblick. Es ist, als wollte Schönberg in diesem letzten Augenblick die Allgemeingültigkeiten der Musik zurückholen.

Nun, aus all den oben angeführten Gründen mußte irgendein neues System gefunden werden, um die Formlosigkeit der frei schwebenden Atonalität kontrollieren zu können. Schritt für Schritt entwickelte Schönberg seine berühmte Zwölfton-Methode – Schritt für Schritt. Schon früher, im Opus 19 (eine Reihe von Klavierstücken) wandte er sich einer Vorstellung der zwölf chromatischen Töne zu, in der alle zwölf Töne dauernd benützt werden, aber ohne die überkommenen tonalen Beziehungen untereinander. Zum Beispiel beginnt das erste Stück dieser Reihe damit, daß alle zwölf Töne im Verlauf von zwei Takten verwendet werden [6], aber über ihnen schwebt noch immer ein Hauch von Tonalität. Die Chromatik ist noch immer in Schranken gehalten – wenn auch nur sehr dürftig. Schauen Sie die Melodie allein an [7]. Völlig tonal. Sie zeigt uns eigentlich die Umrisse eines H-Dur-Dreiklanges [8] mit einem nicht sehr aufregenden Vorhalt [9], der sich so konventionell auflöst wie bei Mozart oder Mahler. (Eigentlich klingt es ein wenig nach »Till Eulenspiegel«, finden Sie nicht?) [10]. Im Fortschreiten [11] deutet sie weiterhin H-Dur an; die chromatische Wanderschaft ist nicht regelloser, als wir es in Berlioz' »Romeo und Julia«-Musik in der vorigen Woche gehört haben. Der Unterschied liegt aber in der Begleitung der linken Hand, die äußerst wenig mit H-Dur zu tun hat [12]. Alle Anspielungen auf H-Dur sind jetzt in einem atonalen Gemisch verloren. Aber hören Sie zu, wie es weitergeht [13]. Was klingt

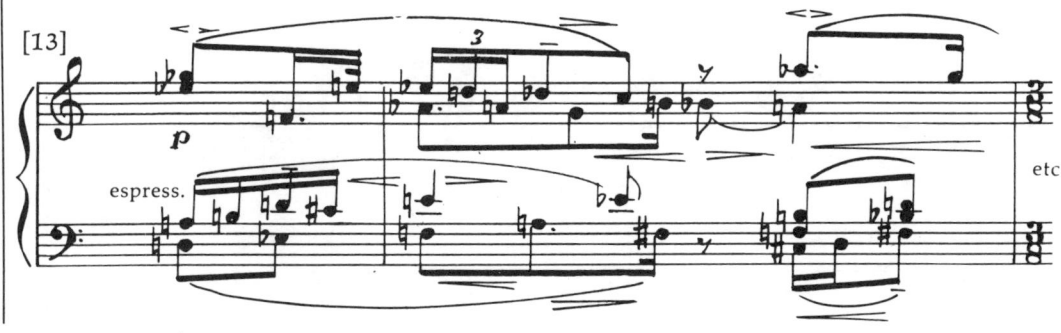

[14] Sehr ruhig

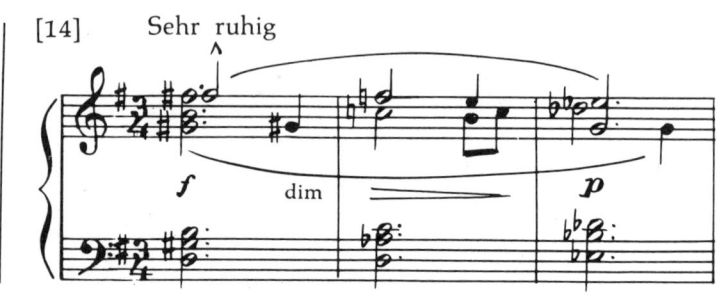

[15]

[16]

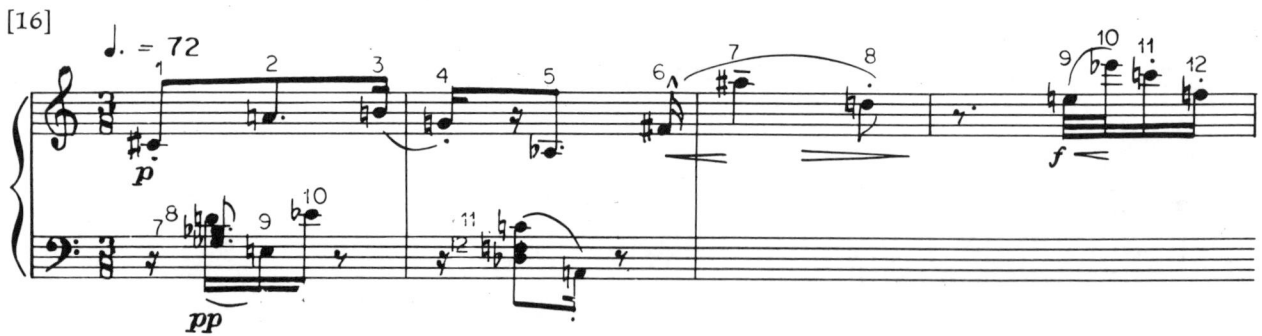

in dieser Phrase an? Erinnert Sie das nicht an »Tristan«? [14]. Und jetzt hören Sie sich wieder Schönberg an (siehe [13]). »Tristans Sohn?« Oder vielleicht: »Tristans Rache?« Wie immer, man kann sich der Vergangenheit nicht entziehen. Die Unerläßlichkeit eines Kontroll-Systems liegt auf der Hand. Auf diese Weise gelangte Schönberg in den frühen zwanziger Jahren zu seinem Zwölfton-*System,* das Ihnen – bei Rückgabe des Geldes – garantierte, daß Sie nie wieder in alte tonale Gewohnheiten verfallen würden (kein H-Dur mehr, kein »Tristan« mehr) und, was wichtiger ist, daß jedes Stück, das sie schreiben würden, vom Anfang bis zum Ende folgerichtig sowie formal und stilistisch sinnvoll sein konnte. Die ästhetische Ordnung war wiederhergestellt.

atte
te 5
ur 4

Dieser entscheidende Wendepunkt der Ereignisse tritt in einem Klavierstück aus dem Jahr 1923 ein (das zufällig die Opuszahl 23 trägt; das finden wir bei Schönberg sehr häufig, daß die Opuszahl mit dem Entstehungsjahr des Werkes übereinstimmt). In diesem höchst wichtigen Werk werden alle zwölf Töne in einer vorher festgelegten Anordnung, oder Reihe, dargeboten, wobei kein einziger Ton wiederholt werden kann, ehe nicht alle übrigen elf Töne erklungen sind [15]. Lesen Sie diesen Satz noch einmal, denn er ist (äußerst vereinfacht, natürlich) die Grundregel des ganzen Systems und dient dazu, jedem der zwölf Töne dieselben Rechte zu verschaffen, so als wollte man eine echte Demokratie unter ihnen herstellen. Nun beginnt das Stück natürlich nicht mit der unverhüllten Darbietung dieser Zwölfton-Formation, oder »Reihe«, wie man sie nennt, ebensowenig wie die »Mondschein«-Sonate mit der Darbietung der cis-moll-Tonleiter beginnt. Das erste, was zu hören ist, ist eine Umgestaltung der Reihe, wobei einige Noten zu Akkorden vereinigt werden, während andere die Melodie bilden. Mit anderen Worten: eine Oberflächenstruktur ist entwickelt worden, wobei alle zwölf Töne in den ersten zwei Takten [16] vorhanden sind. (Wenn Sie genau hinsehen, bemerken Sie, daß die zwölf Töne auch über die Spanne der ersten vier Takte vorhanden sind, und zwar in der rechten Hand allein.)

Kaum ist diese Reihe in ihrer ersten Umwandlungsform vorgestellt worden, ist sie noch einmal zu hören, aber in einer anderen Anordnung;

die Reihe wurde einer Vertauschung unterworfen. Danach setzen sich diese Vertauschungen in immer neuer Weise fort, in neuen melodischen, harmonischen und rhythmischen Kombinationen, die wir, in unseren bereits wohlvertrauten Sprachbegriffen, als Umwandlungen von Umwandlungen bezeichnen können. Dank dieser Art unaufhörlicher Variation oder Metamorphose – und dank Schönbergs erfindungsreichem Genie – entfaltet sich diese Reihe zu einem Musikstück mit dem überraschend schlichten Titel »Walzer«. Hier sind die ersten neunzehn Takte [17].

latte
eite 5
bur 5

Dieser epochemachende kleine Walzer mag in seinem nicht-tonalen Stil fürs erste von den Beispielen *freier* Atonalität, die ich Ihnen früher vorgespielt habe, gar nicht so verschieden klingen. Aber da ist ein himmelweiter Unterschied: dieses Stück wird von Regeln kontrolliert, die seinen folgerichtigen Zusammenhang mit der ursprünglichen Anordnung der zwölf Töne nie aus den Augen lassen. In gewissem Sinne übt diese Ton-Reihe eine ähnliche Funktion aus wie die Skala in der tonalen Musik – sie liefert ein Grundgefüge, wie die Sprachwissenschaftler sagen, das sich zu einer Tiefenstruktur der musikalischen »Prosa« entwickelt, aus welcher schließlich die Oberflächenstruktur entsteht, Schönbergs Opus 23.

Sie müssen aber bedenken, daß diese Regeln nicht starr sind, sie wurden nur als strukturphilosophische Leitlinien aufgestellt. Schönberg selbst war der erste, der sie brach, so wie alle großen Denker groß im Brechen von Regeln sind. Schönberg pflegte den Studenten seiner Kompositions-Klasse zu sagen: »Komponieren Sie nicht nach meiner Methode, lernen Sie meine Methode und komponieren Sie dann.«

Aber in dem Maß, in dem diese Reihe gewisse Aufgaben erfüllen kann, die jenen einer Skala im tonalen System vergleichbar sind, war dieses Zwölfton- (oder dodekaphonische) System tatsächlich ein lebensfähiger Ersatz für tonale Komposition. Sie war für die krisengeschüttelten Komponisten des zwanzigsten Jahrhunderts ein solches Geschenk, daß sie sofort Fuß faßte und die Phantasie so bedeutender Komponisten wie Alban Berg und Anton von Webern – beide glühende Schönberg-

283

284

Anhänger – gefangennahm und (mit Abänderungen, die sich aus der Entwicklung ergaben*) bis heute in der Musik von Komponisten wie Stockhausen, Boulez, Wuorinen, Kirchner, Babbitt, Foss und Berio fortdauert – manchmal, wenn auch äußerst selten, sogar in meiner.

Es ist, als wäre ein neuer Pakt geschlossen worden, als Ersatz für den alten der Tonalität. Wenn wir Tonalität als eine Art grammatischen Pakt oder als ein Übereinkommen dafür betrachten, daß in *Sätzen gesprochen* wird, dann müssen gewisse Regeln befolgt werden. Denken Sie nur an den gedankenverlorenen Satz der kleinen Alice im Wunderland: »Tun Mäuse Läuse essen?« Ein verwirrender, aber gültiger Satz. Dann möchte sie wissen: »Tun Läuse Mäuse essen?« Eine semantische Veränderung, aber immer noch grammatisch gültig. Aber wenn wir ihn umkehren, indem wir seine Reihenfolge auf den Kopf stellen, landen wir bei: »Essen Mäuse Läuse tun?«, was sinnlos und chaotisch ist. Es ist, als nähmen wir die Einleitungsphrase des »Donauwalzers« [18] und würden sie zu diesem [19] umkehren. Schwach, aber annehmbar. Wir könnten es vielleicht sogar als eine Metapher bezeichnen. Aber wenn wir die *zweite* Phrase umkehren [20], sind wir im Chaos, wieder bei den Läusen und den Mäusen. Natürlich kann diese letzte Phrase auch als das betrachtet werden, was man früher als »verrückte moderne Musik« bezeichnet hat, so wie »Essentun Läusemäuse« auch als ein Vers verrückter moderner Lyrik denkbar ist, aber in beiden Fällen besteht sichtlich eine Krise der Syntax. Ein neues System ist dringend vonnöten, ein neuer Pakt, der für Ordnung sorgt.

Das Unglück ist, daß Schönbergs neue musikalischen »Regeln« anscheinend nicht auf einer natürlichen Wahrnehmung beruhen, auf der begreifbaren Unmittelbarkeit tonaler Beziehungen. Sie sind vielmehr wie Regeln einer künstlichen Sprache und müssen daher erst gelernt werden. Das scheint uns zu dem zu führen, was einst »Form ohne Inhalt« genannt wurde, oder Form auf Kosten des Inhalts – Strukturalismus um seiner selbst willen. Das ist genau das, dessen man Schönberg

---

* Diese beinhalten Ausweitungen der seriellen Technik auf andere Parameter als die Tonhöhe, also auf Dauer, Dynamik, Stimmengeflecht etc.

285

[21]

poco rit.

beschuldigt. Zum Beispiel in der Sowjetunion. »Formalismus« nennt man es dort und hat es den sowjetischen Komponisten strengstens verboten. Wir wissen, daß Schönberg nichts dergleichen im Sinn hatte. Er war ganz einfach zu musikalisch, um eine derartige Haltung einnehmen zu können, ein zu starker Musik-Liebhaber. Auch glaube ich nicht, daß die außergewöhnliche Feststellung, die er einmal getroffen hat (»Es kommt nicht darauf an, wie ein Musikstück *klingt,* es kommt nur darauf an, wie es gebaut ist«), *ernst gemeint* war. Zumindest kann er das nicht länger als einen Augenblick übertriebenen Eiferns lang ernst gemeint haben. Ganz gleich, wieviel Bedeutung er dem logischen Aufbau beimaß, dieser Aufbau leitet sich von denselben zwölf Tönen der Obertonreihe her, die uns allen als Allgemeingut eigen ist. Dieser Umstand allein könnte Schönbergs andauernde Rückfälle in die Tonalität wie in traditionelle Satzbauweisen erklären, mögen sie nun erkennbar oder bloß unterstellt sein. Sogar im selben Walzer – Opus 23, den wir gerade gehört haben –, in welchem das serielle System zum ersten Mal zur Schau gestellt wird, finden wir eine Passage wie diese, finden wir eine vollkommen symmetrische Sequenz: drei Takte [21], die in einer rhythmisch exakten Sequenz wiederholt werden [22]. Und diese Passage ist nicht nur symmetrisch, über ihr schwebt ein deutlicher Hauch von »Tonalität«. Spüren Sie diese tonalen Eigentümlichkeiten,

die sich aus den reinen Quinten und Quarten der Melodienreihe ergeben
[23], und jene »dominantische« Empfindung in der Begleitung [24]?

Diese Art tonaler Fühlbarkeit suchte die Musik Schönbergs bis zu
dessen Lebensende heim. Sogar in seinem dritten Streichquartett op. 30,
einer besonders hoch entwickelten seriellen Komposition, beginnt er mit
wiederholten zweitaktigen Phrasen-Gruppen, nicht weit von der
Vorgangsweise Mozarts entfernt [25]. Und dieses Werk macht äußerst
deutliche tonale Anspielungen, fast als wollte es Tonika und Dominante
von e-moll präsentieren [26]. (Natürlich verunglimpfe ich diese Musik
mit meiner Bemerkung, ich versuche nur, die tonalen Verflechtungen
aufzuzeigen, die hier so überdeutlich sind.) Sogar in den
Orchestervariationen op. 31 – einem Werk, das wegen seinen
Anforderungen an Ausführende wie Zuhörer relativ selten gespielt wird
–, sogar in diesem Werk finden wir Abfolgen, die sowohl tonal als auch
strukturell symmetrisch sind [27]. Linke Hand, rechte Hand, es ist

[26]

[27]

[28] Poco allegro (♩ = 84)

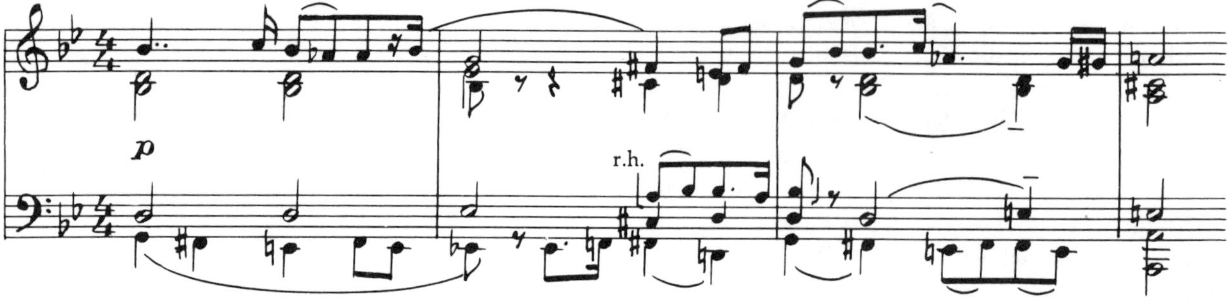

sonnenklar. Solche Beispiele finden sich im Gesamtwerk Schönbergs fast im Übermaß; sogar noch 1944, in seinem letzten Lebensjahrzehnt, schrieb er ein ganzes Werk in g-moll, mit Tonartvorzeichnung und allem übrigen. Möchte man es für möglich halten, daß dies [28] derselbe Komponist geschrieben hat, dessen dodekaphonisches System wir erörtert haben? Es gibt einen bekannten Ausspruch Schönbergs, in dem er feststellt: »In mir war immer eine Sehnsucht wach, zum alten Stil zurückzukehren; und von Zeit zu Zeit mußte ich diesem Verlangen nachgeben.« Dann fährt er weiter fort und sagt, dies sei der Grund, warum er im späten Leben soviel tonale Musik geschrieben habe, und schließlich tut er das ganze Problem mit der Bemerkung ab, daß diese stilistischen Unterschiede, wie er sie nennt, nicht wirklich von Bedeutung seien. Dies, bedenken Sie, nachdem er den Großteil seines Lebens damit zugebracht hatte, durch seine Ablehnung, der Tonalität die Musikwelt entzweizubrechen.

Natürlich gibt es auch die, die sagen, Schönberg habe dieses tonale Stück aus dem verzweifelten Wunsch heraus geschrieben, seine Musik öffentlich aufgeführt zu sehen; und tatsächlich ist dieses »Thema und Variationen in g-moll« von den Bostoner Symphonikern erstmals gespielt worden, unter der Leitung von Koussevitzky, der selten, wenn überhaupt, Zwölftonmusik aufführte, ob sie nun von Schönberg war oder von jemand anderem. Ob diese Geschichte nun wahr ist oder nicht, daß es sie gibt, ist bezeichnend für die herzzerreißende Situation eines siebzigjährigen unaufgeführten Genies, dessen Hauptwerke von den wichtigsten amerikanischen Orchestern nie gespielt worden waren, weder das bedeutende Violinkonzert noch das Klavierkonzert, noch die Fünf Stücke für Orchester, vielleicht sein größtes Orchesterwerk. Aber inwieweit diese Geschichte auch wahr sein mag, sie kann von der Wahrheit nicht ablenken, daß Schönberg bis zu seinem Tod im Jahre 1951 eine lebenslange stürmische Liebesaffäre mit der Tonalität hatte. Wie sonst könnten wir uns seine Transkriptionen von Bach und von Händel, ja sogar von Brahms' g-moll-Klavierquintett für Orchester erklären, die er ebenfalls spät im Leben machte? Er hat die Musik mit solcher Leidenschaft geliebt, daß die magnetische Anziehungskraft der Tonalität nie ihre Macht über ihn verlor. Sie bestimmte seine Musik, in

kleinerem oder größerem Maß, sogar während der ganzen revolutionären Entwicklung seines Zwölfton-Systems.

Es scheint irgendwie unvermeidlich, daß stets ein Hauch von Tonalität über seinen besten Werken liegt; sogar wenn er nicht nachweisbar ist, verfolgt er sie durch seine spürbare Abwesenheit. Das kling paradox? Das soll es nicht; bedenken Sie, daß die zwölf Töne Schönbergs dieselben alten zwölf Töne sind, die jeder andere benützt hat, in derselben Art und Weise von derselben Obertonreihe abgeleitet. Es sind dieselben zwölf wohltemperierten Töne, die auch Bach benützte, nur ist ihre allgemeine Rangordnung zerstört worden; zumindest der Versuch dazu wurde unternommen. Schönberg selbst war der erste, der diese Grundwahrheit erkannte; und auch der erste, der dem Wort »Atonalität« abschwor, ja sogar die Möglichkeit einer Atonalität leugnete. Ein weiteres Paradoxon? Keineswegs. Er wußte – und auch wir müssen von ihm lernen –, daß man, wollte man echte Atonalität erreichen, eine völlig andere Grundlage dafür finden müßte. Die Regeln der Zwölfton-Methode mögen nicht allgemeingültig, ja sogar willkürlich sein; aber sie sind nicht so willkürlich, daß sie die diesen zwölf Tönen innewohnenden Beziehungen zueinander zerstörten. Vielleicht kann wahre Atonalität nur künstlich erzielt werden, mit elektronischen Mitteln, oder durch eine völlig willkürliche Unterteilung des Oktavraumes in etwas anderes als in die zwölf gleich großen Intervalle unserer chromatischen Skala – in dreizehn gleich große Intervalle vielleicht, oder in dreißig, oder in dreihundert.

Aber nicht in *zwölf*, nicht in die zwölf Töne Bachs und Beethovens und Wagners; mit diesen zwölf Allgemeingültigkeiten konnten weder Schönberg noch Berg noch Webern jemals dem sehnsuchtsvollen Heimweh nach jenen Tiefenstrukturen entkommen, die durch diese Noten unterstellt werden; sie sind von ihnen nicht trennbar. Was die Musik dieser Komponisten so schön und bewegend macht, das ist der »Alte Duft aus Märchenzeit« – diese Eigenschaft sehnsuchtsvollen Heimwehs.

Finden wir vielleicht hier ein Stichwort zur Beantwortung der offenen Frage? Was halten Sie vom tollen Gedanken, daß *alle* Musik letztlich und grundsätzlich tonal ist, selbst wenn sie nicht-tonal ist? Stößt diese

[29]

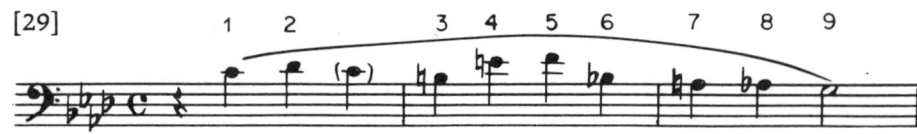

1 2 3 4 5 6 7 8 9

[30]

10 11 12

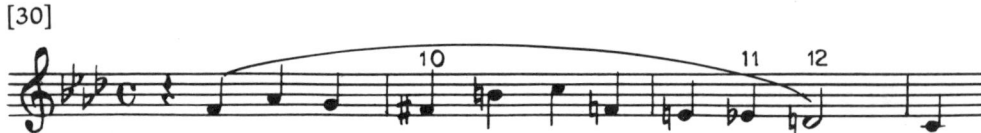

[31]

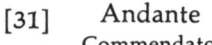

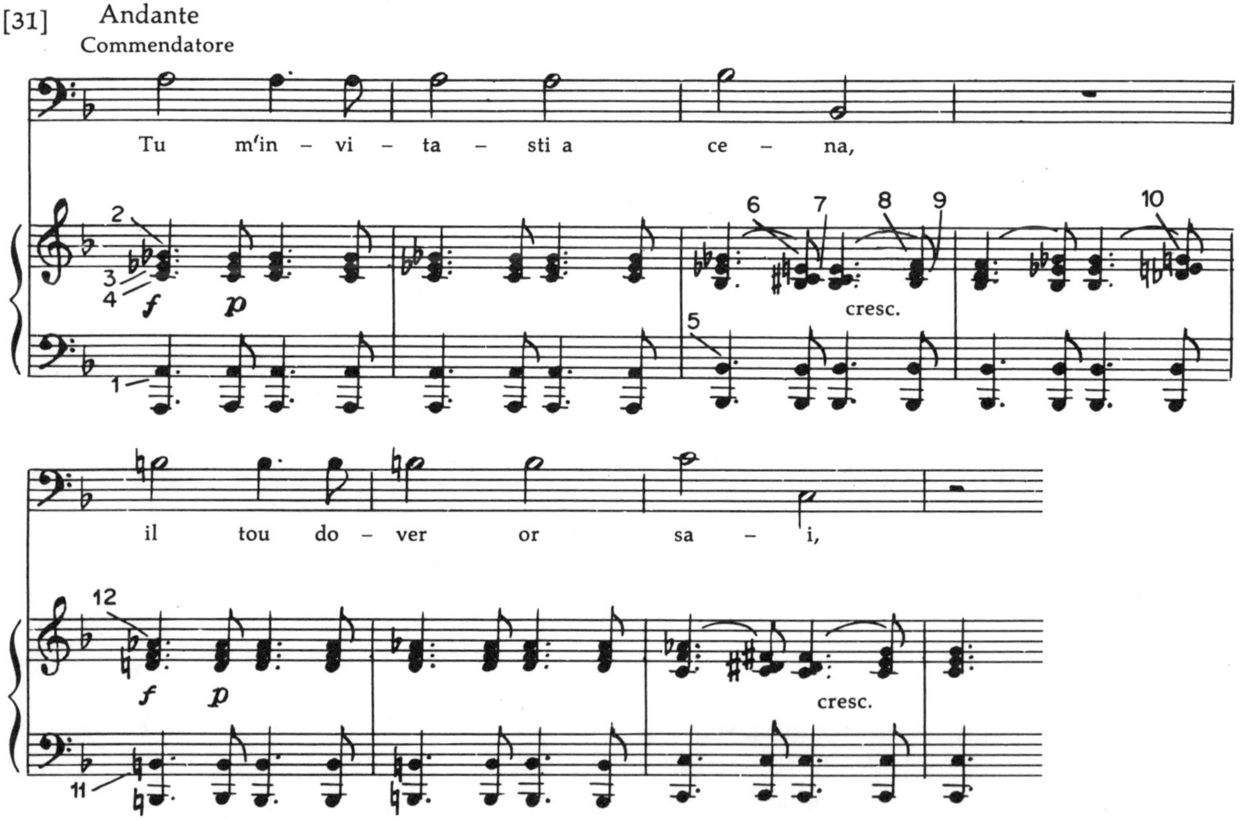
Andante
Commendatore
Tu m'in – vi – ta – sti a ce – na,
f p cresc.
il tou do – ver or sa – i,
f p cresc.

hypothetische Idee in ihrem Innern auf irgendeinen natürlichen Widerhall? Ich weiß nur, daß dies bei mir der Fall ist; ich fühle eine Art elektrischen Schlag, wie immer, wenn zwei Tatsachen einander durchdringen und einen Gedanken aufblitzen lassen; und die zwei Tatsachen hier sind die beiden gegebenen Tonreihen, die einander durchdringen – die Obertonreihe und jede andere gegebene Tonreihe.

Wenn wir schon bei der Durchdringung von Reihen sind, möchte ich für einen Augenblick daran erinnern, daß die Reihen-Phänomene schon seit langer Zeit auftreten, längstens seit dem *Cantus firmus* des dreizehnten Jahrhunderts, und daß die Reihen-Technik von Komponisten wie (halten Sie sich an) Bach, Mozart und Beethoven den tatsächlichen Tonreihen arg mitgespielt hat. Nehmen wir zum Beispiel das außerordentlich chromatische Thema aus der f-moll-Fuge von Bachs »Wohltemperierten Klavier«, I. Band [29]. Dieses Thema beinhaltet neun der zwölf chromatischen Töne, das heißt drei Viertel all der Noten, über die wir verfügen, und nur eine Note wird wiederholt – die erste. Noch erstaunlicher ist, daß Bach in der sofort folgenden fugierten Antwort die drei übrigen Töne automatisch aufnimmt [30], so daß innerhalb dieser wenigen Takte alle zwölf Töne vorhanden und begründet sind. Es ist nicht eine Schönberg-Reihe, aber kommt einer solchen bemerkenswert nahe.

Und wie verhält es sich mit dieser gespenstischen Passage aus Mozarts »Don Giovanni« [31]? Alle zwölf Noten sind hier vorhanden, ohne Ausnahme [32]. Und wie verhält es sich mit dem Finale von Beethovens Neunter – diesem Augenblick heiliger Scheu angesichts der Erkenntnis

[32]

[33] Allegro energico, sempre ben marcato (♩ = 84)

p

Ihr   stürzt   nie — der, Mil — li — o — nen?

Ah — nest du   den Schöp — fer, Welt?

cresc.

Such'   ihn   ü — ber'm Ster — nen – zelt.

f

such'   ihn   ü — ber'm Ster — nen – zelt!

[34]

296

von Gottes Gegenwart [33]? Eine abenteuerliche Passage. Und abermals ist sie nicht von Schönberg, und zugegebenermaßen enthält sie nur elf der zwölf möglichen Töne [34], aber es *ist* eine »Reihe« in dem Sinn, daß Beethoven für kurze Dauer jegliche tonale Harmonie aufhebt und nur harmonische Unterstellungen übrig läßt; das macht diese Stelle plötzlich so ehrfurchtsgebietend, so erdfern, so überirdisch – sodaß im Augenblick der Rückkehr der Harmonie [35] dieser weißglühende A-Dur-Dreiklang das Wort »Brüder«! tatsächlich hinausschreit. Allumfassende Bruderschaft der Brüder, alle zusammen dieser unirdischen Gottheit entsprungen.

[35]

Ich bin von Schönberg abgekommen, aber nicht ganz ohne Absicht. Indem ich nämlich zu Bach und Beethoven zurückkehrte, hat sich uns eine verblüffende neue Zweideutigkeit zu erkennen gegeben, die ich vorhin durch meine Vorstellungen von zwei sich durchdringenden Strömungen bloß angedeutet habe. Vielleicht können Sie jetzt meine Behauptung, daß die Musik immer tonal ist, selbst wenn sie es nicht ist, besser verstehen. Die frühen Entwürfe von Tonreihen sind ganz eindeutig Versuche gewesen, die Tonalität zu überschreiten, Versuche, Geheimnisvolles hervorzurufen, indem die allgemeinen Wurzeln der Harmonie, die in der Obertonreihe liegen, verleugnet oder auch bloß außer acht gelassen werden. Diese plötzliche Wurzellosigkeit, wie kurz sie immer dauern mag, bringt das Mystische, das Unirdische hervor, ob

[36] Lento assai

[37]

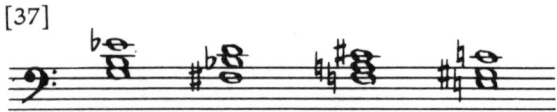

es sich nun um Mozarts Steinernen Gast oder um Beethovens Hervorrufung der Gottheit handelt. Was widerfährt nun also der Musik, wenn Schönberg, zum Beispiel, aus diesem Begriff der Wurzellosigkeit ein ganzes System errichtet? Macht dieses System also seine ganze Mystik, und auch die seiner Nachfolger, unbesehen mystisch? Oder auch nur unbesehen intellektualisiert? Was ist dem widerfahren, das Keats die »Poesie der Erde« nannte, die nimmer endet? Ist Schönberg ein Ende, oder ein Anfang?

Das sind einige der Fragen, vor denen wir in der nächsten und letzten Vorlesung stehen werden; jetzt aber interessiert uns die faszinierende Zweideutigkeit zwischen der geplanten anti-tonalen Aufgabe der Zwölfton-Reihe und den unvermeidlich tonalen harmonischen Unterstellungen, die ihr innewohnen, ob man nun will oder nicht. Natürlich kann ein Komponist jedwede Reihe nach seinem eigenen Gutdünken aufstellen, sei es, um harmonische Beziehungen hervorzuheben, sei es, um sie niederzuhalten oder sogar völlig verschwinden zu lassen. Aber in jedem Fall bleiben die Beziehungen bestehen: offen (wie in der Bach-Fuge) oder angedeutet (wie in Beethovens Neunter). Und so kommt es stets zu einem vieldeutigen Tauziehen zwischen den verwurzelten und den nur teilweise verwurzelten Elementen. Nur: völlig wurzellos wird die Musik nie sein können, solange eine Oktave zwölf gleichberechtigte Töne umfaßt. Nicht dreizehn. Zwölf.

Eines der berühmtesten vor-Schönbergschen Wagnisse einer Zwölfton-Reihe zum Beispiel stammt aus den fünfziger Jahren des vorigen Jahrhunderts und betrifft, ob Sie's glauben oder nicht, das Eingangsthema der »Faust«-Symphonie von Franz Liszt. Hier kommen alle zwölf Töne sofort zum Vorschein, abermals ohne harmonische Unterstützung, aber diesmal ohne Wiederholungen [36]. Eine reine Ton-Reihe, so mystisch, wie man sie sich nur wünschen kann. Aber sie ist so aufgebaut, daß jede Gruppe von drei Noten einen Akkord für sich ergibt – einen sogenannten übermäßigen Dreiklang [37] –, so daß die ganze Reihe schließlich die Umrisse vier solcher Dreiklänge ergibt – und viermal drei ist zwölf. Die harmonischen Andeutungen in dieser Reihe sind nun so stark, daß das ganze Stück – solange diese Reihe eine Rolle

300

spielt – voll übermäßiger Dreiklänge sein muß. Und tatsächlich ist es das, alle drei Sätze hindurch. Aber springen wir jetzt siebzig Jahre nach vorn, zu Schönbergs entscheidendem kleinen Walzer, jenem opus 23, das die Reihe offiziell als lineare Kette ankündigte. Was finden wir hier? Harmonische Andeutungen die Menge, unter denen die auffälligste, kurioserweise, derselbe übermäßige Dreiklang ist. Wenn wir das Stück unter die Lupe nehmen und die Reihen-Gruppierungen untersuchen, Vertauschung um Vertauschung, finden wir, daß auf die eine oder andere Art jede neue Vertauschung diesen übermäßigen Dreiklang zum Ausdruck bringt [38]. Hier ist er, gleich am Anfang, klar in der linken Hand verschachtelt. Die nächste Vertauschung: die drei Noten in der nächsten Schachtel bilden den gleichen übermäßigen Dreiklang. Auf zur nächsten Vertauschung, und hier ist es wieder – verschachtelt. Und noch einmal. Verstehen Sie jetzt, was ich mit »verwurzelt« und »teilweise verwurzelt« meine? Zurückweisung *und* Umarmung zur selben Zeit, Ableugnung und Bekenntnis: dieser Gegensatz hat die dramatischste und kritischste semantische Zweideutigkeit hervorgebracht, die wir bis jetzt in der ganzen Musik gefunden haben.

Dies ist vielleicht der Grund, warum Schönberg noch immer nicht, bis auf den heutigen Tag nicht, ein Massenpublikum gefunden hat – ein großes, die Konzertsäle füllendes Publikum, das seine Musik liebt. Wie viele Musikfreunde kennen Sie, die heute, weit mehr als fünfzig Jahre nach der Entstehung des opus 23, von sich sagen können, daß sie dieses Werk *lieben,* daß sie es mit Liebe anhören, so wie sie etwa Mahler und Strawinsky hören? Ist es nicht vielleicht deshalb, weil die Zweideutigkeit zu gewaltig ist, um erfaßt zu werden, zu selbstverneinend, um mit unseren nur menschlichen Ohren wahrgenommen zu werden, diesen Ohren, die immerhin nach unseren angeborenen Veranlagungen gestimmt sind, trotz aller Anpassung und Nachhilfe? Sagen wir's anders: Sind wir nicht zuletzt auf eine Zweideutigkeit gestoßen, die gar nicht in der Lage ist, ästhetisch positive Ergebnisse zu erzielen? Gibt es vielleicht so etwas wie eine »negative Zweideutigkeit«? Und warum, werde ich andauernd gefragt, warum hören wir mit wirklicher Anteilnahme, mit einer inneren, gefühlsmäßigen Anteilnahme, die Musik von Alban Berg, dem inbrünstigsten Schönberg-Jünger und ebenso eingeschworenen

Zwölfton-Komponisten? Warum gelingt es Berg, aus demselben tonal-atonalen Widerspruch eine *positive* Zweideutigkeit hervorzubringen? Ist es nur deshalb, weil Berg ein soviel bühnenwirksamerer Komponist als Schönberg war, daß wir von der reinen Dramatik einer Oper wie »Wozzeck« überwältigt sind?

Viele feine kritischen Köpfe halten das für die Wahrheit; und bis zu einem gewissen Grad ist es auch tatsächlich wahr. Eine gute Aufführung von »Wozzeck« – man trifft sie nicht allzu häufig an – kann ein erschütterndes Bühnenerlebnis sein. Es ist aber so, daß Berg irgendwie seine persönliche Art und Weise fand, das Problem dieser letzten Zweideutigkeit der Tiefen- und Oberflächenverwurzelung zu lösen. Mehr noch, er hatte die fast unheimliche Gabe, diese Zweideutigkeit zu dramatisieren, eine dramatische Handlung aus dodekaphonischen Vorgängen, die in allgemeingültigen tonalen Beziehungen eingebettet sind, zu machen.

Wir würden natürlich eine separate Vorlesung brauchen, wollte ich Ihnen dieses Phänomen in seinem ganzen Erfindungsreichtum, in seiner ganzen Vielfalt erklären, ich will aber wenigstens versuchen, Ihnen ein oder zwei Hinweise zu geben.

Es gibt eine Stelle im »Wozzeck« (I. Akt, 3. Szene), in der die arme, hübsche Marie, Wozzecks Dirne mit dem goldenen Herzen, allein in ihrem Zimmer sitzt und ihrem unehelichen Kind ein Schlaflied singt. Ich gebe zu, das Schlaflied ist äußerst einfach und tonal und bewegt sich in den üblichen zweitaktigen Phrasen – Volksmusik, wenn Sie so wollen. Es ist aber erstaunlich, daß im Verlauf der ersten zwei Phrasen alle zwölf Töne verwendet werden, daß also Bergs Tonreihe in dieses Schlaflied irgendwie eingebettet ist – alle zwölf Töne bis auf einen, den er sich für den unmittelbar darauffolgenden Höhepunkt aufhebt [39]. Das ist Zwölfton-Musik – und doch zart, bewegend und völlig verständlich.

Dann ist es, zwei Akte später, wieder Marie, die, verlassen und verzweifelt, Trost in zufällig aufgeschlagenen Seiten der Bibel sucht. Erinnern Sie sich an die *Sprechstimme,* an diesen zweideutigen, überhöhten Sprachkunstgriff, den Schönberg für seinen »Pierrot Lunaire« erfand? Hier ist sie wieder: da Marie aus dem Neuen

Testament liest, liest sie in *Sprechstimme* [40]; aber dann, da sie plötzlich in Verzweiflung ausbricht und »Herr Gott: Sieh mich nicht an!« schreit, dann *singt* sie [40 a]. Der Gegensatz ist Musikdrama, das uns erschauern läßt. »Sieh mich nicht an!« Sehen Sie, wie brillant die Zweideutigkeit hier gehandhabt wird? Beachten Sie, daß, während Marie in *Sprechstimme* liest, das Orchester sie in einem rein tonalen Fugato begleitet. Aber als es schmerzgepeinigt aus ihr ausbricht, geschieht es vollkommen dodekaphonisch, im Orchester wie in der Gesangsstimme. Und wieder wird die Zweideutigkeit lebendig dargestellt und verständlich, tonal oder nicht-tonal, je nach den Erfordernissen der Handlung.

Aber es waren nicht nur die Opern, durch die Berg, zum Unterschied von anderen, so bemerkenswerte Erfolge hatte. Sein Sinn für Handlung, sein gewandtes und gerechtes Ausbalancieren dieser unvereinbaren tonalen und nicht-tonalen Elemente übertrug sich auf alle seine Kompositionen. Zum Beispiel löste er in seinem allerletzten Werk, dem herrlichen Violinkonzert von 1935, diese mit dem Tode ringende Zweideutigkeit »Tonal-oder-nicht-tonal-sein« in einer genau so befriedigenden Weise. Zunächst wählte Berg für sein Violinkonzert eine Tonreihe, die voller tonaler Unterstellungen ist [41]. Beachten Sie, wie die ersten neun Noten dieser Reihe sämtlich in Terzen-Intervallen fortschreiten – dahinfließende Terzen in Dur und Moll. Darüber hinaus sind diese Terzen symmetrisch angeordnet, in der Art eines »Chiasmus«, wenn sie sich an ihn noch erinnern, also nach dem Muster AB:BA [42] – das heißt: Moll – Dur, Dur – Moll, etc. Mehr noch: Die Dreiklänge, die

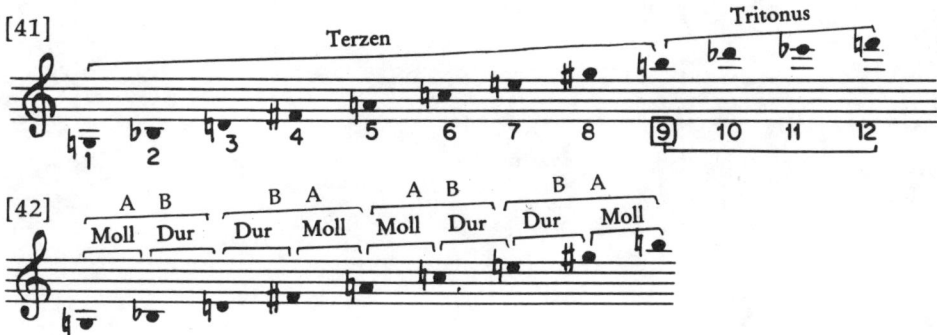

305

aus diesen Terzen entstehen [43], alternieren automatisch Moll – Dur, Moll – Dur, so daß alle betörende Möglichkeiten ausgeschöpft werden. Und schließlich wird noch mehr Tonalität durch den Umstand erzeugt, daß alle »ungeraden« der ersten neun Noten reine Quinten bilden [44], deren vier erste mit den vier leeren Saiten der Geige identisch sind [45], was in einem Violinkonzert ein ungemein dankbares Hilfsmittel ist. Und wirklich: die ersten Noten, die die Geige in diesem Konzert spielt, sind eben diese vier leeren Saiten [46]. Und dies ist erst das Ergebnis der ersten neun Noten. Denn ab der neunten Note dieser Reihe (siehe [41]) entdecken wir, daß die übrigen vier Noten uns den alten Freund Debussys, den Tritonus [47], präsentieren, mit diesen drei Ganzton-Schritten [48], die, wenn Sie es noch wissen, an der Wiege von Debussys Ganztonleiter gestanden sind.

Alles in allem wählte Berg eine Reihe mit sehr starken Wurzeln in der Musikvergangenheit. Und er trägt zur Stärke dieser überlieferten Empfindungen mit einem Einfall nach dem anderen bei – eine bachsche

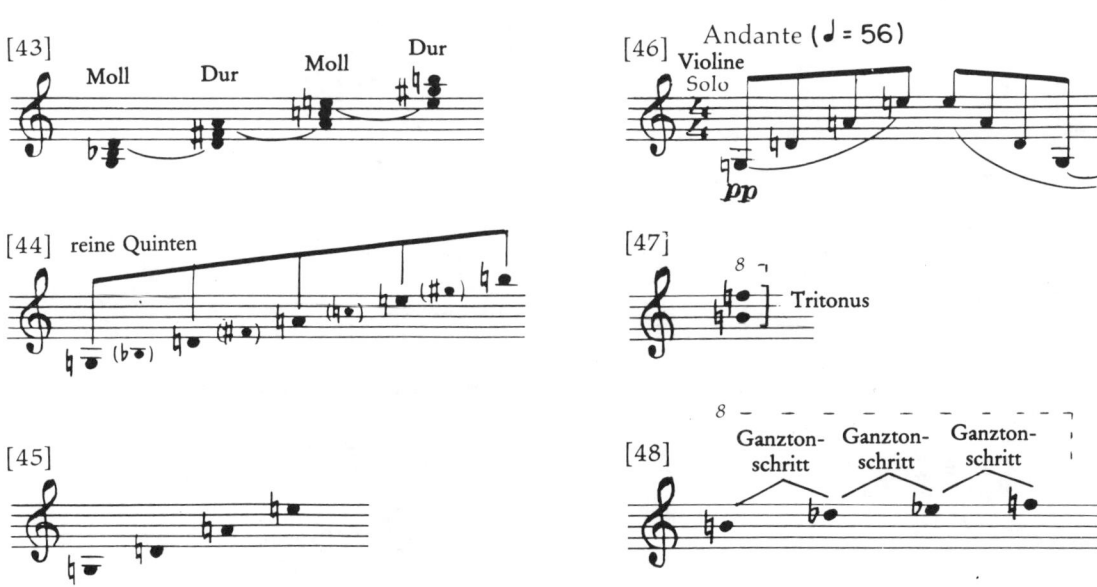

Allegretto ♪ = 112 (scherzando)
(immer vier– oder zweitaktig, wie ein Walzer)

Umkehrung, eine beethovensche Fragmentation, eine schumanneske Zweideutigkeit des Rhythmus, um vom Gustostück aller Wiener Komponisten, dem Walzer, nicht erst zu reden – in diesem Fall ein ländlicher Bauern-Walzer, oder »Ländler«, wie man ihn in Österreich nennt. Wenn Sie den Scherzo-Satz anhören und diese Walzermusik mit dem kleinen Walzer opus 23 von Schönberg vergleichen – nein: streichen Sie das; vergleichen Sie nichts und genießen Sie dieses Scherzo, weil es so zart und anmutig *wienerisch* ist [49].

Ist das nicht herrlich? Fast eine *Sacher-Torte mit Schlag.* Aber es ist meilenweit vom wienerischen Schlagobers entfernt. Es *ist* eine Zwölfton-Komposition; aber es existiert irgendwie in einem tonalen Weltgebäude, wo es, in seiner Wärme und seinem Liebreiz, uns allen zugänglich ist. Wenn Sie den ganzen Satz anhören, muß Ihnen auffallen, wie tonal er endet [50]. Und dieser unverwechselbare Tonika-Schlußakkord besteht aus nichts anderem als aus den ersten vier Noten von Bergs Tonreihe [51], einer lieblichen Aufstapelung süßer Terzen, die einen fast schockierend tonalen g-moll-Septakkord ergibt. Mit solchen Verfahrensweisen – neben vielen anderen – kann die an einem Kreuzweg angelegte Zweideutigkeit Tonalität – Nichttonalität doch noch eine durchaus positive ästhetische Oberfläche zuwege bringen.

Es erübrigt sich zu sagen, daß dieses Violinkonzert keineswegs nur aus Süße und Schlagobers besteht; ganz im Gegenteil. Es hat Schrecken von fast unerträglicher Eindringlichkeit, von dramatischer Brillanz, von olympischer Ruhe. Es ist im wahrsten Sinn des Wortes ein tragisches Werk.

Ich habe gar nicht beabsichtigt, mich damit so lang zu befassen (immerhin: eigentlich haben wir über Schönberg gesprochen) – aber es liegt mir am Herzen, mit Ihnen noch eine Stelle des Stückes durchzugehen: sie löst das Problem der tonal-atonalen Zweideutigkeit in besonders positiver Weise. Diese Passage ist das abschließende Adagio des Konzertes und in erster Linie damit befaßt, das obere Ende der Tonreihe auszuschöpfen, das, wie Sie ja wissen, aus diesen vier Noten besteht [52], die die Spanne des Tritonus umfassen, des *diabolus in musica,* erinnern Sie sich? Aber dieser Tritonus hier ist weit davon entfernt, teuflisch zu sein, er ist ganz im Gegenteil engelgleich; denn es stellt sich heraus, daß diese vier Noten [53] mit der ersten Phrase von Bachs Choral »Es ist genug«, die Sie alle kennen und lieben, identisch sind.

Sie ist außergewöhnlich, diese Eingangsphrase mit ihren historischen Unterstellungen [54], und so benützt sie auch Berg – aber nicht nur die erste Phrase, sondern den ganzen Choral. Das Konzert erreicht einen ungestümen Höhepunkt schmetternder Hammerschläge [55];

während sie nachlassen, ist es uns, als entstünde aus den Trümmern das Murmeln dieser Vier-Noten-Phrase [56], verflochten mit den ausklingenden Hammerschlägen. Diese Vier-Noten-Phrase wird deutlicher und deutlicher, und plötzlich spielt die Solovioline den Choral selbst, seine ersten drei Phrasen, Note für Note [57]. Natürlich

[58] Poco più mosso, ma religioso

[Mein Je – sus kommt: nun gu – te Nacht, O Welt! Ich

pp ma deciso

pp

doloroso

dolce

[59] a tempo

[Ich fah – re si – cher hin mit

fahr' in's Him – mels – haus]

poco f risoluto

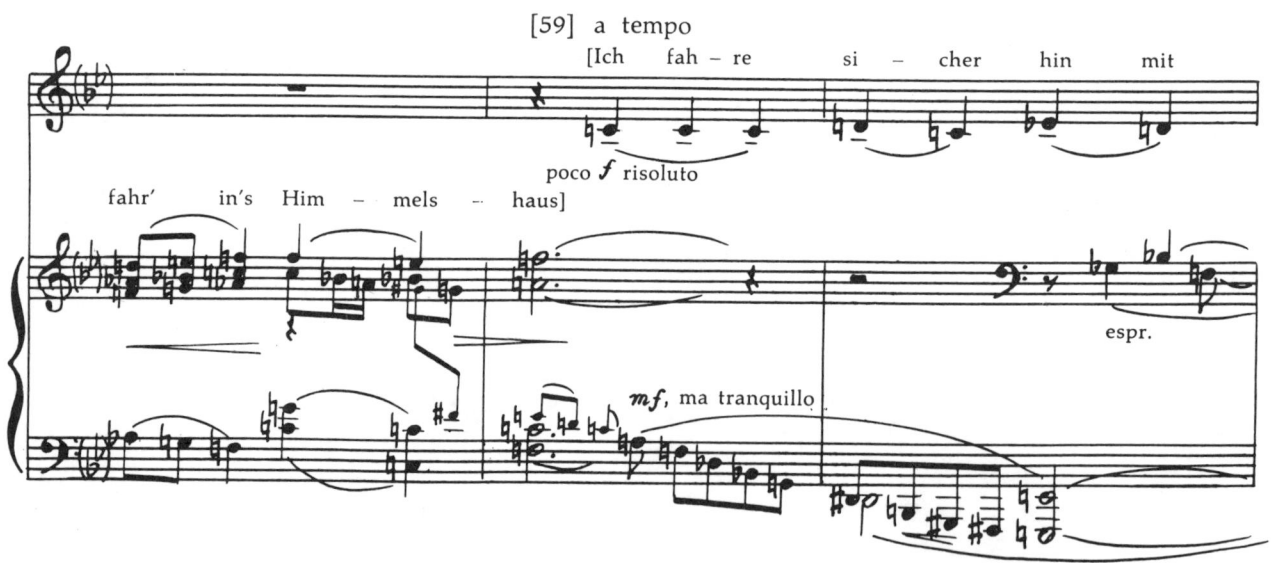

espr.

mf, ma tranquillo

begeben sich zur selben Zeit auch andere Dinge, wie etwa ein
Kontrapunkt der Terzen aus dem ersten Teil dieser Tonreihe, ein Kanon
in den Bratschen und anderes, womit ich Sie nicht behelligen will; aber
dann ereignet sich das Allerverblüffendste – ein völlig unerwartetes
Ereignis in einer Zwölftonreihe: Die ersten drei Phrasen des Chorals
werden plötzlich von vier Klarinetten wiederholt, in Bachs reiner
B-Dur-Harmonie imitieren sie den Klang einer Barock-Orgel. Natürlich
lungern einige kleine »falsche« Noten im Hintergrund herum, aber die
vier Klarinetten spielen völlig rein [58]. Dann nimmt die Solovioline die
nächste Phrase auf [59], abermals mit dissonantem Kontrapunkt; und
wiederum wiederholen die Klarinetten die Phrase in der Bach-Version.
Und so geht es weiter bis zum Ende des Chorals [60]. Es ist dies eine der
erstaunlichsten Passagen in der Musik überhaupt, vor allem in der Art, in

[59 Forts.]   [60]

der sie ihrem eigenen dissonanten Höhepunkt zustrebt und schließlich zu einem ebenso erstaunlich gelassenen Schluß niedersinkt, der, man glaubt es kaum, in B-Dur steht.

Auf diese Weise hat eine großartige Zwölfton-Komposition ihren Ruhepunkt in B-Dur gefunden; eine Kompromißlösung wurde erreicht. Aber bringt uns dieser Bastard *die* Lösung? Geben Sie sich damit zufrieden, daß die letzte Zweideutigkeit ein für alle Mal im Jahre 1935 gelöst wurde? Wie kann ich ein zusätzliches Licht auf diese schwere Frage werfen? Ist es genug, ihre Ursprünge untersucht und den großen tonalen Bruch festgestellt zu haben; eine Seite der Bruchstelle bis zur Entwicklung einer Methode verfolgt zu haben, mit der ein Kurswechsel der Musikgeschichte begann; eine leidenschaftslose Beurteilung Arnold Schönbergs versucht zu haben – nur damit Alban Berg als Sieger vom Platz geht? Nein, es muß auf alles das noch mehr Licht geworfen werden, und dieses Licht finden wir im Gemüt und in der prophetischen Seele Gustav Mahlers. Nach einer kurzen Pause werden wir Mahler hören, namentlich seinen letzten Willen, sein Testament, das Adagio-Finale seiner neunten Symphonie. Und ich glaube, nach Mahlers Neunter werden wir die Dinge plötzlich klarer sehen – vielleicht werden wir sogar eine neue Perspektive gewinnen.

Während dieser Pause haben Sie sich sicherlich einige Fragen gestellt: Zunächst: Warum Mahler? Was hat Mahler mit Schönberg zu tun? Sehr viel und weit mehr als nur durch den Umstand, daß er in jenen frühen Jahren unseres Jahrhunderts seinen jungen Kollegen unterstützt und ermutigt hat. Sodann: Warum ist Mahlers neunte Symphonie sein letzter Wille, sein Testament? Was ist mit der Zehnten, diesem hochwichtigen, unvollendeten Vermächtnis? Und überhaupt: Warum die Neunte Mahler als Abschluß einer Vorlesung über die Krise des XX. Jahrhunderts? Heißt das nicht rückwärtsgehen? Warum begeben wir uns zum Schicksalsjahr 1908 zurück, wenn wir mit Berg und Schönberg bereits die Jahrhundertmitte erreicht hatten? Weil Mahlers Neunte, gleich Ives' »Offener Frage«, die im selben Jahr geschrieben wurde, ein großes Fragezeichen ist; aber sie ist mehr: sie offenbart eine tiefschürfende Antwort.

Ich hatte geplant, Sie auf diese Musik wie bisher vorzubereiten, mit einer Analyse am Klavier, und zugleich gründlicher auf den Dualismus einzugehen, der Mahler förmlich zerriß: Komponist-Dirigent, Jude-Christ, durchgeistigt-naiv, provinziell-Weltenbürger – all diese Dualismen trugen zur Schizo-Dynamik seiner musikalischen Strukturen und zu seiner schwankenden Haltung der Tonalität gegenüber bei. Ich hatte gehofft, durch eine genaue Analyse seiner Behandlung der Vorhalte zum Beispiel das Wesen der tonalen Krise aufspüren zu können, indem ich seine Nicht-Auflösung von Spannungen, seine widerstrebenden Versuche, sich von der Tonalität zu trennen, untersucht hätte – was zusätzliches Licht auf den unvermeidlichen Bruch zwischen Schönberg und Strawinsky werfen hätte können. So habe ich, nach einer Unterbrechung von einigen Jahren, die Partitur wieder zur Hand genommen, voll der Empfänglichkeit für Mahlers Qual, zu wissen, daß er der letzte Fixpunkt im großen symphonischen Bogen war, der mit Haydn und Mozart begonnen hatte. Ich wurde mir abermals bewußt, daß es sein Schicksal war, die gesamte Geschichte der deutsch-österreichischen Musik zusammenzufassen, zu rekapitulieren und zusammenzubinden –

nicht in eine wohlgefällige Schleife, sondern in einen furchtbaren Knoten, der aus seinen eigenen Nerven und Sehnen bestand.

Aber als ich mir dieses Werk wieder vornahm, vor allem den letzten Satz, fand ich mehr Antworten, als ich erwartet hatte (wie das immer so ist, wenn man das Studium eines großen Werkes wiederaufnimmt). Und die überraschendste und wichtigste Antwort – weil sie unser ganzes Jahrhundert von damals bis heute erhellt – war diese: Unser ist das Jahrhundert des Todes, und Mahler ist sein musikalischer Prophet. Über diese Antwort möchte ich zu Ihnen sprechen – ohne Klavier, ohne optische Hilfen und auf einer etwas anderen Ebene des Vortrags als bisher. Denn diese Neunte Mahlers offenbart uns eine entscheidende semantische Erklärung, eine unendlich erweiterte Deutung dessen, was wir bisher die Krise des XX. Jahrhunderts genannt haben.

Warum ist unser Jahrhundert so außerordentlich todesbewußt? Ließe sich das nicht auch von anderen Jahrhunderten sagen? Zum Beispiel vom XIX. Jahrhundert, das den Tod so poetisch in seinen Besitz nahm, ob nun so spät wie in Wagners »Liebestod« oder so früh wie in Keats' »Nachtigall«:

I have been half in love with easeful Death,
Call'd him soft names in many a mused rhyme . . .*

* Deutsch von Heinz Piontek:
– ach, oftmals hab
Ich halb begehrt, daß mich der Tod berühr,
Rief ihn mit zarten Namen aus dem Grab . . .

Ja, es ist wahr; poetisch und symbolisch wahr. Und sind nicht alle Jahrhunderte, alle Menschheitsgeschichten ein einziges langes Verzeichnis des Kampfes ums Überleben, der Auseinandersetzung mit dem Problem des Sterbens? Wiederum: ja; aber niemals zuvor ist das Menschengeschlecht vor dem Problem gestanden, den globalen Tod überleben zu müssen, den totalen Tod, das Auslöschen der menschlichen Rasse. Und Mahler hatte diese Vision nicht allein; es gibt andere Propheten unseres Kampfes. Freud, Einstein und Marx haben ihn prophezeit, sowie Spengler und Wittgenstein, Malthus und Rachel Carson – jeder ein Jesaja, ein Johannes von heute, jeder dieselbe Predigt in verschiedenen Worten verkündend: Geh in Dich, die Apokalypse ist nah. Auch Rilke sagte es: »Du mußt Dein Leben ändern.«

Das zwanzigste Jahrhundert war von Anfang an ein schlechtes Theaterstück: Erster Akt: Habgier und Heuchelei führen zu einem völkermordenden Weltkrieg; Nachkriegs-Ungerechtigkeit und Nachkriegs-Hysterie; Hochkonjunktur; ein Krach; Diktaturen. Zweiter Akt: Habgier und Heuchelei führen zu einem völkermordenden Weltkrieg; Nachkriegs-Ungerechtigkeit und Nachkriegs-Hysterie; Hochkonjunktur; Krach; Diktaturen. Dritter Akt: Habgier und Heuchelei – ich wage nicht, das fortzusetzen. Und was waren die Gegenmittel? Logischer Positivismus, Existenzialismus, galoppierende Technologien, der Flug ins All, die Anzweiflung der Wirklichkeit und überall ein hochzivilisierter Verfolgungswahn. Und unsere *persönlichen Gegenmittel:* Durchhalten, Rauschgift, Subkulturen und Gegenkulturen, sich aufputschen, Katzenjammer. Zeit schinden, Geld verdienen. Neue religiöse Bewegungen, die wie Epidemien auftreten, von den Gurus bis Billy Graham. Und Epidemien von neuen Kunstbewegungen, von der Konkreten Lyrik bis zu den Schweigseligkeiten des John Cage. Hier ein Tauwetter, dort eine Säuberung. Und das alles unter derselben Ägide, dem Engel des planetaren Todes.

Was tun Sie, wenn sie seinerzeit, 1908, all das vorausgewußt haben, wenn Sie so übersensibel sind wie Mahler und gefühlsmäßig wissen, was passieren wird? Sie prophezeien; und andere werden Ihre Fährte aufnehmen. Und so haben sowohl Schönberg wie Strawinsky, diese Mahler fortsetzenden Propheten, so völlig verschieden sie auch waren, ihr Leben damit zugebracht, auf ihren entgegengesetzten Wegen darum zu kämpfen, daß der musikalische Fortschritt lebendig bleibe, daß der Tag des Unheils vermieden werde. Alle großen Werke unseres Jahrhunderts sind eigentlich aus einer Verzweiflung oder aus einer Auflehnung heraus geboren worden, oder aus einer Zuflucht vor beiden. Denken Sie an Sartres »Ekel«, an Camus' »Der Fremde«, an Gides »Falschmünzer«, an Hemingways »Fiesta«, an den »Zauberberg« und an »Dr. Faustus«, an »Der Letzte der Gerechten«, sogar an »Lolita«. Und an Picassos »Guernica«, an de Chirico, an Dali. An Eliots »Cocktail Party«, »Mord in der Kathedrale«, »Das wüste Land«, »Die vier Quartette«. An Audens »Zeitalter der Angst« und an sein »Hier und jetzt«. Denken Sie an Pasternak und Neruda, und an Sylvia Plath. An den Film »La dolce vita«. An das Stück »Warten auf Godot«. An

»Wozzeck«, »Lulu«, »Moses und Aaron«, an Brechts »Mutter Courage«. Und, ja, auch daran, an »Eleanor Rigby«, an »A Day in The Life« und an »She's Leaving Home«. Auch hier handelt es sich um große Werke in Miniaturform, geboren aus der Verzweiflung, bewegt vom Tod. Und Mahler sah das alles voraus. Deshalb leistete er so verzweifelten Widerstand gegen seinen Eintritt in das zwanzigste Jahrhundert, in das Zeitalter des Todes, in die Endzeit des Glaubens. Es war die bittere Ironie seines Schicksals, daß es ihm nur durch seinen frühzeitigen Tod im Jahre 1911 gelang, diesem Jahrhundert zu entkommen.

Es ist seltsam, wie die einzelnen Stücke des Puzzles zueinanderpassen. Mahler und seine Botschaft durchdringen alles, woran er rührt. Denken Sie an die »Kindertotenlieder«: der Tod der Kinder Rückerts und dann der Tod von Mahlers eigenem Kind. Alban Berg, der Mahler anbetete, widmete Mahlers Witwe Alma seinen »Wozzeck« und sein Violinkonzert dem Andenken ihrer schönen, jungen Tochter Manon Gropius. Alles ist irgendwie mit dem Tod verknüpft. Dieses Violinkonzert aus dem Jahre 1935 zum Beispiel war Bergs letztes Werk; er starb noch im selben Jahr, fünfzig Jahre alt, genauso alt wie Mahler, als dieser starb. Die Übereinstimmungen vervielfachen sich; aber lassen wir uns nicht zu mystischen Spekulationen verführen. Die Tatsachen sind eindrucksvoll genug: Als Berg in jungen Jahren eine Aufführung der Neunten Mahlers miterlebte, schrieb er sofort an seine Frau in Wien, daß er soeben die bedeutendste Musik seines Lebens gehört habe – oder etwas in diesem Sinne. Ich spüre all diese Verbindungen sehr stark und sehr persönlich; denn als ich vor einigen Jahren der Musik Mahlers in seiner Heimatstadt Wien den Weg freikämpfte (selbstverständlich war sie jahrelang von den Nazis verboten gewesen), saß Frau Berg, eine strahlend schöne, betagte Witwe, voll Entzücken in jeder Probe. Wir lernten einander kennen; sie wurde mein lebendiges Verbindungsglied zurück zur toddurchwirkten Überschneidung von Berg, Schönberg und Mahler. So wie auch Alma Mahler, die den Proben meines Mahler-Festivals in New York beiwohnte. Ich begann zu fühlen, daß ich mit Mahlers Botschaft in direkter Beziehung stand.

Heute wissen wir, was seine Botschaft war; und es war die neunte

Symphonie, die sie uns überbrachte. Aber es war eine unheilverkündende Botschaft, und die Welt wollte sie nicht hören. Das war der wahre Grund, daß die Musik Mahlers nach dessen Tod fünfzig Jahre lang vernachlässigt worden war – und die üblichen Entschuldigungen dafür, die wir immer hören, sind erlogen: daß diese Musik zu lang sei, zu schwierig, zu bombastisch. Sie war bloß zu wahr, erzählte zu Schreckliches, als daß man es hören mochte.

Und was war das Schreckliche? Was war es, das Mahler gesehen hatte? Drei Arten des Todes. Zuerst seinen eigenen bevorstehenden Tod, dessen Nähe er sich durchaus bewußt war. (Die Eröffnungstakte dieser neunten Symphonie sind eine Nachahmung der Unregelmäßigkeit seines ermatteten Herzschlags.) Zweitens den Tod der Tonalität, was für ihn den Tod der Musik an sich bedeutete, der Musik, wie er sie kannte und liebte. Alle seine letzten Stücke sind Arten eines letzten Lebewohls an die Musik und an das Leben; denken Sie nur an das »Lied von der Erde« mit seinem Schluß: »Abschied«. Und an diese widersprüchliche, unvollendete zehnte Symphonie, die versuchte, einen zögernden Schritt in die schönbergsche Zukunft zu tun und die so viele zu vollenden sich bemühten – diese Zehnte ist und bleibt für mich nur dieser eine fertiggestellte Satz, ein weiteres, herzzerreißendes Adagio, das Lebewohl zu sagen versucht. Es war ein Lebewohl zuviel. Ich bin überzeugt, daß Mahler, auch wenn er weitergelebt hätte, diese Symphonie nie hätte zu Ende führen können. Er hatte alles schon in der Neunten gesagt.

Und, schließlich, seine dritte und wichtigste Vision: der Tod der Gesellschaft, der Tod unserer faustischen Kultur.

Wenn nun Mahler all das wußte – und seine Botschaft ist so klar –, wie stellen wir es an, die wir es auch wissen, weiterzuleben? Warum sind wir noch immer hier und ringen darum, daß es weitergehe? Wir stehen jetzt Aug' in Aug' mit der wahrhaft letzten Zweideutigkeit, dem menschlichen Unternehmungsgeist. Das ist die faszinierendste Zweideutigkeit von allen: daß, während wir heranwachsen, das Zeichen unserer Reife das Akzeptieren unserer Sterblichkeit ist und daß wir dennoch in unserer Suche nach der Unsterblichkeit fortfahren. Wir mögen glauben, daß alles vergänglich ist, sogar, daß alles vorüber ist: dennoch glauben wir an eine *Zukunft*. Wir *glauben*. Wir kommen aus dem Kino, nachdem wir drei Stunden lang die abscheulichsten Degenerationserscheinungen in einem Film wie »La dolce vita« angesehen haben, und dennoch sind wir beflügelt, weil es von so schöpferischer Kraft war. Wir können weiterfliegen, in eine Zukunft. Dasselbe gilt, wenn wir die Hoffnungslosigkeit »Godots« im Theater erleben oder die aggressive Gewalttätigkeit des »Sacre du printemps« im Konzertsaal. Sogar wenn wir uns den bittersüßen jungen Zynismus eines Schallplatten-Albums namens »Revolver« angehört haben, haben wir Flügel, um weiterzufliegen. Wir müssen an diese Art von schöpferischer Kraft glauben. Wenigstens ich muß es. Müßte ich's nicht, warum machte ich mir dann die Mühe dieser Vorlesungen? Sicherlich nicht wegen einer unbeweisbaren Ankündigung der Apokalypse. Es muß etwas in uns geben, in mir geben, das mich wünschen macht, fortzusetzen; und zu unterrichten bedeutet, an Fortsetzung zu glauben. Ihnen kritische Gefühle über die Vergangenheit mitzuteilen, eine Beschreibung und eine Beurteilung der Gegenwart zu versuchen – diese Handlungen bedingen von Natur aus einen starken Glauben an eine Zukunft.

Ich hoffe, das beantwortet die frühere Frage, warum ich eine Vorlesung, die sich hauptsächlich um Schönberg drehte, mit Mahler beende. Weil in diesem Jahrhundert Schönberg eines der großen Beispiele menschlichen Unternehmungsgeistes ist, jenes Geistes, der, was immer man sagen mag, unsere einzige Hoffnung ist. Schönberg, das Urbild des zweideutigen Menschenwesens, das zwanghaft seine eigene Zerstörung betreibt und dabei gleichzeitig in die Zukunft fliegt. Dasselbe gilt für Strawinsky, wie wir in unserer nächsten und letzten Vorlesung sehen werden. Im Finale der neunten Symphonie Gustav Mahlers, die eine klangliche Darstellung des Todes ist (uns aber jedes Mal, wenn wir sie hören, wiederbelebt), ist diese letzte Zweideutigkeit klar herauszuhören.

Wenn Sie diesem Finale zuhören, müssen Sie im Sinn behalten, was vorher war: drei andere, gewaltige Sätze, jeder ein Lebewohl für sich. Der erste Satz allein schon ein ganzer Roman, ein Hohelied der Zärtlichkeit und des Schreckens, gemarterten Kontrapunkts und harmonischer Resignation; ein Lebewohl an die Liebe, an D-Dur, ein Lebewohl an die Tonika. Im zweiten Satz, einem Scherzo in Form eines

Über-Ländlers, ein Lebewohl an die Natur, eine bittere Rückbesinnung auf Einfachheit und Naivität, auf die irdischen Freuden unserer Jugend. Dann der dritte Satz, abermals scherzoartig, aber diesmal grotesk: ein Lebewohl an die Welt der Tat, an das städtische, weltstädtische Leben – die Empfänge, die Schauplätze, die turbulenten Laufbahnen und Manöver des Erfolges, die lauten und hohlen Gelächter. Und alle drei Sätze haben vor einem tonalen Abgrund geschaudert, an der Schwelle des Todes.

Dann erst kommt der vierte und letzte Satz, das endgültige Lebewohl. Es nimmt die Form eines Gebetes an, ist Mahlers letzter Choral, seine Schluß-Hymne sozusagen. Dieser Satz betet für die Wiederherstellung des Lebens, der Tonalität, des Glaubens und zeigt die Tonalität in allen ihren Aspekten: von der diatonischen Einfachheit der Hymnen-Weise, mit der er beginnt, bis zu jeder denkbaren chromatischen Zweideutigkeit. Es ist auch ein leidenschaftliches Gebet, es bewegt sich von einem Höhepunkt zum anderen, jeder ist sengender als der vorangegangene. Aber es gibt keine Lösungen. Und zwischen diesen Wogen des Gebetes sind Unterbrechungen – plötzliche Kühle, eine weiträumige Durchsichtigkeit, wie eine Art eisiges Glühen – eine Zen-artige Unbeweglichkeit reiner Meditation. Dies ist eine ganz andere Gebetswelt, die des selbstentäußerten Sich-Abfindens. Aber auch hier gibt es keine Lösungen. »Heftig ausbrechend!« schreibt Mahler, wenn der verzweifelte Choral verstärkt wieder losbricht. Dies ist der zweifache Mahler: sich in seine glühenden christlichen Gebete zurückstürzend und dann abermals in seinen östlichen erstarrend.

Dieses Wanken ist seine letzte Dualität. In der allerletzten Wiederkehr der Hymne ist er der Verzückung nahe: das ist alles, was er noch zu beten vermag, ein schluchzender, aufopfernder letzter Versuch. Doch plötzlich mißlingt dieser Höhepunkt, unbeendet – dieser eine, der *hätte* gelingen, die Lösung bringen können. Dieses letzte verzweifelte Streben führt nicht ans Ziel, sondern zu einer Andeutung des Aufgebens, zu einer weiteren Andeutung, und dann zur Aufgabe selbst.

Und so kommen wir zu letzten, unglaublichen Seite der Partitur. Ich glaube, diese Seite ist die größte Annäherung, die je in irgendeinem Kunstwerk an die Erfahrung des tatsächlichen Vorgangs des Sterbens,

des Alles-Aufgebens erreicht worden ist. Die Langsamkeit in dieser Seite ist erschreckend: *Adagissimo,* schreibt Mahler, die langsamst mögliche musikalische Bezeichnung, und dann: *langsam, ersterbend, zögernd:* und als ob das noch nicht genügte, um den nahenden Stillstand der Zeit anzudeuten, fügt er den allerletzten Takten *äußerst langsam* hinzu. Es ist furcterregend und lähmend, wie die Klangfasern sich auflösen. Wir halten uns an ihnen fest, schwankend zwischen Hoffnung und Ergebung ins Unvermeidliche. Diese spinnwebdünnen Fasern, die uns ans Leben binden, lösen sich auf, eine nach der andern, entschwinden unseren Fingern, noch während wir sie halten. Wir klammern uns an sie, während sie sich verflüchtigen; wir halten noch zwei – dann eine. Eine, dann plötzlich keine. Einen lähmenden Augenblick lang ist nur Stille. Dann wieder eine Faser, eine gebrochene Faser, eine . . . keine. Wir *begehren* fast, *daß uns der Tod berühr . . . Jetzt mehr denn je wünscht man den Tod herbei, ein Ende ohne nächtliche Beschwer.** Wenn wir aufgeben, verlieren wir alles. Wenn wir nachgeben, haben wir alles gewonnen.

(Die Vorlesung schließt mit einer Aufführung des Finalsatzes von Mahlers IX. Symphonie.)

* Now more than ever seems it rich to die,
To cease upon the midnight with no pain . . .
(John Keats)

Die Poesie der Erde endet nie.
Sinkt vor der Hitze auch das Vogelheer
Zurück in kühle Wipfel, so zieht quer
Durch Au und Hecken eine Melodie:

Die Grille ist's – ihr schwelgerischer Laut,
Des Sommers Kleinod, funkelt unentwegt!
Sogar wenn keine Lust sie mehr erregt,
Ruht sie noch lustvoll müd im süßen Kraut.

Die Poesie der Erde kann nicht enden.
Am Winterabend, wenn der Frist das Land
Zum Schweigen bringt, erhebt sich heftig schön

Des Heimchens Sang von warmen Ofenwänden –
Und jemand wähnt, vom Schlaf halb übermannt,
Die Grille wär's auf grillengrünen Höh'n

John Keats
Deutsch von Heinz Piontek

Das englische Original lautet:

The poetry of earth is never dead:
    When all the birds are faint with the hot sun,
    And hide in cooling trees, a voice will run
From hedge to hedge about the new-mown mead;

That is the Grasshopper's – he takes the lead
    In Summer luxury, – he has never done
    With his delights; for when tired out with fun
He rests at ease beneath some pleasant weed.

The poetry of earth is ceasing never:
    On a lone winter evening, when the frost
    Has wrought a silence, from the stove there shrills

The cricket's song, in warmth increasing ever,
    And seems to one in drowsiness half lost,
    The grasshopper's among some grassy hills.

6. Die Poesie der Erde

(Die Vorlesung beginnt mit einem kurzen Stück der Ballettmusik aus
»Aida«, gespielt auf dem Klavier.)

I.

Ich weiß, was Sie jetzt denken: Er ist verrückt geworden. Da kommen
wir zu einer Vorlesung, die sich »Die Poesie der Erde« nennt, und er
spielt die Ballettmusik aus der »Aida« [1].

Sie haben recht. Ich bin ein bißchen verrückt *und* ich spiele die
Ballettmusik aus der »Aida«. Es ist meine letzte Vorlesung, und es ist mir

etc.

gräßlich, daß es meine letzte Vorlesung ist. Diese Vorlesungen sind mir
schon zu einer Art Gewohnheit geworden, und es fällt mir schwer, sie
aufzugeben. Ich warne Sie also: diese letzte Vorlesung wird eine sehr
lange werden; und wenn Sie glauben, die anderen wären lang gewesen,
dann wissen Sie nicht, was lang ist.

Aber meine Verrücktheit hat Methode. Ich habe Ihnen bezüglich
dieser Musik von Verdi eine todernste Frage zu stellen. Würden Sie das

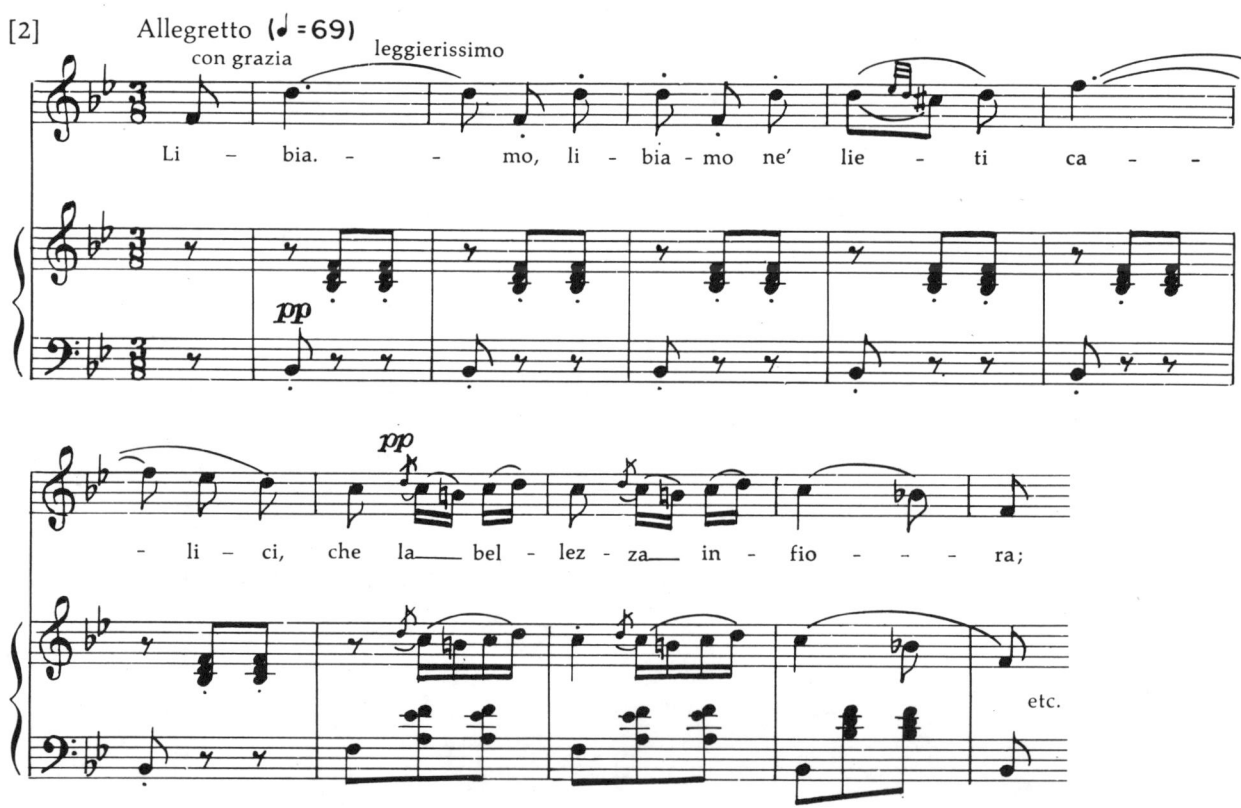

als aufrichtige Musik bezeichnen? Hat Verdi sie aus dem Bedürfnis geschrieben, sich selbst auszudrücken? Natürlich werden Sie jetzt einwenden, das sei eine unfaire Frage. Man kann sich nicht anmaßen, über einen Italiener ein Urteil zu fällen, der eine pseudo-ägyptische Ballettmusik schreibt. Aber was ist damit [2]? Diese Arie aus »Traviata« ist doch reinster Verdi, oder? Aber ist sie auch aufrichtig? Oder ist sie bloß ein Paradestück für den Tenor? Und was ist damit [3]? Sind die

»Kinks« aufrichtig? Und was ist mit dieser Mozart-Kadenz [4]? Ist das aufrichtige Musik oder ist sie geschrieben worden, damit der Pianist brillieren kann? Und, wenn wir schon dabei sind: wie aufrichtig ist der »Parsifal« [5]? Da saß er, dieser Richard Wagner, in all seiner schwelgerischen Pracht, in einem Schlafrock aus feinstem Seidenbrokat, in einem Zimmer, das nach seltenen Parfums duftete und mit den sinnlichsten Stoffen drapiert war, und komponierte die bußfertige Geschichte seines heiligen Toren. Ist das ein Bild der Aufrichtigkeit? Es sieht nicht danach aus. Aber in Wirklichkeit ist jedes dieser Stücke, die ich erwähnt habe, auf seine eigene Art und Weise aufrichtig. Woher kommt das?

Ich peinige Sie mit dieser Frage, weil sie seit der letzten Vorlesung nicht aufgehört hat, *mich* zu peinigen, während ich über Strawinsky und die andere Seite des großen Bruches nachdachte. Erinnern Sie sich, daß ich Ihnen über Theodor Adornos Buch »Die Philosophie der neuen Musik« erzählte, in dem er Schönberg Strawinsky gegenüberstellt? Wenn ja, dann werden Sie sich auch erinnern, daß er die gesamte moderne Musik als eine Entzweiung zwischen diesen beiden betrachtet, wobei jeder von ihnen eine Bewegung anführt, die der anderen feindlich gesinnt ist: Schönberg führt die Redlichen auf den Pfad der Wahrheit, Strawinsky aber besteht nur aus Trug und Tricks – ein wahrer Satansbraten. Warum ist Adorno über diese Zweiteilung im XX. Jahrhundert so aufgebracht, wenn es sich, wie wir anhand von Ives' »Offener Frage« entdeckt haben, im Grunde nur um die Entzweiung von Tonalem und Nicht-Tonalem handelt? Nun, für Adorno handelt es sich um weit mehr – er rollt die Frage der Aufrichtigkeit auf. Unter »aufrichtig« versteht er unmittelbaren Gefühlsausdruck, der subjektiv vom Herzen kommt. Für ihn gibt es nur einen Weg, die »heilige deutsche Kunst« fortzusetzen, und das war die große, aufrichtige Richtung Wagners, die auch Schönberg einschlug. Adorno sieht diesen Weg nicht nur durch Schönbergs frühe romantische Kompositionen verfolgt, sondern durch alle seine Werke – die tonalen, die atonalen und die seriellen. Dem stellt er Strawinskys Intellektualität gegenüber, Strawinskys Ablehnung des Gefühlsausdrucks als Herz-Schmerz-Sentimentalität, Strawinskys mondäne Stilistik, etc. – was alles für

Adorno der Inbegriff des Leeren und Unechten ist.

Natürlich spricht Adorno in Wirklichkeit vom Verhältnis zwischen Kunst und Künstlichkeit. Wie künstlich kann Kunst sein, und noch immer Kunst sein? Nun, das ist von Epoche zu Epoche verschieden, von einer stilistischen Periode zur anderen, von einer Kultur zur anderen. Aber wann auch immer, und wo auch immer: Kunst hat stets, auch heute noch, die Anwendung gewisser Kunstgriffe beinhaltet. Ein Künstler ist immer bis zu einem gewissen Grad ein Tausendkünstler; künstlerisch sein heißt kunstreich sein. Es ist also unstatthaft, wie Adorno in simpler Schwarz-Weiß-Manier zu behaupten, daß wahre Kunst jene sei, die subjektive und aufrichtige Gefühle zum Ausdruck bringt, während alles andere künstlich, also falsch ist. Kunst ist viel feiner gesponnen und viel interessanter. Sind wir etwa von einer Madonna von Cimabue weniger bewegt, wenn wir genau wissen, warum er den Kopf auf der Diagonalen malte und daß dies ein alter byzantinischer Trick ist? Sind wir von Dylan Thomas' »Fern Hill« um eine Spur weniger gepackt, weil wir die traditionelle walisische Silbenzählung kennen, Zeile für Zeile? Nicht um ein Jota; nichts könnte uns gleichgültiger sein; »Fern Hill« fliegt nur so davon. Gesegnet seien die Kunstgriffe, welche Gemütsbewegungen ästhetisch darstellbar und begreifbar machen; ob nun durch einfachen Rhythmus-und-Reim oder durch die verwickeltsten Verfahren der Zwölfton-Reihe. Es wäre sicher nicht schwierig, die Hypothese aufzustellen, daß die Zwölfton-Reihe der künstlichste Einfall des ganzen XX. Jahrhunderts ist, da sie gegen etwas Angeborenes ankämpft, und daß daher das ganze Zwölfton-System eine einzige, ungeheure Künstlichkeit darstellt. Aber eine derartige Hypothese liegt nicht in meiner Absicht, sie wäre sinnlos und zumindest ebenso unwahr wie Adornos Hypothese über Strawinsky, den er als Abtrünnigen ansieht, als Ketzer, als teuflischen Hexenmeister mit einem Sack voller Zauberkunststücken. Genau dieser Strawinsky, dieser Satansbraten, Zauberkünstler und alles andere, erschien als rettender Engel gerade rechtzeitig, um in den kritischen Jahren vor dem ersten Weltkrieg die große Bergungsaktion zu leiten, das gewaltige Vorhaben der Errettung der Tonalität. Der Tod Mahlers und der Debussys wenig später schienen wie Letzte-Akt-Vorhänge zu sein: es war, als hätten sie die tonale Musik mit sich ins Grab genommen. Aber Wiederbelebung war bei der Hand, und gerade als Schönberg der Tonalität entsagte, verherrlichte Strawinsky sie in seinem »Feuervogel«. Während Schönberg sich selbst der Errettung der Musik durch Fortsetzung der großen, subjektiven, chromatischen, romantischen Tradition weihte, schickte Strawinsky sich an, eine neue Bewegung anzuführen, die eine brillante neue Gruppierung von Komponisten unter ihre Fahnen rief, die alle bereit waren, einer anscheinend todgeweihten Situation neues Leben einzuhauchen. »Aha«, würde Adorno sagen, »künstliche Beatmung. Nur eine zeitweilige Notmaßnahme.« Na und? Was ist an einer »zeitweiligen« Notmaßnahme, die gut ein Halbjahrhundert überdauert hat, so schlecht? Was der große Igor in dieser länger als vierzig Jahre dauernden Periode getan hat, war, auf irgendwelche Art die Tonalität »frisch« zu halten. Hier wieder würde Adorno sagen, daß er sie frisch hielt, indem er sie einfror und dabei das Leben aus ihr herausfror. Das wäre eine bösartige Beschreibung dessen, was tatsächlich zum Vorschein kam: nämlich eine neue Objektivität, eine reinere, frischere, leicht gekühlte Form des Ausdrucks, die entstand, indem sich das schöpferische Ich in respektvolle Distanz zum geschaffenen Objekt begab, indem man die Musik aus einer etwas entfernteren Perspektive betrachtete.

Ich habe gerade zwei Worte gebraucht, die einander auszuschließen scheinen: »Objektivität« und »Ausdruck«. Kann etwas gleichzeitig objektiv und ausdrucksvoll sein? Gibt es so etwas wie eine objektive Expressivität? Ist derlei ästhetisch möglich? Es ist es nicht nur, es ist es immer gewesen und hat einige der herrlichsten Werke der Musikgeschichte hervorgebracht, mittelalterliche, barocke, klassische und moderne, worunter jene Strawinskys nicht die geringsten sind.

In dem Augenblick, da Strawinsky die Bühne der Musik betrat, lag diese objektive Expressivität bereits in der Luft; sie schien nicht bloß richtig, sondern absolut notwendig zu sein. Die neue Haltung des persönlichen Nicht-verstrickt-Seins war die voraussagbare Reaktion auf den schwerfälligen, fast krankhaften Subjektivismus, der die deutsche Musik von Wagner bis Schönberg geformt hatte. Diese Reaktion blühte zentral in Paris auf; Paris war nun der neue Schmelztiegel, und schon zu Beginn des Jahrhunderts – sogar davor, 1898 – konnte die verblüffend

einfache Stimme Eric Saties gehört werden [6], völlig *degagiert*, wie beiläufig musikalische *Objekte* liefernd und absichtsvoll das vermeidend, was damals »Selbst-Darstellung« genannt wurde. Wir finden hier eine auffallende Parallele zum Auftreten ähnlicher antiromantischer Attitüden zum Beispiel in der Malkunst Picassos, Attitüden, die sich zur selben Zeit auch in der Dichtung bemerkbar machen; denken Sie nur an Cocteau.

Es waren schließlich Satie, Picasso und Cocteau, die 1917 in einem verrückten, skandalösen Ballett namens »Parade« zusammen arbeiteten, in welchem jeder mögliche anti-wagnerische Einfall bis zum letzten ausgeschlachtet wurde. Vielleicht sollte ich eher sagen: jeder anti-subjektive oder anti-romantische Einfall (ich möchte den großen Richard nicht schmähen) – oder sagen: jeder anti-bürgerliche Einfall. Und das ist es, was es so anti-»aufrichtig«, so unaufrichtig erscheinen ließ – vor allem der Bourgeoisie. Vielen Leuten schien »Parade« einfach Anti-Kunst zu sein, und eine solche war das Stück in der Tat auch insofern, als es im Gegensatz zur gewichtigen, aufgeblasenen, selbstbesessenen Kunst des späten XIX. Jahrhunderts stand. »Parade« ist aufrichtige Kunst, in ihrer närrischen Art nicht weniger aufrichtig als die Ballett-Musik aus »Aida«. Wie etwa dieser Ragtime aus »Parade« [7]. Völlig aufrichtige Trivialität.

Aber das war eine Mücke im Vergleich zu dem, was Anti-Kunst sein *konnte*. Am extremsten war sie im Dadaismus: das war eine Kunstrichtung, die sich über sich selbst und über das Publikum lustig machte. »Épater le bourgeois« – das war das Schlagwort. Die Partitur der »Parade« zum Beispiel enthält musikalische Neuheiten wie das Rattern einer Schreibmaschine und eine Lache mit Lautverstärkung – wie immer sowas klingen mag. (In jenen Tagen gab es eine Menge solcher Dinge, und das macht mich glauben, daß die heutigen Dadaisten und Anti-Künstler wahrscheinlich das konservativste, sogar das reaktionärste Element der gegenwärtigen Kunst-Szene sind.)

Aber in unserer Szene ist, leider, kein Strawinsky zu finden. Er war damals das Genie, das zur Stelle war, der rechte Mann, der die ästhetische Objektivität in Gang setzte und wundervolle Musik daraus entstehen ließ. Selbst in so dynamischen und »gefühlsbestimmten«

Werken wie »Petruschka« oder »Le sacre du printemps« bewahrt er
einen gewissen Abstand. Nun drückt der Komponist nicht länger sich
selbst aus, seine inneren Konflikte, oder gar seine Seelenlandschaft. Er
betrachtet vielmehr die Welt, der er von Herzen zugetan ist – so wie
Strawinsky es war, mit seiner tiefen Liebe zur besonderen Welt des
russischen Karnevals (wie in »Petruschka«) oder zur Traumwelt des
heidnischen Rußlands (wie im »Sacre«) – er betrachtet diese Welt und
zeichnet musikalisch auf, was sie ihm mitteilt. Die daraus sich ergebende
Musik ist dann eine Art von ästhetischem Dokument, unromantisiert,
eine objektive Darstellung. Bei den ersten Noten von »Petruschka« [8]
werden Sie das sofort spüren. Wir hören nicht Strawinsky, sondern
einen Ausschnitt aus dem russischen Leben, den Strawinsky in seiner
Sprache aufgezeichnet hat. Anders gesagt: es ist Strawinsky zweiten
Grades – objektiv. Und wenn die Musik weitergeht [9] mit Leierkasten
und Dampforgelklängen, dem Spielzeug-Walzer der Ballerina, dem
abgerichteten Tanzbären, dem Tanz der Marionetten [10] und allem
übrigen, wird Objekt an Objekt gefügt, und die Musik wird
dementsprechend immer objektiver. Sogar in den gefühlvollsten

▸latte
eite 5
pur 7

339

Augenblicken, wie etwa bei Petruschkas Traurigkeit [11], wird dieser Sinn für Objektivität beibehalten. Es ist so rührend mechanisch. Und je mechanischer und erbarmungsloser Strawinsky es darstellt, um so mehr berührt es uns. Oder nehmen Sie Petruschkas Verzweiflung [12]: objektiv wie ein Hornsignal. Und dasselbe gilt für den »Sacre du printemps«: dieser wunderbare Beginn kommt aus großer Entfernung auf uns zu [13]; Strawinsky bringt ihn uns näher und näher, aber er selbst – Igors Ego – hält sich in respektvollem Abstand. Deshalb können ihn die Adornos dieser Welt nicht als aufrichtigen Künstler dieser Welt anerkennen: ein »aufrichtiger« Künstler müßte seine Gemütsbewegungen direkt und subjektiv ausdrücken, wie Schubert, wenn er »Du bist die Ruh'‹« schreibt. So hat es Wagner gehalten und Schönberg ebenso. Aber Strawinsky? Können Sie sich vorstellen, daß Strawinsky sagt: »Ich liebe Dich!« – so geradeheraus? Ausgeschlossen. Dazu war er viel zu sehr der große Tausendkünstler.

Was waren denn nun seine Kunstgriffe? Welche Zauberkunststücke trug dieser Hexenmeister wirklich in seinem Sack mit sich? Es waren die größeren und besseren Zweideutigkeiten, die revitalisierenden »Frischmacher«, welche die Tonalität am Leben und den musikalischen Fortschritt in Bewegung hielten.

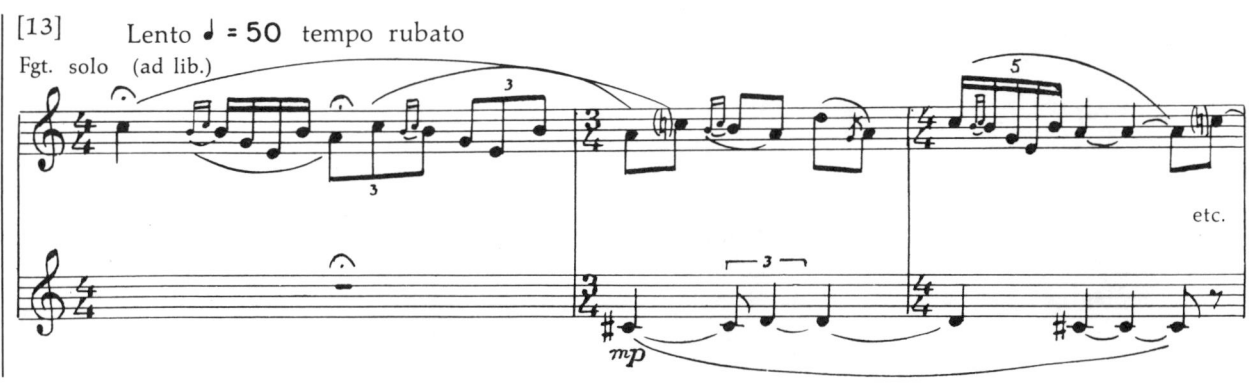

Für unsere Zwecke ist es am klarsten und konzisesten, wenn wir diese Tonalitäts-»Frischmacher« im Zusammenhang mit den drei linguistischen Begriffen betrachten, die wir in den vergangenen Vorlesungen verfolgt haben: der Lautlehre, der Satzlehre und der Bedeutungslehre. Sichtlich liegt der Grund für die phonologischen Riesenschritte, die wir feststellen können, in der starken Zunahme dessen, was man einmal Dissonanz genannt hat. In anderen Worten: Strawinskys Form der Tonalität hat einige beeindruckende Zutaten erworben – eine neue dissonantische Freiheit.

Aber was bedeutet diese »freie Dissonanz«? Ist es einfach eine willkürliche Verwendung falscher Noten, um zu schockieren? Sicherlich nicht – obwohl das Element des Schockierens unleugbar ein Teil der Rettungsaktion gewesen ist. Denken Sie an den alten Schlachtruf: »Épater le bourgeois!« Aber die Ursprünge dieser neuen Dissonanz sind viel grundlegender und viel ernsthafter, sie sind vorbedacht und wohlgeordnet. So kurz wie ich es nur sagen kann: Es gibt zwei Arten, diese neue Dissonanz zu begreifen. Zuerst als eine Erweiterung der Dreiklangs-Idee [14], so daß ein Dreiklang nun zum Beispiel auch als Septakkord gedacht werden kann oder als ein Nonenakkord, als eine Undezim, ja sogar als eine Tredezim – welche allesamt neue *tonale* Dissonanzen ergeben. Darum klingt der Tanz der Marionetten aus »Petruschka« in dieser Weise (siehe [10]). Es ist nur eine Erweiterung des Dreiklang-Prinzips.

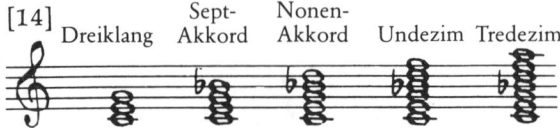

[14] Dreiklang   Sept-Akkord   Nonen-Akkord   Undezim   Tredezim

Aber es gibt einen zweiten Schlüssel zu dieser Zunahme der Dissonanzen, und dieser findet sich in der neuen Vorstellung einer *Polytonalität* – worunter die gleichzeitige Verwendung von mehr als einer Tonart zu verstehen ist. Es war, als ob man die Verwendung der tonalen Klangsprache durch eine Art Mitose* retten und auffrischen

* Mitose = indirekte Zellkernteilung

könnte, indem man jede gegebene Tonart in zwei oder mehr gleichzeitig wirksame Tonarten aufsplitterte. Sind es nur zwei, haben wir Bitonalität; sind es mehr als zwei, Polytonalität.

Musikwissenschaftler weisen immer auf einen bestimmten Akkord in »Petruschka« als dem ersten Tatbestand einer Bitonalität hin, denn er ist so klar analysierbar und von so wirkungsvoller Dramatik. Es ist dieser berührende Akkord [15], der im Grunde aus nichts anderem besteht als aus zwei Dreiklängen – reinen Dreiklängen diesmal, C-Dur und Fis-Dur. Rein mögen sie sein – jeder für sich; aber wir wissen doch etwas über dieses C-Fis-Verhältnis, etwas, das die besondere Doppelgewichtigkeit dieses Akkords klärt und erklärt – es ist der Tritonus, dieses diabolische Intervall [16], in dem Sie ja längst Experten sind. Es ist der gleiche Tritonus, den wir in Debussys »Faun« entdeckt haben, auf welchem Debussy dieses ganze Stück aufbaute; und das letzte Mal haben wir ihn als entscheidendes Element in Alban Bergs Violinkonzert wiedergefunden. Und hier ist er nochmals, aber einer ganz neuen Absicht dienend: um zwischen zwei völlig reinen Dreiklängen diese schwankende tritonische Beziehung herzustellen und damit eine wundervoll vernehmbare Zweideutigkeit hervorzurufen [17] – und diese

[16]

[17]

343

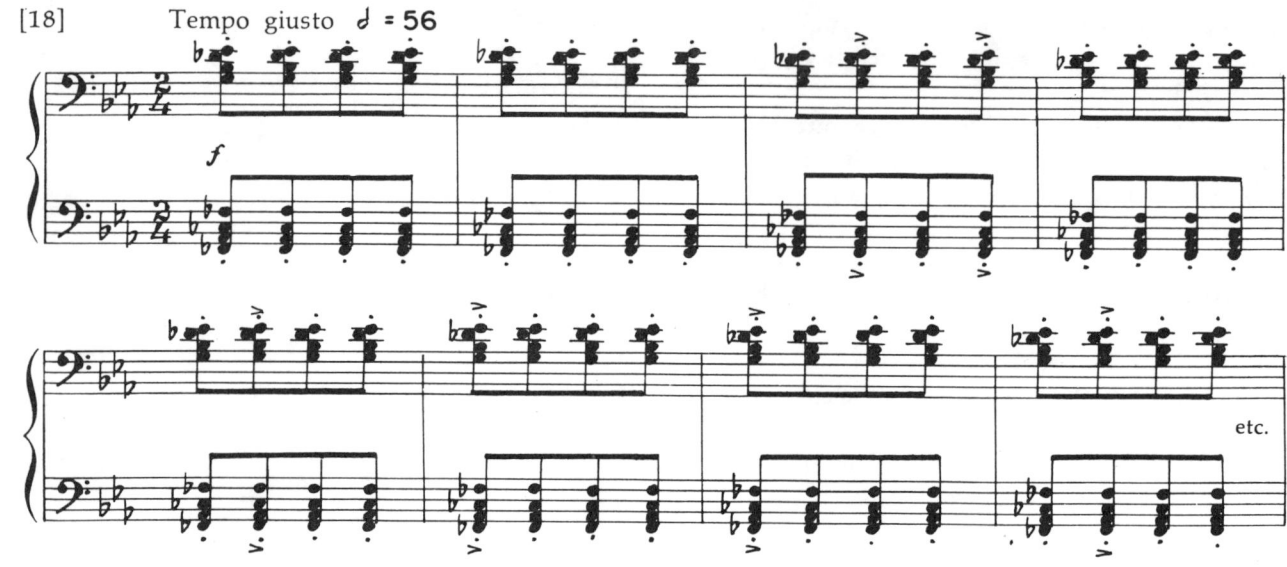

Tempo giusto ♩ = 56

f

etc.

[19]   Es Dominantseptakkord

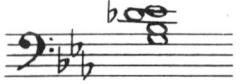

[19a]   Fes-Dur (E-Dur)

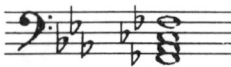

[20]

ist wieder eine vollkommene musikalische Entsprechung der Dualität in der Marionette Petruschka, jenem Bündel aus Stecken und Lappen, das ein leidenschaftlich fühlendes menschliches Herz verbirgt.

Diese Bitonalität dient aber nicht nur dazu, Dualismen zu erzeugen; wir müssen auch erkennen, daß die Verbindung zweier verschiedener Akkorde automatisch einen dritten hervorruft, ein neues phonologisches Wesen. Was, zum Beispiel, ist mit diesen berühmten, primitiven, dumpfen Schlägen aus dem »Sacre du printemps« [18]? Ist das bloß willkürliches Hinschlagen, wobei man trifft, was einem gerade unter die Finger kommt? Im Gegenteil: dieser wiederkehrende Akkord ist sorgfältigst ausgedacht und bitonal strukturiert. Schauen Sie, wie tadellos er in zwei verschiedene, aber gleichwertige Hilfsakkorde teilbar ist, einer [19] über dem anderen [19a] stehend. Und jeder davon ist noch dazu in sich selber vollkommen konsonant. Aus dem unteren läßt sich ein reiner E-Dur-Dreiklang herauslesen (oder, in Strawinskys Schreibweise, Fes-Dur, was allerdings auf das gleiche herauskommt). Der obere ist der schlichte, alte Dominantseptakkord von Es. Jeder für sich könnte nicht klarer tonal sein, aber zusammen [20] ergeben sie eine wilde Dissonanz. Das ist eine völlig neue Betrachtungsweise der tonalen Harmonie, das ist die »frische« Weise Strawinskys. Sodann stürzt er sich unvermittelt in eine neue Bitonalität, indem er nun den Noten desselben Es-Dur-Septakkords Noten, die in C-Dur stehen, gegenüberstellt [21].

[21]

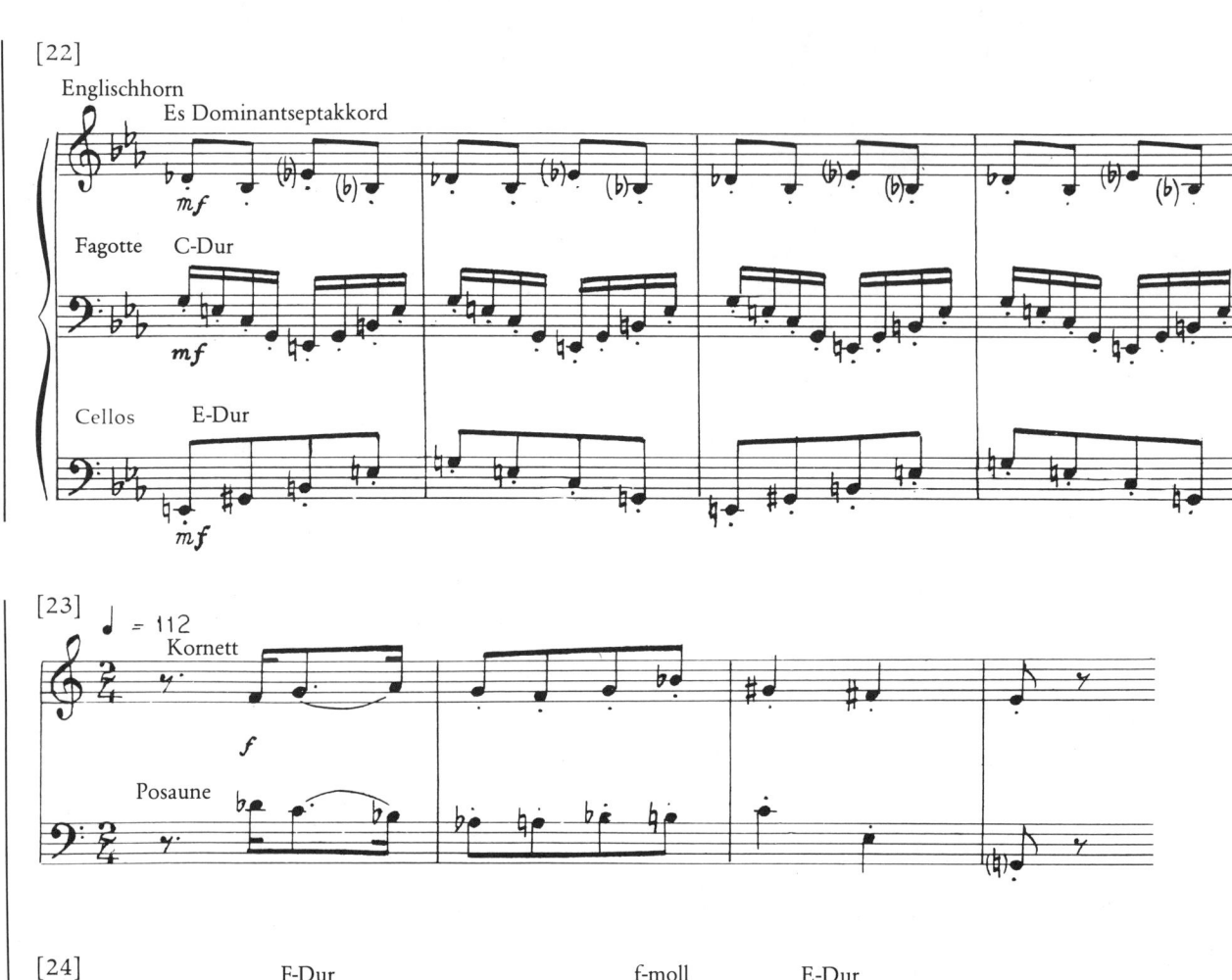

Aber ein weiteres geschieht zur gleichen Zeit: die Celli zupfen Noten, die die Umrisse des alten E-Dur-Dreiklangs hörbar machen, so daß nun *drei* gleichzeitige harmonische Wesenheiten zusammenklingen [22]. Das ist nun der neue Klang der Polytonalität, ein weiterer »frischer« Klang herb, nadelspitz, wie eine eiskalte Dusche – aber nach wie vor, und immer, tonal.

Natürlich kann Polytonalität viel komplizierter sein als ein Familienausflug von zwei oder drei tonalen Verwandten – sie ist es auch in der Regel. Kennen Sie Strawinskys Meisterwerk aus der Zeit des Ersten Weltkriegs, »Die Geschichte vom Soldaten«, ein Kammer-Ballett für sieben Instrumente? Wenn nicht, dann stürzen Sie ins nächste Plattengeschäft und reißen Sie es an sich. Es ist die beste kalte Dusche überhaupt. »Die Geschichte vom Soldaten« beginnt mit einem Marsch; hier ist seine erste Phrase [23]. Das ist schon etwas subtiler – polytonal gesprochen. Es spielen zwei Instrumente, ein Kornett und eine Posaune. Das Kornett spielt eine Weise für sich [24], die in F-Dur zu beginnen scheint, dann plötzlich nach f-moll hinüberwechselt und unvermittelt und völlig unerwartet in E-Dur kadenziert. F-Dur, f-moll, E-Dur – und das im Zeitraum von vier Sekunden. Sehen wir uns an, was die darunterliegende Posaune treibt [25] – Des-Dur, ausgerechnet, mit einer abrupten Kadenz in G-Dur, ohne ein Sterbenswörtchen dazwischen. Strawinsky setzt uns also, ob Sie's glauben oder nicht, innerhalb vier Sekunden Musik fünf verschiedene Tonarten vor. Welche größeren und

Platte
Seite 6
Spur 3

347

besseren Vieldeutigkeiten wollen Sie noch? Und sehen Sie sich an, wie es von hier aus weitergeht [26].

Was ist *das* schon wieder? Eine neue Zweideutigkeit, ein neuer Tonalitäts-Auffrischer, doch jetzt ein syntaktischer: eine rhythmische Verschiebung. Haben Sie bemerkt, wie syntaktisch abgerissen dieser Marsch ist, wie asymmetrisch [26]? Wir könnten sagen, daß dieses Stocken im Rhythmus ein metrisches oder syntaktisches Äquivalent zu jener Polytonalität sei, von den wir gesprochen haben. Wir könnten es sogar eine »rhythmische Dissonanz« nennen. Mein alter Freund Harold Shapero* hat es immer »Igors asymmetrische Gaunerei« genannt, und damit (liebevoll natürlich, sogar bewundernd) gemeint, daß Strawinsky asymmetrische Verfahren zu einer eigenen Kunst entwickelt hat. Wo wäre irgendein Stück von Strawinsky ohne Asymmetrie? Frühwerke, Spätwerke, sie alle stellen seine Kunst des Wiederlebens zur Schau.

Da wir nun von neuem in der syntaktischen Abteilung sind, können wir wieder die handfesten Ausdrücke Chomskys benützen. Was Strawinsky tut, ist folgendes: Er nimmt die Umwandlungsvorgänge, die wir vor Wochen in der g-moll-Symphonie Mozarts aufgespürt haben – diese Tiefenstruktur-Verwerfungen und so weiter –, und macht aus ihnen selbst Oberflächenstrukturen. Seine Methode ist den kubistischen Verfahren von Braque oder Picasso sehr ähnlich, die ein Objekt, so wie es ist, durch ein Prisma ansehen und die sich daraus ergebende Fragmentation darstellen, ein asymmetrisches Bruchstück ums andere. Haargenau so Strawinsky: all diese einst versteckten Verwerfungen und

*Amerikanischer Komponist, der in den sechziger Jahren verstummte.

[26 Forts.]

349

Vertauschungen sind jetzt, in funkelndes Licht getaucht, an der Oberfläche selbst zur Schau gestellt.

Übrigens: wenn Sie schon in dieses Plattengeschäft laufen, nehmen Sie auch gleich »Les noces« mit, Strawinskys vielleicht bedeutendstes Werk, wenn man von zehn oder zwölf anderen absieht. So ergeht es einem nämlich immer mit Strawinskys Musik; es ist wie bei den Liedern von Schubert oder Mozarts Klavierkonzerten: dasjenige, das man gerade hört, ist das größte von allen. Sie hören die »Psalmen-Symphonie«: natürlich ist es sein bedeutendstes Werk – vielleicht das bedeutendste des ganzen Jahrhunderts. Aber dann hören Sie den »Sacre« – es geht Ihnen genau so. Und was ist mit »Oedipus Rex«? Was ist mit »Threni«? Und »Die Geschichte vom Soldaten« haben Sie vergessen! Jedes ist gerade das großartigste. Und genau so verhält es sich mit »Les noces«, einer Kombination von Chorkantate und Ballett über eine russische Bauernhochzeit, die sich jeder Beschreibung entzieht. Hören Sie sich's an.

Ich möchte Ihnen nur ein ganz kleines Stück aus der Eingangs-Szene vorspielen, eine seltsam grausame und verletzende Musik, die das feierliche Flechten der Haare der jungen Braut begleitet [27]. Was macht diese Musik so barbarisch grausam? Dieselbe Bitonalität wie in unserem Beispiel aus dem »Sacre« (siehe [18]), nur sind jetzt die Tonarten vertauscht: statt dieser Dissonanz [28] ergibt sich diese [29]. Und diese beißende Dissonanz wird von der rhythmischen Dissonanz der unregelmäßigen Zeitmaße widergespiegelt (siehe [27]). Können Sie sehen, wie diese scharf akzentuierte Zeitmaß-Verzerrung das Gefühl der Grausamkeit und des Schmerzes stark steigert, ebenso stark wie die bitonale Dissonanz? Eben das passiert auch in dieser barbarischen Passage des »Sacre«, wo jeder Akzent wie ein Faustschlag auf einen zukommt und stets dann trifft, wenn man es am wenigstens erwartet. Linker Haken, rechte Gerade (siehe [18]). Natürlich beschränken sich diese Asymmetrien durchaus nicht nur auf die sogenannten »aggressiven« Werke Strawinskys; sie können genau so eindrucksvoll in seinen sanftesten, lyrischesten Stücken angetroffen werden, wie etwa in »Perséphone« oder den viel späteren »Scènes de Ballet« [30]. Es klingt beinahe nach Mozart.

Aber es gibt einen bezeichnenden Unterschied zwischen den Asymmetrien von Mozart und Strawinsky: Der Unterschied – und welch ein Unterschied! – ist der zwischen einer Phrasenstruktur und einer motivischen Struktur. Ich weiß, daß ich mich hier einer ziemlich undurchsichtigen Ausdrucksweise bediene, aber ich meine eigentlich etwas ganz Einfaches: daß Strawinskys asymmetrische Strukturen darauf beruhen, daß er mit Motiven jongliert, statt mit dem, was man sonst als Melodie bezeichnet. Unter »Motiven« verstehe ich sehr kurze, melodische Bruchstücke, konzise Gruppierungen von zwei, drei oder vier Tönen, die einer Art kubistischer Behandlung unterzogen werden. Zurück zum »Sacre du printemps«: hier haben Sie ein Motiv, das wir »A« nennen wollen [31]. Und hier ist ein zweites, »B« [32]. Sehen Sie sich an, welche Kunststücke er mit ihnen vollführt [33]. Wieder: Linker Haken, rechte Gerade – direkt in den Magen. Aber das ist noch nichts im Vergleich zum großen Opfertanz am Ende des Balletts, der vollkommensten Brutalität aller Zeiten. Brutal mag es sein, aber es ist mit der Genauigkeit eines meisterhaften Handwerkers angefertigt (der Tausendkünstler: Sie erinnern sich?), aus winzigen, motivischen Zellen, wie dieser [34] und dieser [35] und dieser [36], hergestellt. Alle diese Zellen sind miteinander verbunden, ineinander eingebettet,

untereinander vertauscht, werden erweitert und erbarmungslos wiederholt, stets in verschiedenen Mustern, wie ausgezackte Stücke von farbigem Glas in einem riesigen Kaleidoskop [37]. Hier haben Sie »Igors asymmetrische Gaunerei« in ihrer ganzen Pracht.

Wissen Sie noch, wie wir diese rhythmischen Asymmetrien sozusagen als syntaktisches Äquivalent der phonologischen Dissonanzen kennengelernt haben? Auf dieselbe Art können wir ein weiteres syntaktisches Äquivalent zur Polytonalität selbst entdecken; und *dieses* syntaktische Äquivalent ist der Polyrhythmus. Noch eine Blutauffrischung für die Tonalität, ein weiterer Lebensspender. Was sind nun Polyrhythmen? Ganz einfach: So wie Polytonalität mehr als eine Tonart auf einmal bedeutet, bedeutet Polyrhythmus, daß zwei oder mehr Rhythmen gleichzeitig vorwärtsschreiten. Wenn ich zum Beispiel mit der linken Hand einen Tango-Rhythmus anschlage und mit der rechten Hand einen Walzer darüberspiele, entsteht ein einfaches polyrhythmisches Stück [38]. Aber lassen wir diesen Unsinn und begeben wir uns zu bedeutender Musik: Hier eine abenteuerliche Seite aus dem »Sacre«, die an sich schon ein ganzer Essay über Polyrhythmus ist ([39]; auf Seite 356/357). Wie Sie sehen können, ist das Zeitmaß der 6/4-Takt, das heißt, sechs Viertel-Noten kommen auf einen Takt. Aber es gibt keinen einzigen Takt auf dieser Seite, der irgend etwas mit einem Sechserrhythmus zu tun hätte. Jeder Ton der Musik auf dieser Seite gehört zu Zweier-, Vierer- oder Achter-Gruppierungen; das Ganze ist doppelt angelegt, in Vielfachen der Zahl zwei. Aber, werden Sie mit Recht einwenden, die Zahl sechs ist sowohl eine Verdoppelung als auch eine Verdreifachung; immerhin sind zwei Mal drei sechs. Jetzt können Sie sich vielleicht die ungeheure Komplexität der mathematischen Unrast vorstellen, die da um sich greift.

Lassen Sie mich eine Erklärung versuchen. Wir haben da zwei Garnituren von Rhythmen, die ineinander eingebettet sind – nicht zwei Rhythmen, sondern zwei Garnituren von Rhythmen. Nennen wir die erste Garnitur »A«; sie enthält ausschließlich Vierer- und Achter-Gruppierungen, die diesen Sechser-Grundtakt überlagern. Die Hauptmelodie (eigentlich weniger eine Melodie als ein Motiv) ist diese

[39]

60

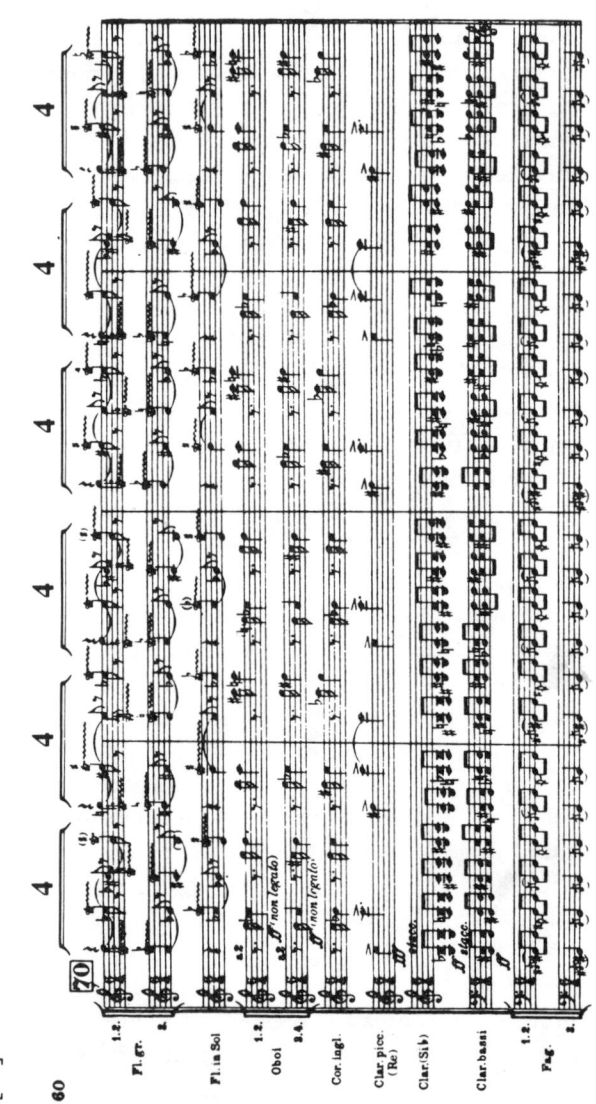

[39 Forts.]

C-Fag.
*(Horns in F)
Cor. 1. 2. 3. 4. 5. 6.
Tr. pico.(Re)
*(Trumpets)
Tr. (Do) 1. 2. 3. 4.
(non legato)
sempre sf
Tr-boni 1. 2. 3.
a 2
tenori (Sib)
*(Tuba)
Tube
bassi
a 2 ff maestoso
Timp.
Gr. C.
*(Percussion)
Tamtam
Une rape Guero
etc. sim.
Viol. 1. 2.
sul pont. sino al segno
Viole
Celli
Bassi
70

furchtsame Fanfare in den Tuben [40]. Das ist ein einfaches, sich
wiederholendes Motto nach einer regelmäßigen Schablone von vier
Taktschlägen, und wie Sie wissen, liegt es über einem Sechsertakt. Dann
wird die Melodie, oder wie immer Sie das nennen wollen, durch hohe
und schrille Trompeten ausgeziert, und auch sie folgen der Schablone
von vier Taktschlägen [41]. Dazu kommen die Hörner, die in ihrer
höchsten Lage – und in acht Schlägen – eine Gegenfanfare ausstoßen
[42]. Soweit, so gut; alle diese Elemente sind rhythmische Blutsbrüder,
Vierer und Achter, auch wenn sie einen Sechsertakt überlagern.

Aber all das ergibt erst die eine Garnitur; versuchen wir es jetzt mit
der Garnitur »B«, welche Zweier- und Vierer-Gruppierungen enthält,
die den Sechsertakt nicht überlagern, sondern in seinem Innern tätig
sind, also innerhalb jedes einzelnen Taktes von sechs Schlägen. Können
Sie mir noch folgen? Werfen Sie bloß einen Blick auf die Schlagzeug-
Gruppe, in der diese Garnitur B am Werk ist [43]. Da hämmern die
Pauken in einer beständigen Kanonade von Achtelnoten, was zwölf
Noten pro Takt ergibt. Und diese zwölf Noten werden dadurch in vier
Untergruppen aufgeteilt, daß ein besonders starker Akzent auf der
jeweils ersten Note von ihnen liegt [44]. Können Sie es hören, wie diese
vier heftigen Schläge pro Takt vier Untergruppen von je drei Tönen
erzeugen? Und, denken Sie nur, diese vier Untergruppen sind in einem
sechsschlägigen Takt enthalten. So ist schon dieser Gegenrhythmus von
vier gegen sechs allein aus sich heraus ein Polyrhythmus. Und um ihn zu
verstärken, um ihn noch mehr zu elektrisieren, schlagen die große
Trommel und das Tam-Tam abwechselnd die vier Akzente mit [45].
Und als Draufgabe, so daß man vor polyrhythmischen Entzücken aus
der Haut fahren könnte, gibt es noch einen Guiro, eine Art jenes

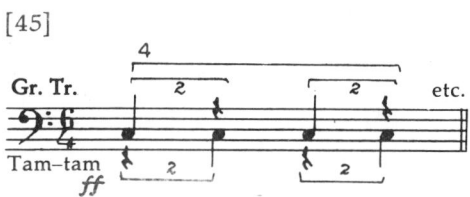

[46]

etc.

Raspeln, denen man bei südamerikanischen Tanzkapellen begegnet; er verstärkt die vier Akzente noch weiter, aber nicht nur das, er verdoppelt sie, so daß wir jetzt auch acht Noten pro Takt haben [46]. Was haben wir also insgesamt? Wir haben einen einzigen Takt, der gleichzeitig sechs Schläge, zwölf Schläge, vier Schläge und acht Schläge enthält. Und dieser Takt, wieder und wieder wiederholt, enthält bloß die Garnitur B. Fügen Sie alle diese überlagernden Vierer und Achter der Garnitur A hinzu, und Sie haben einen Polyrhythmus, der sich gewaschen hat.

Diese Seite (siehe [39]) ist sechzig Jahre alt, und sie ist in ihrer ausgeklügelten Behandlung primitiver Rhythmen nie übertroffen worden; dies ist deshalb so erstaunlich, weil der »Sacre du printemps« ein tonales Stück ist, ein altmodisches tonales Stück. Nur allzu rasch vergessen das die Leute, die es als revolutionär, als Wendepunkt, als ebenso einschneidend wie Schönbergs Zwölfton-System preisen. Aber das ist es gar nicht; es ist lediglich eines unserer gängigen vulkanischen Meisterwerke, voll umwerfender Melodien und wundervoller Harmonien und sensationeller Rhythmen und blendender Kontrapunkte und haarsträubender Orchestrierung und purgierender Strukturen; es enthält auch die besten Dissonanzen, die je irgend jemand erdacht hat, und die besten Asymmetrien und Polytonalitäten und Polyrhythmen und was immer es sonst noch gibt. Es besitzt auch eine monumentale Objektivität und einen direkten Draht zur Sprache des Volkes und ein Monopol auf Primitivismus; was uns natürlich direkt in die semantische Abteilung führt.

Der Primitivismus, der dem »Sacre« und den »Noces« und so vielen anderen Werken Strawinskys innewohnt, zeigt sich nicht nur phonologisch, in den wilden Dissonanzen, nicht nur syntaktisch, in den konvulsivischen Rhythmen, sondern auch semantisch, in den primitiven »Bedeutungen« der Volksmusik, die das Herzblut dieser Werke ist. Das ist *ein* klar zutage liegender Bezug, in dem Strawinskys Musik als Poesie der Erde verstanden werden kann; diese Stücke wurzeln tief im Boden der Folklore, manchmal scheinen sie sogar weiter zurückzureichen als die überlieferte Volksmusik, atavistisch zurück bis in die Vorzeit. Aus

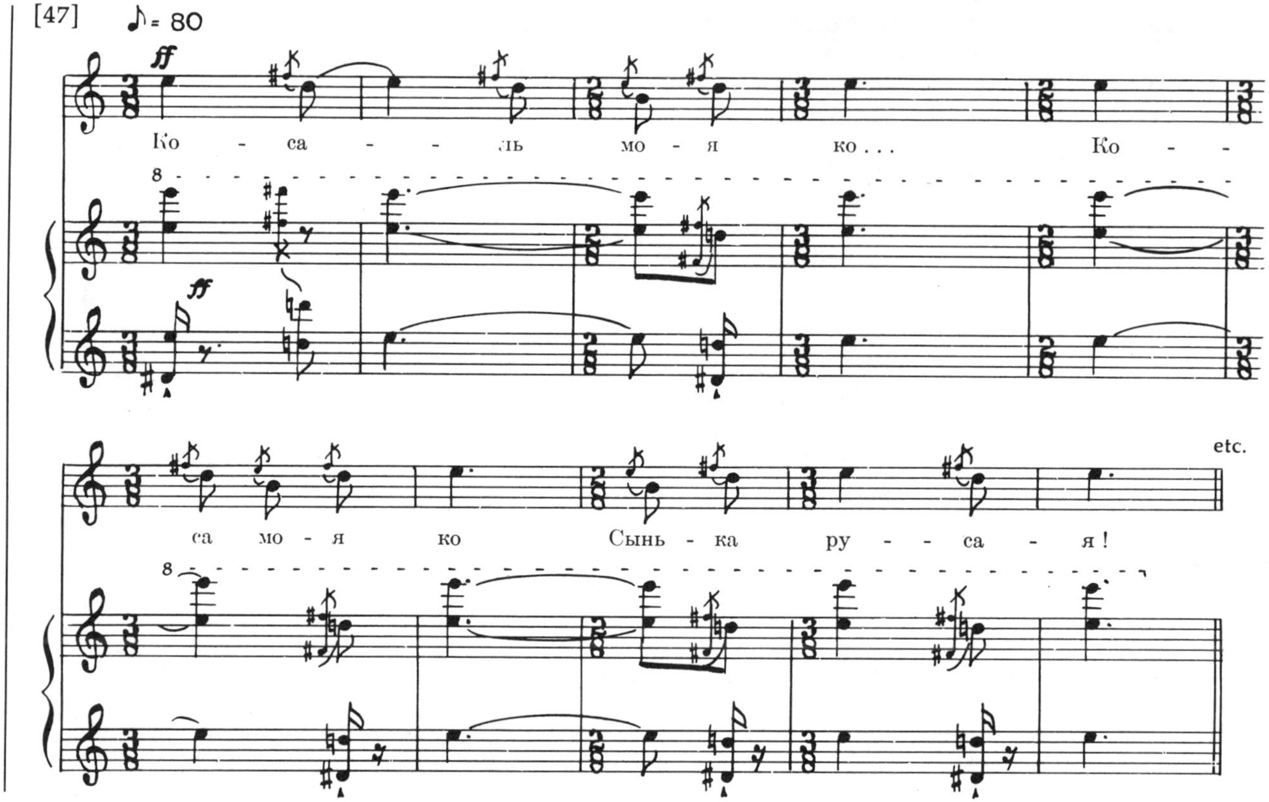
[47]
♪ = 80
ff
Ко - са - - ль мо - я ко... Ко - -
са мо - я ко Сынь - ка ру - - са - я!
etc.
8

latte
eite 6
pur 4

den Eröffnungsnoten von »Les noces« zum Beispiel [47] steigt ein hypnotisierendes Ur-Gefühl. Es klingt wie alte chinesische Musik, ist aber noch primitiver; es besitzt nicht einmal eine Fünftonleiter, sondern nur Drei- und Vier-Noten-Konstellationen.

Werke wie »Les noces« und der »Sacre« sind an sich wie Bestätigungen der Monogenese: sie erwecken in uns einen Widerhall, der die Identität allen menschlichen Ursprungs zu beweisen scheint. Zudem glaube ich, daß diese eisern gepflegte Verbindung Strawinskys mit der alten Folklore sehr viel zu dieser besondern Art von Objektivität beiträgt, die wir als Charakteristikum seiner gesamten musikalischen Ausdruckskraft fanden; sie ist ein Teil dieses »respektvollen« Abstands, von dem wir vorhin sprachen. Es liegt in der Natur der Folklore, daß sie das Mystische stark betont – was Jung das kollektive Unterbewußtsein nannte –, und das läßt diese frühen Werke Strawinskys wie ungeheure anthropologische Metaphern erscheinen.

Aber die wirkungsvollsten semantischen Effekte des Primitivismus' Strawinskys ergeben sich zweifellos aus der Berechnung, mit der das alles eingesetzt wird. Da tritt eine aufregende Reibung widerstrebender Kräfte auf; immerhin, hier schreibt ein mitten im XX. Jahrhundert stehender Komponist vorgeschichtliche Musik. Eine herrliche Mesalliance, die Herrliches zeugt – eine Synthese von erdiger Volkssprache und stilistischer Klügelei. Diese Synthese war in Strawinskys Musik ein sein ganzes Komponisten-Dasein bestimmender Faktor, auch dann noch, als er keine der sogenannten »russischen« Werke mehr schrieb. Nicht nur die russische Volkssprache hatte ihn angezogen, alle Umgangssprachen zogen ihn an, alte und neue – ein internationaler Großstadtjargon gewissermaßen, der letztlich auch Jazz, Kaffeehaus-Musik und Salonmusik mit einschloß, mit allen dazugehörigen Walzern, Polkas, Foxtrotts, Tangos und Ragtimes. Hier wurde der Tonalität eine neue Erfrischungsquelle erschlossen, die frische Luft in ein verstaubtes nach-viktorianisches Zimmer einließ – eine völlig andere, auch in ihrer Zusammensetzung andere Luft als jene außerirdische »Luft von anderen Planeten«, die Schönberg zur selben Zeit atmete.

Auf Strawinskys Planet sprach man jetzt, wie einem der Schnabel gewachsen war; das Kunstleben nach dem Ersten Weltkrieg durfte locker, leger und lustig sein. Diese ästhetische Entspannung verbreitete sich wie ein Buschfeuer, so ansteckend war allein schon die Erleichterung, die sie auslöste. Sie brachte Werke hervor wie diese köstliche »Saudade do Brasil« von Darius Milhaud [48]; und festzuhalten ist nicht nur, daß sie bitonal ist, linke Hand G-Dur, rechte Hand D-Dur, sondern daß hier ein Pariser die brasilianische Umgangssprache spricht. Erfassen Sie, wie charmant und entspannt Bitonalität sein kann?

Das ist die eine Umgangssprache: ein Franzose in Rio. Aber da ist ein

zweiter Pariser, Francis Poulenc, und der spricht seinen Dialekt [49]. Das ist der berühmte kleine Walzer aus seiner Oper »Les mamelles de Tirésias«, und die Mundart stammt diesmal direkt vom Montmartre.

Und da ist ein Amerikaner, Aaron Copland, der *seinen* Dialekt spricht [50]. Und auch hier ist nicht nur festzuhalten, daß dieses Stück aus »Billy the Kid« polyrhythmisch ist [51], sondern daß es echt amerikanisch ist und im Cowboy-Dialekt einherstiefelt. Sogar ein paar Deutsche sind von

[52]

Und der Hai - fisch, der hat Zäh - ne, und die

(In der Art eines Leierkastens)

mf

trägt er im Ge - sicht, und Mac-

heath der _____ hat ein Mes - ser, doch das

Mes - ser sieht man nicht. _____

dieser Frischluft-Dosis erfaßt worden. Hier kommt einer von ihnen, Kurt Weill [52]. Sie wissen alle, woraus das stammt.

Platte
Seite 6
Spur 5

Aber Strawinsky war der erste – wie gewöhnlich. Während des Ersten Weltkrieges schrieb er bereits an seiner phänomenalen »Geschichte vom Soldaten«, in der sich seine einzigartige Objektivität in trockenen, witzigen Zerrbildern zeigt: eine Karikatur des militärischen Pomps ([53]; auf Seite 370); ein schiefer Tango ([54]; auf Seite 370); ein erquickender Ragtime ([55]; auf Seite 371). Sie können sehen, wie die Umwandlung dieser frivolen, leichtgewichtigen Materialien durch Strawinskys messerscharfen Verstand und seine raffinierten Techniken eine Musik von ungeahnter Frische, Witz und Humor hervorbrachte. Humor: hier liegt eine neue Frischluftquelle, ein neues, tiefes Atemholen für die Tonalität. Strawinsky hatte eine Menge Humor und wußte, wie er musikalisch daraus Kapital schlagen konnte. Denken Sie nur an die riesige Spannweite dieses Humors, sie reicht von der »Geschichte vom Soldaten« über die nadelspitze Witzigkeit des Oktetts von 1923 und die chaplineske Boulevard-Eleganz des »Capriccio für Klavier und Orchester« bis zum reinen Gespött der »Zirkuspolka«, die er für die Ballettbegabten unter den Elefanten der »Ringling Brothers« schrieb.

Was uns an Strawinskys Witz so fasziniert, das ist der Umstand, daß er durch nicht zueinander passende syntaktische Komponenten entsteht. Ich glaube, irgendwie entsteht jeglicher Humor auf diese Art; Witze leben von Unvereinbarkeiten, Ungereimtheiten. Dieselben Dissonanzen, die den »Sacre« so barbarisch machen, sind auch der Grund für die spaßige Wirkung der »falschen« Noten in der »Geschichte vom Soldaten«. Sie sind ungereimt, unvereinbar. Oder, um ernsthafte, linguistische Begriffe anzuwenden: es ist das Ergebnis von nicht zueinander passenden Komponenten. Chomsky gibt ein klassisches Beispiel dafür: »Farblose grüne Ideen schlafen wütend.« Dieser Satz ist phonologisch einwandfrei, syntaktisch unanfechtbar und semantisch unmöglich. Ein Verbalsalat, außer – erinnern Sie sich – in der Poesie. Poetisch ist dieser Satz völlig annehmbar, sogar witzig oder ironisch, vielleicht sogar irgendwie schön – vor allem als Lyrik des XX. Jahrhunderts. Lesen Sie diesen Satz nur einmal als Vers, laut, langsam und mit feierlicher Betonung: »Farblose grüne Ideen schlafen

369

wütend.« Ist das nicht beeindruckend? Ich könnte eine Tiefenstruktur für diesen Vers entwerfen, so wie vor einigen Wochen für den Vers Shakespeares, etwa so: »Gestern nacht habe ich schlecht geschlafen; ich habe sonst *farblose* Träume, aber diesmal schlichen sich schmutzig-*grüne Ideen* ein; ich konnte daher nur ruckweise *schlafen* und mußte *wütend* um mich schlagen.«

Die Umwandlungen sind einfach: verwerfen Sie alle Prosa-Elemente, wie die erzählenden Sequenzen, und alle Bindewörter. Verdichten Sie *schlafen* und *schlagen,* betten Sie *ruckweise* in *wütend* ein. Das einzige Problem ist jetzt noch, daß statt mir die Ideen schlafen. Aber verwerfen wir auch den kausalen Faktor, wie man das ja in Träumen ohnehin tut, und wir haben ein Traumbild, einen dichterischen Vers, der aus einer metaphorischen Umgestaltung entstanden ist.

Das Ganze wurde erst möglich gemacht durch die Grundvoraussetzung des Traumes: ist diese einmal gegeben, vollzieht sich alles übrige auf dieser unrealistischen, also ästhetischen Ebene. Und das ist ein wertvoller linguistischer Anhaltspunkt, nicht nur zum Verständnis der zeitgenössischen Dichtung, mit all ihren farblosen grünen Ideen, sondern auch der zeitgenössischen Musik, vor allem der Strawinskys, die just auf diesem Boden der Ungereimtheit und der Ironie gedeiht.

Dieses ironische Element ist wichtig; es wird für uns ein sehr wesentlicher Begriff für das Verständnis Strawinskys werden, vor allem der stilistischen Entwicklung seiner Musik von der sogenannten »russischen« Periode an. Denken Sie nur an den »Sacre«, dieses Welten erschütternde, epochemachende Super-Stück. Wohin konnte Strawinsky von da aus gehen? Vergessen Sie nicht, man schrieb damals erst 1913, und er sollte noch ein weiteres Halbjahrhundert komponieren. Woher sollten die größeren und besseren Zweideutigkeiten nur kommen, diese für Dauerfrische sorgenden Windstöße erquickender Luft, welche die Tonalität am Leben halten sollten? Von seinen Kollegen, die in einer Orgie von Zufalls-»Modernismus« herumschmierten? Nein, es hat noch einer Rettungsaktion bedurft, eines endgültigen, dauerhaften Schutzmittels für die tonale Musik, einer Krönung dieses Bergungs-Unternehmens. Und Strawinsky fand all das in einem Begriff, den wir als Neoklassizismus kennen. Hier war der Begriff, der im »modernistischen« Chaos endlich eine Art von Ordnung schaffen konnte. Neoklassizismus: was ist das und warum ist er in unserem Jahrhundert so gnadenbringend? Ich wäre froh, wenn wir alle dasselbe unter diesem Begriff verstünden. Der »Webster« ist hier keine Hilfe: er definiert neoklassisch als »Wiederbelebung oder Anpassung des klassischen Stils, vor allem in Literatur, Kunst oder Musik«. Schön und gut. Aber welchen klassischen Stils? Und wo wiederbelebt? So viele Perioden der Kulturgeschichte, die wir heute keineswegs als neoklassische ansehen, haben sich für solche gehalten. Sogar die Künstler der Renaissance haben sich als Neoklassiker betrachtet, die italienischen geradeso wie die elisabethanischen, weil sie aus der Wiederentdeckung der griechischen Pracht und der römischen Größe ihre Eingebungen schöpften. Aber wir würden wohl kaum Leonardo da Vinci oder Shakespeare als Neoklassiker bezeichnen, oder? Wir wollen also diesen Begriff in seinem weitesten Sinn verstehen und als »klassisch« alle Formen und Stile bezeichnen, die von irgendeiner Kultur als klassisch angesehen wurden, und die Vorsilbe »neo« als die Bezeichnung der zeitgenössischen Mechanismen hinnehmen, durch welche das »Klassische« dieser betreffenden Kultur angepaßt wurde. Anders gesagt: »neo« ist gleichbedeutend mit dem, was in der Sprache der jeweiligen Zeit, auch in der gängigen Volkssprache, unter »modern« verstanden wird

Es sieht also danach aus, als würde jede neoklassische, von Natur aus wiedererweckende Bewegung etwas Therapeutisches in sich schließen, der Notwendigkeit einer Wiederbelebung Rechnung tragend. Aber das war ja die Notwendigkeit, auf die wir überall gestoßen sind – das Krank-auf-den-Tod-Sein hat dieses Jahrhundert seit seinem Anbeginn begleitet. Seit der objektivistischen Reaktion auf die romantischen Auswüchse des späten XIX. Jahrhunderts, also genau zum Zeitpunkt der Nachkriegs-zwanziger-Jahre, war der Boden für Strawinskys Neoklassizismus

aufnahmebereit. Sogar unter den Spätromantikern war ein Schimmer
von Interesse für dieses »Neo« vorhanden gewesen: Strauss zum Beispiel
stimmte sich mit seinem »Bürger als Edelmann« in die Welt Molières ein,
Reger schrieb mammutartige Mozart-Variationen, Pfitzner eine Oper
über Palestrina. Sogar Busoni, Casella und Respighi waren davon
überzeugt, daß sie irgendwie Neoklassiker wären. Und der junge
Prokofjeff hatte bereits seine elegante »Klassische Symphonie«
komponiert. Überall herrschte ein wiedererwachtes Interesse an Bach,
Händel, Haydn und anderen sogenannten Klassikern, die im Kielwasser
der Romantik untergegangen waren. Und diese erquickenden tonalen
Hilfsmittel warteten darauf zu helfen – all die aufregenden syntaktischen
Brechstangen und Flaschenzüge, die wir gerade betrachtet haben. Dazu
noch der Chic des neuen intellektuellen Schmelztiegels Paris mit allen
seinen *Enfants terribles,* Apollinaire, Cocteau, Picasso, Nijinsky und die
ganze schwindelige Welt Diaghilevs – all dies wartete nur darauf, daß
Strawinsky daherkäme und es fein säuberlich in eine neoklassische
Verpackung steckte.

Platte
Seite 6
Spur 6 Und da ist es auch schon, dieses erlesene, trockene, neo-bachische
Oktett von 1923 [56]. Es ist chic, es ist asymmetrisch, gerade dissonant
genug – eine witzige linguistische Umgestaltung von Bach zu
Strawinsky. Aber die neoklassischen Verfahren müssen nicht unbedingt
witzig sein; sie können auch von strenger Feierlichkeit sein, wie im
Klavierkonzert, das im selben Jahr wie das Oktett geschrieben wurde
[57]. Das absonderlichste an diesen beiden Werken ist ihr
Entstehungsjahr. 1923. Erinnert Sie das an etwas? Es war das Jahr, in
welchem Schönberg, auf der anderen Seite der Bruchlinie, in diesem
Klavierstück opus 23, das ich Ihnen das letzte Mal vorspielte, sein
Zwölfton-Konzept zum ersten Mal präsentierte. Das war *seine* Version
der großen Errettung. Wir haben hier ein klares, augenöffnendes Bild
zweier großer Meister vor uns, die im selben Jahr auf ihre höchst
persönliche Art und Weise der Krise des XX. Jahrhunderts
entgegentraten.

Ich glaube, jetzt ist wieder der Moment gekommen, literarische
Entsprechungen zu suchen; im Laufe dieser Vorlesungen haben sie uns
so oft hilfreich aufgeklärt. Es scheint wirklich so zu sein, daß die

neoklassische Bewegung in der Musik am besten durch einen Seitenblick auf die Dichtung verstanden werden kann. Die literarische Situation des frühen XX. Jahrhunderts war der musikalischen bemerkenswert ähnlich: da war das gleiche Gefühl des Überdrusses; es war ein Überdruß mit den romantischen Auswüchsen von Tennyson und Swinburne, um von den Dichterfürsten von Southey bis Masefield nicht erst zu reden. Der Boden war für das Erscheinen eines dichterischen Gegenstückes zu Strawinsky ähnlich aufnahmebereit – und er war nicht nur von den Pariser *Enfants terribles* aufbereitet worden, sondern von einer machtvollen internationalen Dichterphalanx: in Rußland war es Majakowsky; in Italien Pirandello; in England die verrückte Sitwell-Familie; und Amerika – stellen Sie sich vor, die Neue Welt, die musikalisch so weit im Rückstand war, daß sie damals erst Brahms und Liszt entdeckte – Amerika überbordete von neuen Dichtern, entfesselten Kindern der Liebe Whitmans und Poes. Zum Beispiel: Ezra Pound, Amy Lowell, Hart Crane, Maxwell Bodenheim, *e. e. cummings* – Dutzende von ihnen, bis an die Zähne mit »Tonalitätsfrischmachern« – Polyphonologien und Supersyntaktiken – bewaffnet.

Und abermals: es wird eine »modernistische« Orgie daraus. Ein winziges Beispiel: Kennen Sie das kleine Gedicht von William Carlos Williams, »Nantucket«? Es ist durchaus nicht wild modernistisch, außer in einem Punkt: es beinhaltet keinen einzigen Satz, keinen einzigen unabhängigen Halbsatz.

> Blumen durch das Fenster
> lavendelfarben und gelb
>
> von weißen Vorhängen gedämpft
> Geruch nach Sauberkeit –
>
> Spätnachmittagssonnenschein –
> Auf dem Glastablett
>
> ein Wasserkrug, der Becher
> umgekehrt, neben ihm
>
> ein Schlüssel liegend – Und das
> makellos weiße Bett*

* Deutsch vom Übersetzer.
  Das englische Original lautet:

> Flowers through the window
> lavender and yellow
>
> changed by white curtains
> Smell of cleanliness –
>
> Sunshine of late afternoon –
> On the glass tray
>
> a glass pitcher, the tumbler
> turned down, by which
>
> a key ist lying – And the
> immaculate white bed

Es ist das Wesen von Nantucket, strahlend und nackt, wie ein reines, ausgespartes Bild. Aber das wesentliche daran ist, daß diese dichterische Umwandlung durch einen Verwerfungs-Vorgang bewerkstelligt wurde – durch das Verwerfen der Zeitworte. Ein ganzes Gedicht von Subjekten ohne Prädikat, ein mäuschenstilles Gedicht, eine gerahmte Abbildung. Dichtung mehr fürs Auge als fürs Ohr. Das ist der Grund, warum man Williams einen Imagisten genannt hat. Man hat ihn auch einen Pointillisten, einen Impressionisten genannt, ja, sogar beschuldigt, Post-Impressionist zu sein – was immer das auch sein mag. Haben Sie je darüber nachgedacht, mit wie vielen Ismen wir in diesem Jahrhundert zu ringen hatten, allein auf ästhetischem Gebiet? Reden wir nicht von Sozialismus, Faschismus und alledem, es ist auch *so* eine Sintflut über uns hereingebrochen: Impressionisumus, Expressionismus, Symbolismus, Futurismus, Vortizismus, Primitivismus, Fauvismus, Kubismus, Surrealismus, Motivismus, Serialismus – diese Fruchtbarkeit der Ismen ist für unser krankes Jahrhundert unerhört symptomatisch: für den vielgesichtigen Kampf, Mahlers apokalyptische Prophetie zu überleben. Jedes Mittel war in diesem Kampf erlaubt, solange es originell, modern, oder, wie sie damals sagten, modernistisch zu sein schien.

Aber eine Menge davon stellte sich als hervorragende Dichtung heraus. Hier ist zum Beispiel ein anderer großer Krieger gegen den Jüngsten Tag, der unbeugsame cummings:

> meine liebe olle etcetera
> tante lucy konnte im vergangenen
>
> krieg allen haar-
> genau sagen um was
> es ging, was sie ausgiebig
>
> tat,
> meine schwester
>
> isabell schuf hunderte
> (und
> aberhunderte) von socken abgesehn
> von hemden flohsichren ohrenschützern

Das englische Original lautet:

> my sweet old etcetera
> aunt lucy during the recent
>
> war could and what
> is more did tell you just
> what everybody was fighting
>
> for,
> my sister
>
> isabel created hundreds
> (and
> hundreds) of socks not to
> mention shirts fleaproof earwarmers

etcetera pulswärmern etcetera, meine
mutter hoffte daß

ich fallen würd etcetera
natürlich tapfer mein vater redete
sich fuslig was für eine
auszeichnung es sei und wenn nur er es
könnte inzwischen lag ich

meinerseits etcetera friedlich
im tiefen dreck et

cetera
(und träumte
et

   cetera, von
Deinem lächeln
augen knien und von deinem Etcetera)*

   etcetera wristers etcetera, my
mother hoped that

i would die etcetera
bravely of course my father used
to become hoarse talking about how it was
a privilege and if only he
could meanwhile my

self etcetera lay quietly
in the deep mud et

cetera
(dreaming,
et

   cetera, of
Your smile
eyes knees and of your Etcetera)

* Deutsch von Eva Hesse. Copyright Langewiesche-Brandt

Dies ist ein eher seltsames Beispiel für syntaktische Verzerrung, denn
trotz seines unkoordinierten Aussehens ergibt dieses Gedicht einen
einwandfreien grammatischen Sinn und enthält eine Antikriegs-Aussage
von tiefer Ironie, die auf der durchlaufenden Pointe von »etcetera«
beruht. Würde man dieses Gedicht ohne ein einziges Wort zu ändern, in
Prosa niederschreiben, würden fünf ausgezeichnete Sätze dabei
herauskommen, alle syntaktisch gültig, alle den einzelnen
Familienmitgliedern des Dichters zugeordnet: Tante, Schwester, Mutter,
Vater und er selbst. Aber cummings hat Prosa in Poesie umgewandelt:
durch typographische Metaphern; durch seltsame Satzzeichengebung;
durch die scheinbar ungeordnete Aussonderung von Zeilen und
Strophen, wobei etwa eine Strophe mit *et* endet und die nächste mit
cetera beginnt. Um von all den anderen »etceteras« nicht zu reden, die
den wunderbaren anzüglichen Witz am Schluß ermöglichen. All diese

Possen sind metaphorische Kunstgriffe, die erst das Gedicht daraus machen; und wir können verfolgen, wie eben das Abhandensein der syntaktischen Klarheit, das Nicht-Zusammenpassen von Thema und Tenor eine Ironie erzeugen, die nicht nur seine ganze Familie durch den Kakao zieht, sondern das Anti-Kriegs-Gefühl unerhört stärkt. Außerdem erkennen wir sofort, wenn wir es laut lesen, daß es nicht nur Dichtung, sondern moderne Dichtung ist; ebenso Dichtung fürs Ohr wie fürs Auge.

Warum ich zu dieser literarischen Analyse abgeschweift bin? Ich möchte Ihnen ein Gefühl für die brodelnde Situation der Dichtkunst geben, in der die messianische Herabkunft des Neoklassizismus erwartet wurde, so wie die musikalische Situation auf Strawinskys Neoklassizismus gewartet hatte. Der literarische Boden war ähnlich aufnahmebereit und wartete auf *seinen* Meister der Neoklassik – in diesem Fall auf T. S. Eliot.

Was war es, das Eliot der Dichtkunst zum Geschenk machte, was so dringend benötigt wurde? Kurzum: *warum* Neoklassizismus? Dringend benötigt wurde er tatsächlich; er war für die gesamte literarische Welt die Schwimmweste, an der sie sich in ihrer von Todesängsten geschüttelten Verzweiflung festhalten konnte.

Wie Sie sehen können, neigen wir dazu, unser Jahrhundert als so fortschrittlich, so gediegen und gewandt in seinen Entwicklungen anzusehen, daß wir sein tieferes, wahreres Selbstbildnis aus den Augen verlieren, das Selbstbildnis eines scheuen, erschrockenen Kindes, das auf den Wogen eines schwankenden Universums treibt und unter der beständigen Drohung lebt, daß Mama und Papa sich scheiden lassen oder sterben könnten. Wir müssen das verdecken, wir müssen unsere tiefe Betretenheit vor dem unmittelbaren Gefühlsausdruck verstecken; wir können nicht mehr, wie Schubert, ganz einfach »Du bist die Ruh« sagen, oder wie Matthew Arnold: »Ah, love, let us be true to one another!« Wir können uns diesen Luxus nicht leisten; wir sind zu sehr verängstigt. Können Sie jetzt die lebenswichtige Notwendigkeit des objektiven Ausdrucks in unserer Zeit verstehen? Zwischen dem XIX. und dem XX. Jahrhundert »fällt der Schatten«, wie Eliot sagte. Das neue Jahrhundert muß durch eine Maske sprechen, durch eine elegantere und verstellendere Maske, als irgendeine Zeit je eine benutzt hat. Die Verdecktheit, die Indirektheit der Aussage ist jetzt das oberste semantische Gesetz; ästhetische Empfindungen werden aus der Entfernung registriert; sie werden gewissermaßen um die Ecke herum gehört.

Das erste Gedicht, das Eliot veröffentlichte, war ein Liebeslied: »The Love Song of J. Alfred Prufrock«. Welch eine Ironie schon im Titel! Wo sind die Liebeslieder? Ich erinnere mich an Louis Untermeyers[1] einstige Analyse dieses Gedichts. Sie ging ungefähr so: Er stellt sich vor, wie der junge Eliot schreibt: »Komm, wir gehen, du und ich, wenn der Abend ausgebreitet ist am Himmelsstrich«[2] und plötzlich betreten innehält. Zwei Tetrameter, die sich reimen? Und so altmodische, romantische Worte wie: »Du und ich«, »Abend«, »Himmelsstrich«? Das klang nach XIX. Jahrhundert. Aber dann kam der rettende Gedanke: »Wie ein Kranker äthertaub auf einem Tisch«.[3] Untermeyer nannte diesen rettenden Gedanken den »Triumph des Bizarren über das Natürliche«. Ich widerspreche aufs äußerste. Es ist, wenn irgend etwas, die »Rettung des Natürlichen durch das Bizarre«; es ist ein Teil der großen Bergungsaktion, das Einfüllen unerwarteter moderner Zutaten in »klassische« Formen und Stile. »Äthertaub«. Und: »Hochgekrempelt trag ich meine Hosen bald«. In der Tat ein Liebeslied. Ein Liebeslied auf die Jugend, ein Klagelied aufs Altwerden – abermals: die Krankheit des XX. Jahrhunderts. Und dieses Klagelied wird durch die Maske einer fadenscheinig-eleganten Lebensart gesungen. »Ob ich's wag', in Pfirsiche zu beißen?« *Ob ich es wage* – beinahe ist die Maske weg, aber schon ist eine andere da: die Maske der Anspielung, des Zitierens aus der Vergangenheit. »In der Tat ist noch viel Zeit zu fragen ›Ob ich's wag‹ und ›Ob ich's wag‹«. Othellos Schatten: »Tu' aus das Licht und dann – tu' aus das Licht«. »Ich kenn die Stimmen, schmachtend und zum Tod

---

[1] Amerikanischer Literaturkritiker
[2] »J. Alfred Prufrocks Liebesgesang«, deutsch von Klaus Günther Just (Suhrkamp) Das englische Original lautet:

Let us go then, you and I,
When the evening is spread out against the sky

[3] Like a patient etherised upon a table

verbannt« (»Was Ihr wollt« wird hier beschworen.) »Ich hörte Nixen
singen, hin und her«: (Echos von John Donne.) Wir verbergen uns jetzt
hinter der Maske einer ehedem direkt ausgedrückten Gefühlsbewegung.
Das ist der Anfang des Neoklassizismus.

Und mit »Das wüste Land«[1] werden Eliots verdeckte Anspielungen
mit ihrer falsch zusammengefügten Semantik zu einem *Ding an sich*.
»O O O O dieser Fetzen Shakespeare«. Das sagt uns alles. Das spricht
Bände. Der Tonfall für die Errettung durch die Neoklassik ist gefunden:
Ezra Pound, der polyglotte, durchspickt seine »Cantos« mit
Chinesischem und Griechischem und durchspickt *das* mit schnoddrigem
Jargon. James Joyce schreibt ein Meisterwerk namens »Ulysses«, das die
klassische Wiege der »Odyssee« nicht verläßt, aber seine Milch aus
jedem Stil von Chaucer über Dickens bis zum Extrablatt saugt. Und jetzt
kann Wystan Auden seine virtuosen Ringelgedichte spinnen,
Gassenhauer und sogar Limericks, und sie mit Drama oder Knittelversen
würzen, ganz nach Belieben, und seine Zuflucht zum angelsächsischen
Vers mit seinen vier Hebungen nehmen, aber auch zur ciceronischen
Ansprache, in die er des Herodes lendenlahme Rechtfertigung des
»Gemetzels der Unschuldigen« (aus dem herrlichen
Weihnachtsoratorium »Hier und jetzt«[2]) kleidet. Die gute alte
verläßliche klassische Vergangenheit ist noch einmal davongekommen.

Aber das erstaunliche daran ist – und das macht es so
außergewöhnlich –, daß all dies so bewegend sein kann. Wenn wir in den
Händen von Meistern wie Eliot, Joyce und Auden sind, dreht uns gerade
die Indirektheit, das Verdecktsein des Ausdrucks das Herz in der Brust
um. Sie sprechen für alle von uns, die wir erschreckte Kinder sind, die
Halt in der Vergangenheit suchen. Ist es für unsere Verarmung an
Mitteln bezeichnend, daß wir die Vergangenheit zu Hilfe nehmen? Im
Gegenteil, es bekräftigt unsere Bindungen an die Vergangenheit, an
unsere Traditionen und Wurzeln; nur verbergen wir diese Beziehung,
indem wir sie mit unserer harten, kühlen Umgangssprache überziehen.

---

[1] »The Waste Land«, deutsch von Ernst Robert Curtius (Suhrkamp)
[2] Der englische Originaltitel lautet: »For the Time Being«. Deutsch von Gerhard Fritsch.
   (Otto Müller, Salzburg).

Aber die ist eine dünne Hülle; und wenn das darunter befindliche Gefühl durchschimmert, trifft es uns mit doppelter Kraft, gerade wegen unserer scheuen, verschreckten Versuche, es zu verbergen. Abermals stehen wir vor der letzten Zweideutigkeit. Lebendig und teils lebendig. Verwurzelt und teils verwurzelt, so wie es das letzte Mal bei Schönberg war; und so ist es auch mit Strawinsky in seiner so völlig anderen Art. Der eine, Schönberg, versuchte, das tonale Chaos des Modernismus durch seine Zwölfton-Methode unter Kontrolle zu bringen; der andere, Strawinsky, durch das Dekorum des Neoklassizismus, genau wie Eliot.

Nach der Pause werden wir Zeugen einer der imponierendsten Schöpfungen von Strawinskys Neoklassizismus sein – seines »Oedipus Rex«. Ich werde Sie natürlich, wie gewohnt, am Klavier aufs Zuhören vorbereiten. Aber vorher möchte ich Ihnen eine Art Leitspruch für dieses Werk mitgeben, etwas, worüber Sie während der Unterbrechung nachdenken können. Es ist wieder von Eliot, vom reifen Eliot der »Vier Quartette«*, der für sich selber spricht, für Strawinsky, für alle schöpferischen Künstler dieses apokalyptischen Jahrhunderts:

Da bin ich nun auf halbem Wege . . .
Versuche, den Umgang mit Worten zu lernen, und jeder Versuch
Ist ein völlig neuer Beginn und eine neue Art des Versagens,
Denn man hat bloß gelernt, Worte zu meistern
Für Dinge, die man nicht mehr zu sagen hat, oder Formen, in denen Sie
zu sagen man nicht mehr geneigt ist. So ist jeder Versuch
Ein neues Beginnen, ein Streifzug ins Unsagbare . . .
Und was durch Stärke und Unterwerfung
Zu erobern wäre, ist entdeckt worden,
Einmal, zweimal, mehrere Male, von Männern, welchen gleichen
zu wollen, hoffnungslos wäre – aber es geht nicht um Wettstreit . . .
Für uns gibt es nur den Versuch. Das Übrige geht uns nichts an.

Deutsch von Elly Weiser

---

* Deutsch erschienen in Werke Band IV: Gesammelte Gedichte 1909–1962, Suhrkamp Verlag, Frankfurt 1972.

So here I am, in the middle way . . .
Trying to learn tu use words, and every attempt
Is a wholly new start, and a different kind of failure
Because one has only learnt to get the better of words
For the thing one no longer has to say, or the way in which
One is no longer disposed to say it. And so each venture
Is a new beginning, a raid on the inarticulate . . .
. . . And what there is to conquer
By strength and submission, has already been discovered
Once or twice, or several times, by men whom one cannot hope
To emulate – but there is no competition . . .
For us, there is only the trying. The rest is not our business.

II.

»Versuche, den Umgang mit Worten zu lernen, und jeder Versuch
Ist ein völlig neues Beginnen und eine neue Art des Versagens,
Denn man hat bloß gelernt, Worte zu meistern
Für Dinge, die man nicht mehr zu sagen hat ...«
Also sprach T. S. Eliot. Wenn man das umschreibt, etwa in: »Versuche,
den Umgang mit *Noten* zu lernen ...«, so haben Sie Strawinsky, der
spricht. Er *will* nicht »Ich liebe Dich« direkt aus dem Herzen heraus
sagen, aber auch nicht »Ich hasse Dich«, »Du fehlst mir« oder auch nur
»Ich trotze Dir«. Und dennoch ist all das in seiner Musik enthalten,
einige der stärksten Mitteilungen von Gefühl, die je in der
Musikgeschichte gemacht wurden, inbegriffen: Stolz, Unterwerfung,
Zärtlichkeit, die Furcht vor dem Tode, die Liebe zu Gott. Wie kann sich
das überhaupt begeben in seiner neoklassischen Musik, diesem
Extremfall, diesem Modellbeispiel jener Objektivität, jener
Mittelbarkeit, jener Maske, die wir so nahe kennengelernt haben? Das ist
die große ästhetische Frage unserer Zeit, die eine Frage, die wir
beantworten müssen, bevor wir die wirkliche Bedeutung von »Oedipus
Rex«, von Strawinsky im allgemeinen, von seinem ungeheuren Einfluß
auf die Musik des XX. Jahrhunderts und den tatsächlichen Zustand und
die Zukunft der Musik selbst verstehen können.

Die Frage kann auch kürzer, wenngleich allzu vereinfacht gestellt
werden: Ist große Kunst in unserem Jahrhundert des Todes noch
möglich? Eine erschreckende Frage, und der Versuch, sie zu
beantworten, kann uns in endlose Diskussionen unverständlichster Art
verwickeln. Wir haben aber für philosophische Faseleien keine Zeit
mehr; daher schlage ich vor, daß wir durch das Dickicht der
Abhandlungen eine Schneise schlagen, um die Frage direkt und optisch
erfassen zu können. Erinnern Sie sich noch an die Doppelleiter-
Aufstellungen, die wir vor etlichen Vorlesungen benutzt haben [58]? Sie
haben uns geholfen zu entdecken, wie Musik und Sprache von ihren
Grundbestandteilen zu Tiefenstrukturen aufsteigen, die sich dann zu
Oberflächenstrukturen entfalten. Sie werden sich erinnern, daß diese
Aufstiegs-Stufenleitern nicht völlig gleich waren, sondern daß an einem

[58]

SPRACHE	MUSIK
D Überhöhte Oberfläche (Poesie)	**D** Oberflächenstruktur (Musik)
↑	↑
C Oberflächenstruktur (Prosa)	**C** Tiefenstruktur (»Prosa«)
↑	↑
B Grundgefüge (Tiefenstruktur)	**B** Grundgefüge
↑	↑
A Grundelemente	**A** Grundelemente

[58a]

SPRACHE	MUSIK
D Überhöhte Oberfläche (Poesie)	**D** Oberflächenstruktur (Musik)

bestimmten Punkt die Sprosse-für-Sprosse-Übereinstimmung abhanden kam. Das war jener Punkt, wo die Oberflächenstruktur der Sprache, der Prosa-Satz, keine Gleichung mit dem entsprechenden Punkt in der Musik beinhaltet, die sich noch immer in ihrer Tiefenstruktur aufhält. Die Sprache muß also zu einem weiteren Schritt, zu einem metaphorischen Höhenflug zur Über-Oberflächenstruktur der Dichtung antreten. Erst dann stimmen die beiden ästhetischen Oberflächen überein, und wir haben endlich eine Ebene erreicht, auf welcher Shakespeares Worte und Mozarts Töne als Analogien betrachtet werden können.

Ich schlage vor, daß wir diese Hypothese erweitern und zu einem weiteren Sprung ansetzen, auf beiden Seiten der Aufstellung gleichzeitig. Wenn wir die zwei obersten Ebenen, also die beiden ästhetischen Oberflächen von Sprache und Musik, als unsere Absprungbasis ansehen [58a] und unsere Einbildungskraft noch höher hinaufschrauben (wir brauchen Phantasie, um das tun zu können), finden wir uns auf einer noch höher gelegenen metaphorischen Ebene wieder (vielleicht ist es die höchste Ebene, die es gibt), auf der wir das innerste Wesen sowohl der Dichtung wie der Musik beinahe berühren können [59]. Wir sind jetzt über die Oberflächen-Analyse, sogar über die Über-Oberflächen-Analyse hinaus und haben Phonologie und Syntax hinter uns gelassen; wir sind in neuen Landen einer abstrakten Semantik. Auf dieser Denk-Ebene, auf dieser übersinnlichen Ebene, wenn Sie so wollen, werden die Vorstellungen musikalischer und verbal ausgedrückter Gedanken vergleichbar, können musikalische und nichtmusikalische Ideen übereinstimmen. Und weil diese Ebene existiert, konnte ich letztes Mal über Mahlers neunte Symphonie in der Weise sprechen, in der ich es tat; *das* hatte ich gemeint, als ich von einer »anderen Ebene des Gedankenaustausches« sprach. Aber diese Ebene existiert nur im Fall einer Kunst wie jener Gustav Mahlers, einer Kunst, die über die besondere Kraft, die innere schöpferische Energie verfügt, diese philosophische Ebene zu erreichen.

Nun ist Mahlers Musik, wie alle Musik, die wir in diesen Vorlesungen gehört und besprochen haben, von Mozart und Beethooven bis Ives und Ravel – mochte sie nun äußerlich oder innerlich metaphorisch gewesen

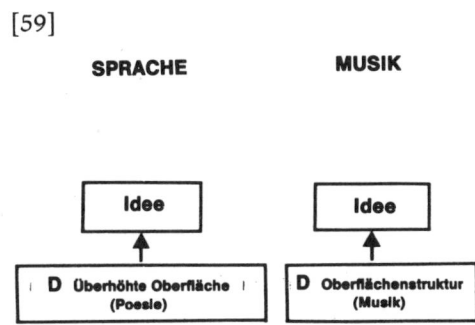

[59]

Langsam

Du bist die Ruh, der Frie - de mild,

die Sehn - sucht du, und was sie stillt.

pp

sein, rein symphonisch oder programmatisch –, nun ist all diese Musik stets *nur Musik* gewesen. Das heißt, wir haben uns bis jetzt noch nicht mit Musik befaßt, die *Texte* vertont – weder mit dem Lied noch mit der Oper. Deshalb haben sich die semantischen Elemente, die wir bislang untersucht haben, so außermusikalisch sie auch gewesen sein mögen (wie zum Beispiel in Berlioz' »Romeo und Julia«), stets auf der rechten Seite unserer Aufstellung befunden, auf der Ebene der musikalischen Oberflächenstruktur. Jetzt, da wir uns »Oedipus Rex« nähern, der aus Worten *und* Musik besteht, werden wir erstmals semantischen Elementen der linken Seite begegnen, und sie werden nicht nur mit ihren Gefährten von der rechten Seite vergleichbar sein, sondern müssen mit ihnen verschmelzen.

Diese Vereinigung ist nur deshalb möglich, weil wir diese Supra-Ebene abstrakter Semantik erreicht haben, auf der Ideen übereinstimmen; der Ausdruckserfolg dieser Vereinigung hängt nämlich vom Ausmaß ab, in dem die von rechts und links kommenden semantischen Komponenten zueinander passen. Ein Komponist, der Worte vertont, sucht also jene Noten, die er für den semantischen Gehalt der zu vertonenden Worte am angemessensten hält. Die ganze Musikgeschichte hindurch findet man glückliche »eheliche« Verbindungen solcher zusammenpassender verbaler und musikalischer Komponenten vor, aber die große Hochzeit zwischen Wort und Musik fand in der romantischen Musik des XIX. Jahrhunderts statt – wir haben das in einer früheren Vorlesung entdeckt. Ein Schubert-Lied wie »Du bist die Ruh« [60] ist ein vollendetes Beispiel hierfür: die semantischen Komponenten von Schuberts sublimer Eintracht von Melodie und Harmonie drückt die ganze Zärtlichkeit und Ungetrübtheit erfüllter Liebe aus – in völliger Übereinstimmung mit den Worten von Rückert:

Du bist die Ruh
der Friede mild
die Sehnsucht du
und was sie
stillt.

Es läßt sich nun zeigen, daß diese identischen musikalischen und verbalen Ideen (nicht die Worte und nicht die Noten, Gott behüte, sondern die Ideen, die ihnen zugrunde liegen) sich zu höchster Vollendung vereinigen. Es läßt sich sogar anschaulich machen [61].

Hier existiert das Wesen des Schubert-Liedes als reines abstraktes Sein – oder, um einen platonischen Begriff anzuwenden: als die reine Idee der Liebe, der Ruhe, der Sehnsucht und der Erfüllung. Es wird Ihnen aufgefallen sein, daß ich den Ort des Zusammentreffens der beiden Supra-Ebenen durch einen Kreis dargestellt habe. Durch diese vollkommene O (ich will mich nicht mit quasi-mystischen Diagrammen befassen, aber ich muß mich ihrer bedienen, um verständlich zu sein), durch dieses O will ich den Eindruck der Einheit erwecken, die auch eine Unendlichkeit ist, ein Reich, in dem unser aller gesamter Widerhall auf Kunst zusammentrifft.

Es ist der auf der höchsten Ebene mögliche Treffpunkt unserer angeborenen und unserer anerzogenen Widerhalle sowohl verstandesmäßiger als auch gefühlsmäßiger Art; so daß dieser Kreis auch das Reich der reinen Gemütsbewegung umschließt, und unter dieser verstehe ich Liebe in der Verbindung mit ihrem Widerpart, dem Tod. Alle anderen Widerhalle des Gemüts leiten sich von dieser einzigen Antithese her; und ich vermute, es war jene äußerste Metapher, die Wagner in Isoldes »Liebestod« suchte: Liebe-Tod, die allerletzte Synthese dieser beiden Ur-Mächte.

Aber was hat all das mit Strawinsky zu tun? Bleiben wir noch einen Moment dabei, dann werden wir's sehen. Wagner suchte und erreichte seine Metapher, indem er in diesen äußersten Kreis bestimmte semantische Komponenten seiner Dichtung und seiner Musik einfließen ließ, die in vollkommener Weise zueinander paßten. Die Liebe-Tod-Idee in den Worten Isoldes stimmt fast magisch mit der gleichbedeutenden Idee in der Musik überein. Wenn sie »ertrinken, versinken« sagt, scheint sie buchstäblich zu ertrinken, ihre Stimme taucht im Meer der Orchesterfluten, die sie umbranden, unter, wenn sie die Worte »Wellen« singt, hören Sie Wellen; wenn sie einen Wortschwall von sexueller Bedeutung ausstößt, wie »schwellen« und »schlürfen« und »wogenden«, dann erleben Sie diesen auch musikalisch im orgasmischen Pulsieren des Orchesters.

388

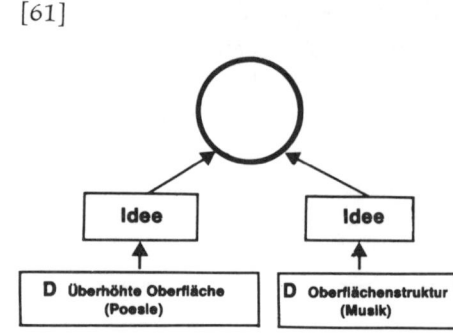

[61]

Genug davon. Wir wissen jetzt, was wir unter zueinanderpassenden Komponenten zu verstehen haben und was entstehen kann, wenn sie sich vereinen. Aber was ereignet sich, wenn in diesem Kreis nicht zueinanderpassende Komponenten aufeinandertreffen [62]? Es ereignet sich Igor Strawinsky. Strawinsky mit all seinen Ungereimtheiten: das Moderne mit dem Primitiven; Tonalität mit falschen Noten darin; Akkorde, die einander bekämpfen, Rhythmen gegen Rhythmen; die Widersprüchlichkeiten der Asymmetrie; der Alltagsjargon, der im Frack daherkommt; klassische Formen voll zeitgenössischer Stilismen und klassische Stile in zeitgenössischen Formen – nennen Sie mir eine Ungereimtheit: Strawinsky hat sie geschrieben. Seine Werke sind ein Lexikon der Mesalliancen. Und was bewirken diese nicht zusammenpassenden Komponenten? Umwege, Mittelbarkeit, als die unerläßliche Maske unseres Jahrhunderts: den versachlichten Gefühlsbericht, der aus der Entfernung abgegeben wird, von um die Ecke, der also sozusagen aus zweiter Hand kommt. Aus zweiter Hand? Strawinsky, dieses einzigartige Original? Ja, aus zweiter Hand; denn der persönliche Bericht wird in klassischen Zitaten erstattet, durch Anspielungen auf die Klassiker, durch einen neuen Eklektizismus, der grenzenlos ist.

Das ist das Wesen von Strawinskys Neoklassizismus: er ist jetzt der große Eklektiker, die diebische Elster, »La gazza ladra«, aus jedem musikalischen Museum borgend, schamlos es bestehlend. Und dieses quasi Diebstahls-Prinzip begleitet seinen Kompositionsstil über drei lange Jahrzehnte, auf die eine oder andere Art. Es kann so offen zutage treten wie in seiner »Pulcinella«, die ausschließlich aus Stücken Pergolesis besteht, welche durch Strawinskys höchst persönlichen Modernismus umgestaltet wurden. Oder wie im »Kuß der Fee«, wo die gleichen Ränke um Tschaikowskys Musik geschmiedet wurden. Und dazwischen liegen alle diese neoklassischen Werke, vom Oktett von 1923 bis zur Oper »The Rake's Progress« von 1951, die sich nicht unbedingt direkter Zitate rühmen können, aber ebenso starke stilistische Bezüge zu Bach, Händel, Mozart und Beethoven erkennen lassen. Denken Sie nur an die beiden Symphonien Strawinskys, an sein Violinkonzert, sein Klavierkonzert, an alle diese Balanchine-Ballette: in jeder Seite lauert

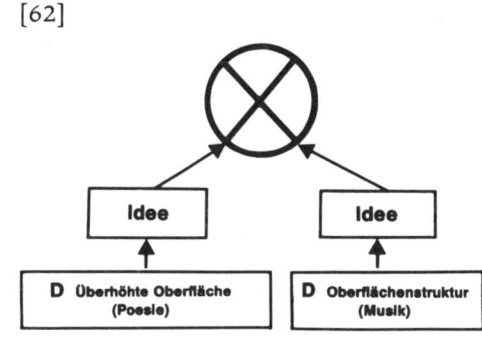

[62]

[63]

[64] Tempo ♩=92

390

irgendein Komponist der Vergangenheit und schielt uns durch die Dissonanzen von Strawinskys eigener XX.-Jahrhundert-Sprache an.

Was soll das? Ist das eine Art Scherz? Haargenau: *eine Art* von Scherz. Scherz, stellen Sie sich das nur vor, Scherz, hier oben in unserem letzten und höchsten magischen Kreis, wo sich diese nicht zusammenpassenden Komponenten eifrigst miteinander paaren. Erinnern Sie sich: komisch ist, was ungereimt, unvereinbar ist: denken Sie an Charlie Chaplin. Und was komisch ist, kann tiefe Wunden schlagen: denken Sie an e. e. cummings. Das war ein *ernstes* Antikriegsgedicht. Es gibt eine Vielfalt von Scherzen: das Kontinuum des Humors reicht von der handgreiflichen Posse bis zum gallbitteren Witz, von der eleganten Satire über die schwarze Komödie bis zur eisigen dramatischen Ironie. Alles davon finden Sie bei Strawinsky. Humor in seiner ernstesten Bedeutung ist das Herzblut seines Neoklassizismus*. (Und ich rede jetzt nicht von Elefantenpolkas, sondern von seinen bedeutendsten Werken.) Hier zum Beispiel [63]: das ist ein Scherz, und ich versichere Ihnen, daß er keinen Anlaß zum Lachen bietet. So beginnt Strawinsky seine »Psalmensymphonie«, eines der bewegendsten Werke, die je geschrieben worden sind.

Im ersten Satz vertont er den Psalm 101 auf Latein: »Exaudi orationem meam, Domine« – »Höre mein Gebet, o Herr, leih' Dein Ohr meinem Flehen!« Können Sie sich vorstellen, wie ein Komponist der Romantik diese Worte vertont hätte? Demütig, flehend, in Selbstprüfung versunken. Verstummend, von Scheu ergriffen, Zueinanderpassende Komponenten. Nicht so Strawinsky. Er geht zum Angriff über: ein brüsker, erschreckender Pistolenknall von einem Akkord wird von einer Art bachschen Fingerübung gefolgt [64]. Unpassender geht's nicht. Es ist das genaue Gegenteil der Schubert-Wagner-Auffassung. Es ist laut, extrovertiert, befehlend. Und das ist unvereinbar, ein erhabener dramatischer Scherz. Es ist ein Gebet mit Krallen, ein Gebet aus Stahl; es vergewaltigt unsere Erwartungen, zerschmettert uns mit seiner Ironie. Und aus eben diesem Grunde sind wir so bewegt. Genau dasselbe ereignet sich bei Eliot: in »Das wüste Land« zum Beispiel finden wir eine ähnlich gewaltige Ironie, wenn er das Bild von Shakespeares irrer Ophelia hervorruft und die letzten Worte zitiert, die sie spricht, ehe sie sich ertränkt. Aber er tut es auf solche Art:

’Nacht, Willi. ’Nacht, Lu. ’Nacht, Mieze. ’Nacht.
Wiederseh’n! ’Nacht. ’Nacht.

und *erst dann* :

Gut’ Nacht, ihr Damen, gut’ Nacht, süße Damen, gut’ Nacht, gut’
Nacht.

Schaudern erweckend. Erschütternd. Neoklassisch. Wie
Strawinsky [65]. Gewiß, da ist diese flehende Beschwörungsweise in der
Gesangsstimme; aber die darunterliegende Orchesterbegleitung ist Stahl
und Chrom. Eine List. Schwarzer Humor.
Wir müssen zugeben, in diesem Punkt scheint unser alter Freund
Adorno recht zu haben: Strawinsky ist ein Gauner. Vermutlich war es
Schönberg, der die große subjektive Tradition der Romantiker auf dem
einzigen ihm möglich erscheinenden Weg fortsetzte – durch sein
Zwölfton-System; und deshalb war Schönberg der eigentlich Radikale,
der wahrhaft Fortschrittliche. Schönberg war es, der *aufrichtig* war, der
die modischen Neigungen des XX. Jahrhunderts bekämpfte;
Aufrichtigkeit ist die Sache des XX. Jahrhunderts nicht. Sie ist nicht chic.
Und für Adorno war Strawinsky genau das – chic. Er war ein gefälliger
Virtuose, ein geschickter Varietékünstler, ein talentierter
Ballettkomponist, der als Symphoniker prunkte, eine diebische Elster,
und – seine unverzeihlichste Sünde – er setzte seinen Diebereien keine
Schranken: er war ein Eklektiker. Er schrieb Musik über andere Musik.
»Musik über Musik«; also, sagt Adorno bitter, Musik *gegen* die Musik.
Strawinskys eigene ästhetischen Aussprüche sind nicht dazu angetan,
ihn zu verteidigen. Seine ganze Intelligenz – eine der schärfsten und
beweglichsten unserer Tage – verwandte Strawinsky dazu, um sich in
einem Winkel des ästhetischen Purismus selbst zu porträtieren. In seiner
Autobiographie beharrte er darauf, daß Musik überhaupt nichts
ausdrücken könne. Ich zitiere: »Musik ist ihrem Wesen nach machtlos,
irgend etwas auszudrücken, sei es ein Gefühl, eine Geisteshaltung, eine
Seelenstimmung, eine Naturerscheinung ... *Ausdruck* war nie eine der
Musik innewohnende Eigenheit.« Dieses Zeugnis würde bedeuten, daß

alle auf den Ausdruck bezogenen wörtlichen Anweisungen – diejenigen Beethovens zum Beispiel – unbrauchbar, fragwürdig oder zumindest überflüssig sind. Wenn Beethoven den langsamen Satz der »Hammerklavier«-Sonate mit »Adagio sostenuto: appassionato e con molto sentimento« bezeichnet (was er natürlich getan hat), begeht er also schlicht eine vierfache Tautologie. All diese Langsamkeit, Gehaltenheit, Leidenschaftlichkeit, Empfindsamkeit sollte in den Noten selbst enthalten und durch sie selbst verständlich sein? Alles, was gebraucht würde, wäre eine bloße Metronom-Angabe für das Tempo und ein Minimum an dynamischen Hinweisen für laut und leise? Das stimmt eindeutig nicht mit Beethovens Wollen überein; noch entspricht es, ironischerweise, Strawinskys eigenem Ausdruckswillen. Sie brauchen nur die Partitur dieser großen neoklassischen »Psalmen-Symphonie« aufzuschlagen, und was finden Sie? Mitten in einer ernsten Bach-Fuge stehen die Worte *dolce, tranquillo, espressivo. Espressivo!* Guter Gott, das genügt, um die Ästhetik ein für allemal aufzugeben – zumindest die Ästhetik Strawinskys. Natürlich war er durch die Augenscheinlichkeit seiner Musik gezwungen, diesen berühmten Ausspruch, den ich zitiert habe, neu einzugrenzen, zu mildern, abzuändern. Aber es gibt immer noch weitere Widersprüchlichkeiten. Warum hat er sich vom Theater so angezogen gefühlt, warum hat er sich dem Ballett so sehr gewidmet, warum hat er so viele Texte vertont, wenn seine Musikphilosophie so puristisch war? Alles außermusikalische Elemente. Wenn Musik wirklich nichts ausdrücken kann … aber, warum damit fortfahren? Der springende Punkt ist, daß sich sowohl Strawinsky als auch seine adornoschen Verleumder weigerten, die Macht des Faktors X da oben im magischen Kreis anzuerkennen – die ungeheure Kraft der dramatischen Ironie, die von diesen außerordentlich schlecht zueinander passenden Komponenten erzeugt werden kann. Strawinsky versuchte es abzuleugnen, aber seine Musik bestätigt es eindringlich. Und bezüglich Adornos Fähigkeit, diesen Faktor X überhaupt zu erkennen: er sah in ihm lediglich Geschicklichkeit, Show, Theaterkundigkeit (was in einer gewissen Hinsicht auch stimmt) – aber er sah nicht die eigentliche Bedeutung, die bestürzende Nähe von Komödie und Tragödie in unserer Zeit. Er erfaßte den Witz nicht, den großen existentialistischen Witz, der im Zentrum fast aller bedeutenden Kunstwerke des XX. Jahrhunderts steht – den Sinn für das Absurde.

Jetzt sind wir endlich soweit, »Oedipus Rex« zu verstehen. Ursprünglich war es meine Absicht, Ihnen dieses Werk in all seiner schreckenerregenden Größe vorzuführen, als Widerlegung der Vorwürfe Adornos. (Sie müssen sich stets vor Augen halten, daß Adorno von der Musik Strawinskys am wenigsten die neoklassischen Stücke mochte, und von diesen wieder haßte er ganz besonders die »Psalmen-Symphonie« und »Oedipus Rex« – welch ein Geschmack! –, weil sie so große – »Oedipus« dauert 55 Minuten – und daher so aufwendige Trickkisten waren, wobei seines Erachtens die »Psalmen-Symphonie« vorgab, eine verzückte religiöse Gefühlsäußerung zu sein, während der »Oedipus« als monumentale griechische Tragödie posierte.) Meine Verteidigung des »Oedipus« hätte darin bestehen sollen, daß ich die Kunstkniffe Strawinskys so zeigte, wie sie sind: als eklektische Unvereinbarkeiten, die da oben in der abstrakten Sphäre zusammen leben – Mesalliancen, die eine dramatische Ironie von immer höherer Spannung erzeugen können und schließlich, auf gänzlich originelle Weise, ein Werk von aristotelischem Erbarmen und Schrecken hervorzubringen vermögen.

Nehmen wir zum Beispiel die erste Mesalliance, das Vertonen des Sophokleisch-Cocteauschen Textes ausgerechnet auf latein (nicht einmal auf griechisch, einer anderen toten Sprache: das würde dem Gegenstand zu nahe kommen) – das war Absicht, um jenen Abstand, jene Objektivität zu schaffen, die durch die fast völlige Unverständlichkeit des Textes entstehen. Objektivistischer kann man nicht sein – ein ganzes Musikdrama zu schreiben, ein 55 Minuten langes Opern-Oratorium, von dem das Publikum kein einziges Wort versteht.

Dann wollte ich die zahlreichen Zitate und Anspielungen zu bestimmten »klassischen« oder »vorklassischen« Komponisten hervorheben, wie diese überwältigenden Eröffnungstakte, in denen der Chor Oedipus beschwört, Theben von der Pest zu erlösen [66]. Diese vier Noten [67] sind wie der Kopf des Themas einer Fuge von Bach, sind aber durch die »modernen« Dissonanzen, gegen die sie anzukämpfen haben, viel strenger und unnachgiebiger geworden, als sie bei Bach geklungen hätten.

Und klingt es nicht melismatisch, wie in einer Oper des XVII. Jahrhunderts, oder sogar wie in der späteren Opera seria, wenn Oedipus seinem Volk antwortet »Liberi, vos liberabo« (Kinder, ich

[67]

werde Euch erlösen) [68]? Das könnte von Rameau sein, oder von Gluck. Und dann kommt Mozart zum Vorschein. Was könnte mozartischer sein als der Beginn von Kreons Arie [69]? Reiner Klassizismus – sogar ohne »falsche« Note –, der erst dann der »Neo«-Behandlung unterzogen wird, einer Prise falscher Noten, wenn Kreon singt [70]. Und wie steht es mit Jokastes großer Arie, die mit diesem

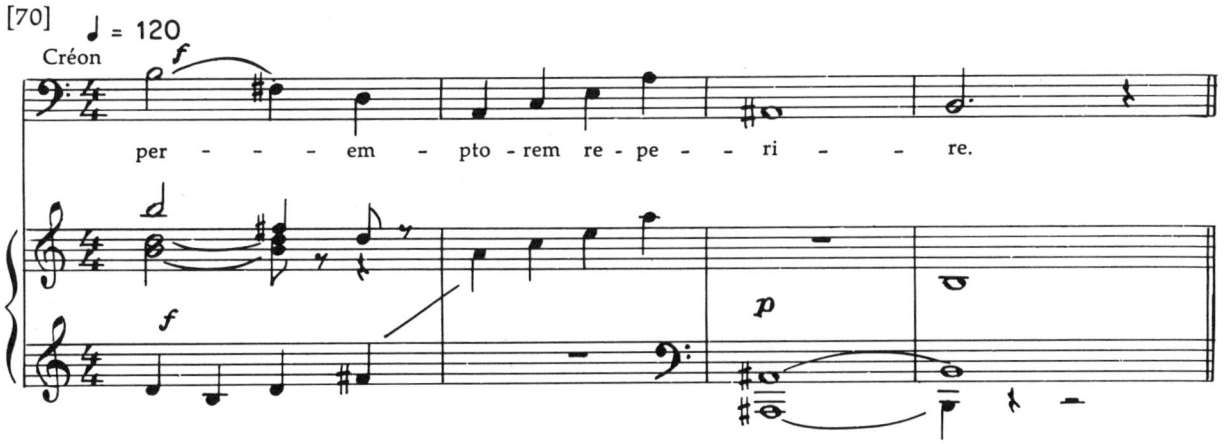

Rezitativ von Händel beginnt [71]? Und wenn sie später die Orakel schmäht, wessen Rhythmen finden wir dann in der Begleitung [72]? Wessen Rhythmen? Beethovens Rhythmen, selbstverständlich. Es ist der

Allegro con brio ♩ = 108

Pulsschlag der Fünften (∪∪∪–/∪∪∪–), wieder und wieder, in Gestalt einer modernen Metapher [73].

Allein, die Anspielungen beschränken sich durchaus nicht auf klassische Komponisten. Sie können noch eklektischer werden. Erinnern Sie sich, daß in der neoklassischen Welt alles als »klassisch« gelten kann, was die betreffende Kultur für »klassisch« zu halten bereit ist. So klingt etwa die Hauptmelodie von Jokastens Arie eher nach Tingel-Tangel-Musik und könnte ohneweiters einer der erotischeren Stellen aus »Carmen« entstammen [74]. Jokaste aber ist eine Königin, die hier zu

403

ihrer königlichen Familie spricht. Welch eine Mesalliance! Und wonach klingt der Chor, der den Einzug der Königin feiert [75]? »Boris Godunow« wirft seine Schatten.

Dieser Eklektizismus kennt keine Grenzen. Die angespielten Bezüge reichen überall hin, über die Grenzen von Oper und Symphonie hinaus. Nehmen wir diese spätere Arie des Oedipus, in der er von seiner Entschlossenheit singt, die schreckliche Wahrheit seiner Herkunft zu entdecken [76]. Ist das ein Marsch? Oder ein russischer Kosakentanz? Und wie steht's mit dem alten Schäfer, der Oedipus die schreckliche

Re - pe - - - re - ram in _ mon - te pu - e - -

rum Œ - di - po - da, de - re - - - li - - ctum in _ mon - te

par - vu - - - lum Œ - di - po - da.

[77]

[78]

406

Wahrheit überbringt [77]? Das ist ein echter griechischer Tanz, aber nicht aus den Tagen des Sophokles, sondern aus unseren Tagen, eine Art Buzuki, wie man ihn in jedem besseren griechischen Restaurant hören kann [78]. Und wie verhält es sich mit dem schaudererregenden Chor, der die entsetzliche Botschaft von Jokastens Selbstmord und Oedipus' Selbstblendung enthält? Nicht gerade das, was man in einem so grauenvollen Augenblick erwarten würde; eher ein Schlachtenbummler-Lied [79].

[79]

All das wollte ich Ihnen erzählen, und noch mehr. Ich bin sogar so weit gegangen, eine Tiefenstruktur für den Chor, den ich Ihnen gerade vorgespielt habe, zu entwerfen, um die versteckten Eigenschaften eines Schlachtenbummlerliedes auf dem Fußballplatz einzufangen. Ich habe mir sogar die Mühe gemacht, es vom Harvard Glee Club* aufnehmen zu lassen; also kann ich es Ihnen auch gleich vorspielen, selbst wenn es zu alledem gehört, was ich Ihnen nicht erzählen werde. Sie haben vorhin einen Ausschnitt aus der Strawinsky-Version gehört, also die Oberflächenstruktur. Hier ist meine extrapolierte Tiefenstruktur, das, was wir als »Prosa-Version« bezeichnen könnten. Und ich verspreche Ihnen: das ist die letzte Tiefenstruktur, die ich je extrapolieren werde [80]. Sie finden das komisch? Sie werden es nicht mehr komisch finden,

* Berühmter Chor der Harvard-Universität.

Sum - mae u - ni - ver - si - ta - tis Can - ta - bri - gi - en - sis

Si - cut caed - a Brown - am, si - cut Taur - um Can - em

H - A - R - V - A - que - R - que - D!

H - A - R - V - A - R - D!

[81]

[82] Tenor

♩. = 50

E   pe — ste ser — — va   nos

Baß

ser — va,   e   pe — ste

410

wenn Sie Strawinskys Endfassung hören. Es ist ein Spaß, das stimmt, aber ein schwarzer, ironischer, einer, der bitter und ungestüm ironisch ist.

Das alles wollte ich Ihnen also sagen, werde es aber nicht. Denn letzte Woche öffnete ich Strawinskys Partitur aufs Neue, nachdem ich sie ein Jahr lang nicht angesehen hatte; und als ich diese monumentale Partitur öffnete, mit ehrerbietigen und ehrfürchtigen Händen, erlebte ich dasselbe Phänomen wie das vorige Mal mit Mahlers Neunter. Es war plötzlich ein neues Werk für mich; und als ich diese Eröffnungstakte am Klavier spielte (siehe [66]), krallte sich in mir irgend etwas bezüglich dieser vier Noten [81] hinterwärts der Stirn fest – nicht das Thema einer Bach-Fuge, aber irgend etwas aus einem anderen Opernwerk, irgendeine andere tragische Situation, völlig anders und dennoch irgendwie ähnlich. Ich zerbrach mir den Kopf. Was war es – Gluck, Purcell, Weber, Wagner? Was waren nur diese vier Noten, die einen anderen, aber verwandten dramatischen Tatbestand hervorriefen: Erbarmen und Macht, immer und immer wieder [82]? Macht und Erbarmen. Und

[82 Forts.]

erinnern Sie sich noch an die Vorhalte, die in Oedipus' Erwiderung an
seine Untertanen die ganze Erbarmungswürdigkeit noch verstärken [83]?
Was haben alle diese Vorhalte, diese »anlehnungsbedürftigen« Noten,
die so romantisch und pathetisch sind, in dieser neoklassischen Musik zu
suchen? Und dann fand ich die gleichen Vorhalte reihenweise, Spannung
– Auflösung, Spannung – Auflösung, immer und immer wieder an allen
Stellen, die von Oedipus gesungen werden. Wie zum Beispiel in seiner
anschließenden Arie [84]. Und später, in derselben Arie [85]. Solch ein
Pathos. Solch ein weitgespannter romantischer Bogen. Und dann, in
seiner wichtigsten Arie »Invidia fortunam odit« (Der Neid haßt das
Glück) fleht Oedipus den alten Seher Teiresias um Anteilnahme und
Unterstützung an: »Du hast mich zum König gekrönt«, sagt er, »ich
habe Euch alle von der Sphinx errettet. Wer hätte das Rätsel lösen sollen?
Du, der ruhmreiche Priester und Seher. Aber *ich* war es, der es löste, und
Du warst es, der mich krönte.« Dies singt er dem alten Mann entgegen
[86]. Wieder diese pathetischen Vorhalte, so romantisch, daß sie beinahe

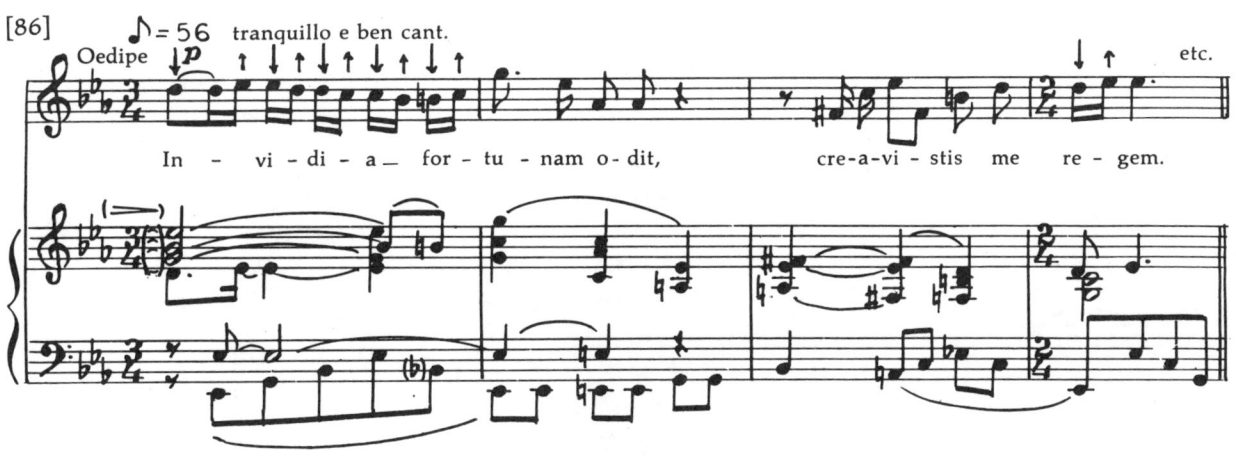

sentimental sind. Dann endlich, am Höhepunkt, bricht es aus ihm heraus: »Es ist eine Verschwörung!... Kreon begehrt mein Königreich!« [87]...

...und plötzlich hatte ich die Antwort. Dieser verminderte Septakkord [88] – Sie erinnern sich noch? Das bevorzugte Werkzeug der Zweideutigkeit bei Ungewißheit und Verzweiflung in jeder romantischen Oper [89]? Was war es? »Aida«, natürlich. Es ist Amneris, welche die Priester anfleht, die über Radames Gericht halten: dieselben verminderten Septakkorde, dieselben Noten, dieselbe Tonart, dieselben Vorhalte. Das war es also! Und plötzlich wußte ich, warum ich diese Vorlesung mit der Ballettmusik aus »Aida« einleiten wollte – ursprünglich dachte ich bloß, daß es eine amüsante Art wäre, die Frage nach der Aufrichtigkeit aufzuwerfen. Erstaunlich ist die Macht des Unbewußten, so akkurat trifft sie ihre Metapher – haarscharf ins Schwarze. Aber selbstverständlich ist die Aufrichtigkeit der springende Punkt dieser Oedipus-Aida-Mesalliance. Warum von allen Komponisten gerade Verdi, der zur Zeit, da »Oedipus« geschrieben wurde, so aus der Mode gekommen war, über den die musikalischen Intellektuellen Mitte der zwanziger Jahre die Nase rümpften? Und just »Aida«, dieses billige, seichte, sentimentale Melodram, die abgeschmackteste, abgestandendste aller Verdi-Opern – *warum nur?*

Dann kam die Erleuchtung: ich wußte plötzlich, woher diese vier Eröffnungsnoten des »Oedipus« stammten [90]. (Ich schwöre Ihnen, ich hatte eine ganze Woche nach ihnen gesucht.) Die Metapher des Erbarmens und der Macht wurde mir klar: die erbarmungswürdigen Thebener, die ihren mächtigen König anflehen, ihn beschwören, sie von der Pest zu erlösen. Erbarmen und Macht: eine äthiopische Sklavin zu Füßen ihrer Herrin, eine ägyptische Prinzessin zu Füßen der Amneris, vor dem Altar der Macht, um Erbarmen flehend. Erinnern Sie sich an

[90]

416

diesen Auftritt? Amneris hat Aida gerade das schreckliche Geständnis entlockt: ihre Sklavin liebt Radames; genauso wie sie selbst [91]. »Ja, Du liebst ihn«, sagt die Prinzessin *(si, tu l'ami)*. »Doch liebe auch ich ihn, verstehst Du? Ich bin Deine Rivalin, ich, Tochter der Pharaonen!« Und da Aida, die es gewagt hatte, zu entgegnen: »So sei's, ich *bin* Deine Rivalin!« plötzlich begreift, was sie zu sagen gewagt hatte, und aufschreit [92] – da kommt unser unvermeidlicher Septakkord. *Pietà!* Erbarmen!

Adagio ♩ = 60

pie – tà ti pren – da del mio do –

lor È ve – ro, io l'a – mo d'im–men – so a –

Und jetzt kommen die großartigen vier Noten [93]: erbarme Dich meines Wehs; ich lieb' ihn, es ist wahr; doch Du bist die Glückliche, denn Du bist mächtig; und ich habe nur diese Liebe, zu leben. *Tu sei*

felice. Erbarmen und Macht einer ganz anderen Art, persönlich und innig, werden durch die metaphorischen Eingriffe von Strawinskys Genie in ein ungeheures, monumentales öffentliches Flehen um Erbarmen umgewandelt [94].

Aber warum gerade diese Mesalliance? Hatte Strawinsky Mitte der so überaus mondänen zwanziger Jahre eine geheime Liebschaft mit Verdis Musik? Es scheint so; aber vielleicht hat er nur zufällig eine Aufführung der »Aida« in der Pariser Oper gehört. Unwichtig. Wichtig ist, daß irgendwo tief in seinem innersten musikalischen Bewußtsein die in »Aida« enthaltene Grundmetapher registriert wurde, haftenblieb und an die entsprechende Tiefenmetapher von »Oedipus Rex« anknüpfte. Wieder waren die unglaublichen Kräfte des Unbewußten am Werk, die nicht nur die beiden Metaphern *aneinander-*, sondern zu einer einzigen neuen Metapher *ver*knüpften – auf der abstrakten Ebene von Erbarmen und Macht, dieser besonderen Offenbarung der Ur-Antithese Liebe und Tod.

Wie können wir auch nur annähernd beschreiben, was da vorgegangen ist? Unsere Worte versagen vor solchen Geheimnissen; sie sind nur ein »Streifzug ins Unsagbare«, wie Eliot sagte. Wir können lediglich versuchen, uns diese ungemein komplexe Verschränkung der Metaphern vorzustellen, versuchen, verständlich zu machen, daß sie gleichzeitig auf der untersten Stufe des Unbewußten und auf der höchsten Stufe der abstrakten Idee stattfinden. Meine Worte sind dürftig, meine Diagramme noch dürftiger, aber das eine weiß ich intuitiv und bin bereit, für seine Richtigkeit die Hand ins Feuer zu legen: Was immer das schöpferische Geheimnis sein mag, diese mystischen Paarungen und Fehlpaarungen in diesem obersten Kreis – es kann sich nicht ereignen, es kann nicht entstehen, wenn es nicht unauflöslich im reichen Boden unserer angeborenen Widerhalle wurzelt, in diesen tiefen, unbewußten Regionen, wo die Allgemeingültigkeiten der Tonalität und der Sprache weilen. Die Poesie der Erde kann nicht enden.

Es wäre nun ein leichtes, dieser unvermuteten Vermählung von »Oedipus« und »Aida« Seite um Seite, verminderten Septakkord um Vorhalt, nachzugehen, nachzuspüren. Aber ich glaube, darüber sind wir hinaus. Es ist jetzt an der Zeit, das Werk Strawinskys anzuhören; die wenigen Worte der Zusammenfassung, die mir noch bleiben, will ich für nachher aufheben. Nur das eine noch: Ich möchte nicht, daß Sie »Oedipus« mit Gedanken an »Aida« anhören; das würde Ihren Eindruck völlig zerstören. Ich möchte, daß Sie dieses Werk im Hinblick auf seine Universalität hören, diesen Inbegriff der Idee des Abstrakten, welche die Vereinigung so unwahrscheinlicher Bettgenossen wie Strawinsky und Verdi ermöglicht, die Vermählung der klassischen Tragödie mit dem romantischen Melodram, des direkten, subjektiven Ausdrucks mit neoklassischer Objektivität. Die Entscheidung darüber, ob dieses Werk nun eine »Trickkiste« ist – oder eines der fortdauernden Meisterwerke aller Zeiten, überlasse ich Ihnen.

(*An dieser Stelle wird* Oedipus Rex *von Strawinsky gespielt.*)

III.

Va-le-di-co.* Ich sag' Euch Lebewohl. Gibt es ein besseres Stichwort für einen Abschied? Tatsächlich ist jetzt der Augenblick gekommen, voneinander Abschied zu nehmen. Und ich tue es sehr ungern; ich bin von Problemen und Konflikten bedrängt. Da ist so vieles, das noch gesagt werden müßte, und keine Zeit, es zu sagen. Da sind so viele »Gefügeteile« – die Linguisten mögen mir verzeihen –, die darauf warten, zusammengefügt zu werden; wir haben so viele Säcke von Flöhen aufgemacht, und eine Menge dieser behenden Biester hüpft noch immer herum. Eine Menge weiterer Beweise und Klärungen wäre noch zu liefern, genug Stoff für mindestens sechs weitere Vorlesungen. Vielleicht wird es eines Tages sechs weitere Vorstellungen geben, vielleicht sogar sechzig; vielleicht werden Sie sie halten. Ich würde mir es wünschen. Jetzt ist mein Hauptproblem, daß Zusammenfassungen vonnöten und Schlüsse zu ziehen sind; daß der gegenwärtige musikalische Augenblick verallgemeinert und über die Zukunft gemutmaßt werden muß. Es ist völlig unmöglich, all das in den fünf Minuten zuwege zu bringen, die ich mir für diese Abschiedsrede bewilligt habe. Ich muß eine Abkürzung nehmen.

Ich zitiere mich normalerweise nie selbst, aber aus Abkürzungsgründen möchte ich heute eine Ausnahme machen. Seinerzeit, 1966, also eigentlich noch gar nicht so lange her, schrieb ich die Einleitung zu einem meiner Bücher, »Die unendliche Vielfalt der Musik«, das kurz vor der Veröffentlichung stand. Dieses Jahr war für mich ein Tiefpunkt im musikalischen Ablauf unseres Jahrhunderts – zweifellos der tiefste, den ich je erlebte. In jenem Sommer war Strawinsky schöpferisch bereits so gut wie tot, nachdem er zehn Jahre zuvor zum seriellen Glauben übergetreten war. Seltsamerweise hatte diese Bekehrung 1951, dem Jahr von Schönbergs Tod, begonnen und schon Mitte der fünfziger Jahre eine Krise ausgelöst – eine zweite Krise des XX. Jahrhunderts; als wäre ein General abtrünnig geworden und mit

---

* Valedico = das letzte Wort aus »Oedipus Rex«.

423

allen ihm ergebenen Regimentern ins feindliche Lager hinübergewechselt. In diesem Jahrzehnt schuf Strawinsky einige wundervolle serielle Werke, vor allem »Threni« und die »Movements for Piano und Orchestra«, aber das gleiche galt nicht für seine Truppen, die ihm, wie die Kinder von Hameln ihrem Rattenfänger, blindlings ins Schönbergsche Meer hinein folgten. Es bedurfte eines Genies von der Echtheit und Vielfalt Strawinskys, um diesen Übertritt überleben und dabei die eigene Sprache bewahren zu können. Für die meisten anderen war diese Bekehrung eine negative: die glatte Ablehnung der Tonalität und die Annahme der seriellen Methode. Es gab nun mehr Komponisten denn je und mehr Musik erschien als zuvor, hauptsächlich, weil es die neuen seriellen Steuerungstechniken beinahe leicht machten, ein gutes, präsentables Stück zu schreiben. Man brauchte bloß in die Schule zu gehen und zu lernen, wie man's macht. In ihrem ängstlichen Übereifer aber machten die neuen Konvertiten diesen Zeitabschnitt moderner Musik zu einer größtenteils sterilen und trockenen Periode; mit alledem war soviel vorgeschriebenes Vorauskomponieren verbunden, daß es beinahe einer Machtübernahme durch die Mathematik gleichkam. Einigen Komponisten gelang es, dank der seriellen Techniken ihr Vokabular zu bereichern und dadurch ihre Musik (und, im Endeffekt, die Musik überhaupt) am Leben zu erhalten; andere waren nicht so erfolgreich, und ihre Vokabulare verarmten; wieder andere hörten überhaupt zu komponieren auf.

Zu diesem Zeitpunkt schrieb ich die vorhin erwähnte Einleitung, aus der ich Ihnen einen Absatz vorlesen möchte:

»Ich bin ein fanatischer Musikliebhaber. Ich kann nicht einen Tag leben, ohne Musik zu hören, Musik zu spielen, Musik zu studieren oder über Musik nachzudenken. Und das alles unabhängig von meiner Eigenschaft als Berufsmusiker; ich bin nämlich auch ein *Fan*, ein verschworenes Stück Musikpublikum. In dieser Eigenschaft (die von der Ihren wahrscheinlich nicht allzu verschieden ist), in meiner Eigenschaft als einfacher Musikliebhaber, gestehe ich freimütig, wenn auch unglücklich, daß ich in diesem Augenblick, während ich dies schreibe, Gott möge mir verzeihen, einen viel größeren Gefallen an den musikalischen

Abenteuern von Simon und Garfunkel finde oder daran, der
›Association‹ zuzuhören, wenn sie ›Along Comes Mary‹ singt, als dem
meisten, was heute von der Gesinnungsgemeinschaft der ›Avantgarde‹-
Komponisten geschrieben wird. Das mag heute in einem Jahr nicht mehr
der Fall sein, vielleicht schon dann nicht mehr, wenn diese Zeilen
gedruckt vorliegen; aber heute, am 21. Juni 1966, empfinde ich so. Es
scheint mir, als wäre die Pop-Musik das einzige Gebiet, auf welchem es
schamlose Vitalität, das Vergnügen am Einfall, das Gefühl frischer Luft
gibt. Alles übrige erscheint plötzlich altmodisch: elektronische Musik,
serielle Musik, aleatorische Musik – ihnen haftet bereits der muffige
Geruch des Akademischen an. Selbst der Jazz scheint peinlich
festgefahren zu sein. Und die tonale Musik ist herrenlos in Schlaf
verfallen.«

Was mich heute an diesem Absatz interessiert, ist nicht das, was daran
stimmt, sondern was nicht stimmt. In den wenigen Jahren, seit ich dies
niederschrieb, hat sich alles verändert. Zunächst einmal ist Pop-Musik
das, was ich mir in diesen Tagen am wenigsten anhöre. Was frisch und
vital zu sein schien, ist jetzt geistlos und kommerzialisiert. Sodann ist der
Jazz wieder lebendig und aufregend, derselbe Jazz, der damals in einer
Sackgasse war. Und drittens sind die Avantgarde-Techniken, die damals
abgestanden schienen, irgendwie aus ihrem Akademismus
herausgewachsen: auf eine geheimnisvolle Weise sind sie wieder zu
lebendigen, lebensfähigen Techniken geworden. Wie konnte dies
geschehen? Durch die vierte und wichtigste Veränderung: dadurch, daß
die tonale Musik nicht länger von Schlaf umfangen ist; sie wurde in die
Avantgarde-Welt eingelassen, zuerst heimlich, dann aber mit radikalen
neuen Einsichten, dank welcher die Komponisten einen Weg fanden, die
Früchte der Erde wieder zu ernten.
Aber wie konnte dies geschehen? Zunächst hat das Verschwinden
Strawinskys von der schöpferischen Szene, der Verlust dieses
»allmächtigen Vaters«, wie Auden sagte, eine ganz neue Krise entstehen
lassen, schon die dritte Krise des XX. Jahrhunderts. Nun waren beide
dahin, Schönberg *und* Strawinsky; wo konnte ein junger Komponist
Führung und Eingebung suchen? Bei sich selbst, natürlich; die

Komponisten waren plötzlich auf ihre eigenen Kraftquellen angewiesen. Und natürlich war, was sie darin fanden, ihr ihnen angeborener und so lange verleugneter Sinn für Tonalität. Sie konnten sich an ihm wieder aufrichten. Die Krise stellt sich also, fast wie ein Hohn, als Lösung heraus. Ebenso läßt sich jetzt die frühere Krise Mitte der fünfziger Jahre rückblickend als eine Veranlassung zur Synthese, zur Vereinigung zweier früherer feindlicher Lager betrachten. Was also ehedem als der große Bruch angesehen und in Ives' »Offener Frage« dargestellt wurde, erblicken wir nun als eine Verschmelzung von ungeheurer Kraft.

Dieser Rückblick auf den Serialismus ändert nun völlig die Frage Ives'. Ist es möglich, daß eine entfernte Zukunft die Schönberg-Methode (die wir jetzt auch die Strawinsky-Methode nennen müssen) als eine evolutionäre und nicht als eine revolutionäre Veränderung betrachten wird? Kann es sein, daß sie lediglich mit zu großer Geschwindigkeit auf uns zukam, so daß wir sie nicht als Umwandlungsvorgang erkennen konnten? Wenn das stimmt, dann hat die Musik einen qualitativen Wechsel mitgemacht, einen Wechsel der *Art,* einen Gezeitenwechsel. Es ist dies das erste Mal in der gesamten Musikgeschichte, daß eine derart drastische Abweichung, durch welche die eigentliche Natur der Musik geändert wurde, erfolgt ist. Aber die Tonalität – und Ives hat uns so dramatisch daran erinnert – überdauert alle Wechsel, unbeirrbar und unsterblich. Und außerdem haben wir wieder und wieder gesehen, daß die magischen zwölf Noten der dodekaphonischen Musik die gleichen zwölf Noten sind, die uns die Natur von Anfang an gegeben hat.

Alles in allem sieht es gar nicht so schlecht aus. Wir befinden uns in einer Situation, in der ein Stil den andern nähren kann, eine Technik die andere bereichern, und das bedeutet eine Bereicherung der gesamten Musik. Wir haben diese Supra-Ebene der abstrakten musikalischen Semantik, der reinen Idee, erreicht, auf der sich diese anscheinend unvereinbaren Komponenten vereinigen können – tonale, nicht-tonale, elektronische, serielle, aleatorische –, vereinigen zu einem prachtvollen neuen Eklektizismus. Aber diese eklektische Vereinigung kann nur dann stattfinden, wenn alle diese Elemente in tonaler Allgemeingültigkeit miteinander verbunden und in diese eingebettet werden – das heißt, daß sie vor einem mit ihnen verknüpften tonalen Hintergrund begreifbar sein müssen.*

Es ist, als hätten wir alle seit Schönbergs Tod Urlaub von der Tonalität gehabt und etwas kürzere Ferien vom Serialismus, seit Strawinsky zu komponieren aufhörte. Jedenfalls sind wir erfrischt: wir sind von diesen Ferien fit, entspannt und mit einer besseren Perspektive, die uns die neue Synthese, den neuen Eklektizismus möglich macht, zurückgekommen. Die Bitterkeit ist vorüber; jetzt ist eine Zeit der Versöhnung. All dies läßt sich an der Musik der allerletzten Jahre erkennen: das große Avantgarde-Tagesgespräch ist Steve Reich, der zwanzig Minuten lang in D-Dur zu schreiben vermag. Stockhausen verbringt in seinen »Stimmungen« siebzig Minuten in einer Welt aus B-Dur. In der gesamten klanglichen Umgebung Berios ist überall Tonalität; und ich höre, daß Georg Rochbergs neuestes Quartett ausschließlich tonal sei. Wohingegen Benjamin Britten und Schostakowitsch, die immer tonale Komponisten gewesen sind, sich in seriellen Techniken versuchen, die sie in ihren eigenen, persönlichen Stil aufnehmen. Und natürlich ist Gunther Schuller, während seiner ganzen Komponistenlaufbahn stets ein Pionier der Synthese, nun der eigentliche Anführer der sogenannten »dritten Strömung«, welche die Synthese der Welten des Jazz und der Konzertsäle herbeizuführen versucht. Er ist die Verkörperung dieses neuen, vermittelnden Geistes.

Es herrscht ein allgemeines Übersprudeln und Vergnügtsein und Brüderlichsein unter den Komponisten, wie es noch vor zehn Jahren undenkbar gewesen wäre. Es ist wie der Beginn einer neuen Periode von frischer Luft und Fröhlichkeit, wie wir sie früher in diesem Jahrhundert gesehen hatten – eine Art Neo-Neoklassizismus. Und warum auch nicht, da doch diese neuen Werke so oft voller Zitate und Anspielungen sind? Denken Sie nur an Berios »Sinfonia«: das Scherzo ist buchstäblich das Scherzo einer Mahler-Symphonie, überlagert von Zitaten aus Berios symphonischen Lieblingsstücken, darunter auch eigenen. Und da gibt es

---

* Beim Lesen des folgenden Absatzes möge man sich immer vor Augen halten, daß diese Worte 1973 gesprochen worden sind. (Anm. d. Übers.)

einen neuen, Spiele spielenden Trieb, wie etwa in den neuen Stücken von Lukas Foss. All diesem »Neo-Neo« haftet noch immer sehr stark der Selbstverteidigungs-Geist des XX. Jahrhunderts an, aber er ist von einem erneut aufwallenden Willen, das Apokalyptische zu überleben, geprägt, dem Willen, musikalischen Fortschritt durch freundschaftlichen Wettbewerb oder gar – wenn es nach Stockhausen ginge – durch gemeinsames Bemühen zu bewirken. Und ich glaube, daß dies alles durch die Wiederentdeckung und Wiederzulassung der Tonalität ermöglicht wurde, diesem allumfassenden Erdboden, der solche Vielfalt hervorbringen kann. Und ich glaube, daß, wie immer seriell oder stochastisch oder intellektualisiert Musik auch sein mag, sie immer als Dichtung gelten können wird, solange sie in der Erde wurzelt.

Ich glaube auch, genau wie Keats: die Poesie der Erde endet nie, solange auf den Winter Frühling folgt und Menschen dessen gewahr werden.

Ich glaube, daß dieser Erde eine musikalische Poesie entspringt, die durch die Natur ihrer Quellen tonal ist.

Ich glaube, daß diese Quellen der Ursprung einer Phonologie der Musik sind, die sich aus jener Allgemeingültigkeit, die wir Obertonreihe nennen, entfaltet.

Und daß es eine ebenso allgemeingültige musikalische Syntax gibt, die nach Gesichtspunkten der Symmetrie und der Wiederholung zusammengefügt und kodifiziert werden kann.

Und daß durch metaphorische Verfahren besondere musikalische Sprachen ersonnen werden können, welche Oberflächenstrukturen besitzen, die sich von ihren Ursprüngen bemerkenswert entfernt haben, aber unerhört ausdrucksvoll sein können, solange sie ihre Wurzeln in der Erde behalten.

Ich glaube, daß unsere tiefsten gefühlsmäßigen Widerhalle auf diese besonderen Sprachen uns angeboren sind, daß sie aber zusätzliche Widerhalle, die eingeübt oder erlernt wurden, nicht ausschließen.

Und daß die einzelnen Sprachen einander befruchten und sich zu immer neuen Idiomen vereinigen, welche für Menschen wahrnehmbar sind.

Und daß schließlich alle diese Idiome zu einer Sprache verschmelzen können, die allgemeingültig genug ist, um der gesamten Menschheit zugänglich zu sein.

Und daß die Verschiedenheiten des Ausdrucks dieser Idiome letztlich
   vom Rang und von der Leidenschaft der einzelnen schöpferischen
   Stimme abhängen.
Und schließlich und weil all dies wahr ist, glaube ich, daß es auf Ives'
   »Offene Frage« eine Antwort gibt. Ich weiß zwar nicht mehr genau,
   welche Frage er stellt, aber ich weiß: die Antwort ist *Ja*.

Bildnachweis

Die Abbildungen in diesem Buch stammen von:
Douglas M. Bruce: Seite 10, 32, 46, 58, 100, 122, 136, 138, 146, 195, 265
und 327
Rick Stafford: Seite 72, 84, 150, 192, 268 und 324
Milton Feinberg: Seite 159 und 258
Grazyna Bergman: Seite 292
Paul de Hueck: Seite 40